Sistemas de Pensiones en América Latina y México

Sistemas de Pensiones en América Latina y México

Juana Isabel Vera López

EL COLEGIO DE
TAMAULIPAS

Palibrio.

Número de Control de la Biblioteca del Congreso de EE. UU.:   2013920660
ISBN: Tapa Dura   978-1-4633-7342-9
                         Tapa Blanda   978-1-4633-7344-3
                         Libro Electrónico   978-1-4633-7343-6

Este libro fue impreso en los Estados Unidos de América.

Fecha de revisión: 23/11/2013

Para realizar pedidos de este libro, contacte con:
Palibrio LLC
1663 Liberty Drive
Suite 200
Bloomington, IN 47403
Gratis desde EE. UU. al 877.407.5847
Gratis desde México al 01.800.288.2243
Gratis desde España al 900.866.949
Desde otro país al +1.812.671.9757
Fax: 01.812.355.1576
ventas@palibrio.com
508326

ÍNDICE

INTRODUCCION

¿Existe sostenibilidad financiera en los sistemas de pensiones en América Latina? La respuesta es <u>no</u>. Actualmente estamos viviendo un proceso en el cual los esquemas de seguridad social están próximos a desaparecer.

Las reformas a los sistemas de pensiones en América Latina iniciaron a partir de la década de los ochenta en Chile; posteriormente se realizaron en Argentina, Bolivia, Colombia, Costa Rica, El Salvador, México, Perú, República Dominicana y Uruguay. Dichas reformas fueron resultado de la insuficiencia financiera para hacer frente al pago de pensiones y jubilaciones de sus trabajadores.

Dentro de un contexto comparado, considerando diversos países de América Latina, México resulta ser, hasta cierto punto, un caso exitoso en el manejo eficiente de los fondos pensionarios por la gran capacidad de afiliación que han mostrado las instituciones bancarias. Sin embargo, al interior del Estado mexicano la situación que se observa es alarmante. El IMSS aún con la reforma a su Ley del Seguro Social continúa presentando resultados deficitarios.

Al observar al ISSSTE tenemos que en 2007 fue aprobada la reforma a su Ley, estableciéndose diversas modificaciones tendientes a homologar la forma de cotización de IMSS e ISSSTE. Estos cambios han implicado grandes sacrificios para los trabajadores, puesto que ahora la seguridad social será contratada con la banca privada, poco a poco vemos como va adelgazándose nuestro Estado Social y de Derecho.

En este documento no pretendemos afirmar que se brinda la solución a estas problemáticas, sólo aseguramos que sí proporciona pautas reales hacia soluciones que otorgarán viabilidad financiera a los sistemas.

CAPITULO 1

ESTUDIO DE POLITICA COMPARADA DE LOS SISTEMAS DE PENSIONES

Este capítulo tiene como objetivo observar las similitudes, diferencias, ventajas y desventajas que presentan a nivel internacional y naciona los sistemas de pensiones, a través de un estudio de política comparada[1]. Para ello se consideran casos más o menos parecidos al mexicano, con la finalidad de que el análisis sea adecuado a nuestra realidad. Primero consideramos necesario establecer la diferencia en el método utilizado por las ciencias sociales y las ciencias naturales. En segundo lugar, definimos el concepto de ciencia política y sus funciones. En tercer lugar, realizamos un análisis de política comparada de los sistemas de pensiones reformados, siendo el caso de Argentina, Bolivia, Chile, Colombia, Costa Rica, El Salvador, México, Perú, República Dominicana y Uruguay, así como de entidades federativas mexicanas que han realizado reformas a sus sistemas, siendo Aguascalientes, Campeche, Coahuila, Durango, Estado de México, Guanajuato, Jalisco, Nuevo León, Oaxaca, Puebla, Sinaloa, Sonora y Veracruz. Finalmente, concluimos que escasamente, pocos son los casos de sistemas de pensiones que presentan un equilibrio financiero. En general, los sistemas de pensiones de América Latina y de nuestro país presentan problemas financieros y la mayoría ha realizado y continuarán promoviendo

---

[1] El uso del método comparado como complemento de la teoría de la elección racional se debe a que la comparación es un método de control para establecer la verdad o falsedad de las generalizaciones y con la teoría política se generan hipótesis controlables. PANEBIANCO, Angelo, *Sartori y la Ciencia Política*, Revista Metapolítica, Volumen 10/ Septiembre-Octubre 2006, México, pp. 39-48.

reformas a sus normatividades. Sin embargo, se prevé que esta situación deficitaria continuará.

1.1 Método de las Ciencias Sociales

La ciencia política pertenece al campo de las ciencias sociales y como tal se auxilia de los métodos de investigación de éstas. Antes de iniciar el análisis de política comparada, consideramos necesario tratar el tema del método utilizado por las ciencias sociales y el propio a las ciencias naturales. Para ello, retomaremos en gran medida a Sartori, quien en su obra *La Política. Lógica y Método de las Ciencias Sociales[2]*, lo trata.

Para ilustrar estas ideas, a continuación presentamos un esquema que resume en gran medida la cuestión. Obsérvense las partes que lo conforman; posteriormente las analizaremos a detalle.

Gráfica No. 1: Proceso cognoscitivo

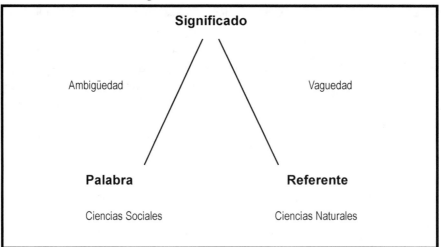

FUENTE: Elaboración propia con base a la sistematización de información obtenida del Capítulo 3 de SARTORI, Giovanni, pp. 56-58.

Sartori nos menciona que dentro del proceso cognoscitivo, intervienen tres elementos, el *significado*, la *palabra* y el *referente*. Dichos elementos

---

[2]   SARTORI, Giovanni (2006), *La Política. Lógica y Método de las Ciencias Sociales,* Tercera Reimpresión, Fondo de Cultura Económica, México.

presentan una relación semejante a una triada que leeríamos de la siguiente forma: En la parte izquierda, donde se ubica la relación entre el significado y la palabra, tenemos a las ciencias sociales; en tanto que, a la derecha, la relación entre el significado y el referente es propia de las ciencias naturales.

En el caso de las ciencias sociales, entre el significado y la palabra se presenta un problema de ambigüedad, es decir, existen pocas palabras y muchos significados; mientras que del lado de las ciencias naturales, su problemática es relativa a la vaguedad o indeterminación.

Para comprender mejor esta cuestión, es necesario realizar una pequeña explicación respecto al proceso cognoscitivo. Dentro del proceso de conocimiento, las palabras presentan dos tipos de definiciones: Una denotativa y otra connotativa. Respecto a la primera, es la que presenta un significado objetivo, un significado universal; mientras que la segunda, se refiere a aquella subjetiva, que presenta un significado individual y personal. La primera definición es aquella que tomamos de los diccionarios, enciclopedias y otras obras de consulta general, con un significado aceptado de manera general; en cambio, la segunda, depende del contexto en que la utilicemos, puede ser que una palabra tenga un determinado significado dentro de cierta teoría, por ejemplo, la marxista, la capitalista y en cada caso, la definición variará de acuerdo a la teorización dentro de la cual se aplique.

Una vez aclarado lo anterior, es necesario subrayar una cuestión importante: En la Gráfica No. 1, el lado izquierdo tiene una gran carga **connotativa**[3], en tanto que el lado derecho presenta una gran carga **denotativa**[4].

Otra de las diferencias que menciona Sartori respecto de las ciencias sociales y ciencias naturales, se refiere a su explicación causal. Las ciencias naturales tienen una determinación causal, en tanto que las ciencias sociales carecen de ella[5].

Una segunda diferencia, relativa a la explicación causal es la secuencia primero-después, que en el caso de las ciencias naturales, es **causa ⟶ efecto**, y en las sociales es **efecto ⟶ causa**.

Volviendo a la triada: Significado-palabra y significado-referente. Observemos lo que sucede en la conformación de los tipos de conceptos.

---

[3]   Proceso cognoscitivo en las ciencias sociales.
[4]   Proceso cognoscitivo en las ciencias naturales.
[5]   Para Sartori, la determinación causal de las ciencias naturales es en la forma de "dada la causa c, ya se con certeza, por anticipado, cual será el efecto e", en tanto que para las ciencias sociales, la indeterminación causal se da bajo la forma "dada la causa c, no puedo saber por anticipado si se producirá el efecto e".SARTORI, Giovanni (1981), Ibid, pp. 59 y 60.

Gráfico No. 2: Tipos de conceptos

FUENTE: Elaboración propia con base a la sistematización de información obtenida del Capítulo 3 de SARTORI, Giovanni (1981), Ibid, pp. 66-70.

Para Sartori, los conceptos son expresiones de un término, cuyos significados son declarados por definiciones. Observamos en el cuadro anterior que existen tres tipos de definiciones de acuerdo al tipo de conocimiento, si es propio de las ciencias sociales o ciencias naturales. En el caso de las ciencias naturales, como el concepto tiene un referente, éste es reductible y medible; es por ello que tenemos definiciones operacionales que provienen de la observación del concepto, reconociendo las partes o características que lo conforman.

En la relación significado-referente, el problema es de delimitación: Definir lo que incluye y a la vez lo que excluye de la definición.

En el caso de las definiciones caracterizadoras tenemos el problema de la existencia de diversos significados connotativos; por ello se busca definir el concepto en sus características, propiedades y atributos.

En último caso, tenemos a las definiciones declarativas aquellas que buscamos realizar dando la definición más simple, la más fácil, para evitar malentendidos en su significado.

Si observamos detenidamente, podremos corroborar que estos problemas vuelven a ser propios de conceptos con definiciones connotativas y denotativas.

Una vez realizada la definición de los conceptos, si nos situamos dentro del campo de estudio de las ciencias sociales, de acuerdo con Sartori tenemos que existen tres tipos de tratamientos de los conceptos: Disyuntivo, continuo y de organización jerárquica. El primer caso, es relativo a una consideración binaria, es decir, los datos pueden entrar o no en lo que se comprenda del concepto, por ejemplo, una familia es patriarcal si el padre es el jefe de familia, se realizan las observaciones y se determina si cumple o no con la característica anterior. El continuo es también considerado arbitrario porque como investigadores, determinaremos la escala de valores y estableceremos determinados intervalos: Por ejemplo, si es cuantitativo, de 0-999, 1000-1999, y así sucesivamente. Pero, si entre las observaciones, tenemos registrado un dato que es de 999.5, ¿dónde lo ubicamos?, ¿dentro del rango de 0-999 o de 1000-1999? Esta decisión la tomaremos solamente nosotros, los encargados de la investigación, por ello, se considera este como un tratamiento arbitrario. En el último, la organización jerárquica es una clasificación en donde la primera categoría contiene ciertas características; la segunda contiene las características de la primera más unas adicionales; la tercera comprende las características de la primera y segunda, más otras características adicionales, y así sucesivamente.

1.2 Ciencia Política

Se define a la *política* como el 1) arte, doctrina u opinión referente al gobierno de los Estados, 2) la actividad de los que rigen o aspiran a regir los asuntos políticos[6]. La ciencia política estudia al Estado, a su gobierno, todo gobierno tiene inherente el empleo de un determinado poder, el cual caracteriza a los fenómenos políticos objeto de estudio de la ciencia política.

Para Andrade, el objeto de la ciencia política es el estudio de la formación, obtención, ejercicio, distribución y aceptación del poder público; entendiendo por poder público aquel que permite organizar autónomamente una colectividad determinada, la cual asume la forma de Estado.

Para Andrade son tres las funciones de la ciencia política.

La primera se refiere a la descripción de los fenómenos descritos; la segunda, a la interpretación de éstos; la tercera, al enjuiciamiento o crítica a dichos fenómenos.

---

[6]   ANDRADE Sánchez, Eduardo (2002) *Introducción a la Ciencia Política*, Colección Textos Jurídicos Universitarios, Segunda Edición, Oxford University Press, México, p. 5.

Dentro de la metodología de las ciencias sociales, la ciencia política utiliza en sus investigaciones el método comparado. A continuación trataremos las características del método comparado y el por qué se utilizó para la realización de esta investigación.

1.3 Política Comparada

El método comparado se basa en el análisis de datos empíricos cuya finalidad es la de contrastar de forma sistemática y explícita fenómenos políticos, para luego poder relacionarlos y extraer inferencias. La política comparada se encuentra constituida por tres elementos relacionados: a) el estudio de países extranjeros; b) la comparación sistemática entre países, y; c) el método de investigación.

En este orden de ideas, el método comparativo, en la esfera de lo político, supone tomar como unidades de comparación objetos políticos considerados como cuadros o marcos donde se desarrolla la acción política, bien sea en el espacio o en el tiempo.

Tabla No. 1: La comparación y el método comparativo

¿Qué es el método comparado?	Es un procedimiento que forma parte del método de las ciencias sociales. Para A. Lijphart, es uno de los métodos científicos fundamentales que pone de relieve las relaciones empíricas entre las variables. El método comparativo se define como el análisis de un número limitado de casos y un alto número de variables que valora en relación a los métodos experimental, estadístico y estudio de caso.
Función	Sirve para aumentar la capacidad de describir, explicar e incluso predecir los acontecimientos políticos. Permite generalizar más allá de los límites de una sola cultura y contrastar los efectos de las características de uno u otro sistema.
Objetivo	El objetivo de los métodos experimental, estadístico, comparativo y en parte, del estudio de caso, supone las siguientes operaciones: 1) establecimiento de relaciones empíricas generales entre dos o más variables; 2) hacerlo controlando, manteniendo constantes todas las demás variables.
Problema central	Verificar y controlar la relación causal establecida en las hipótesis, a través de la anulación de la influencia de otras variables externas potenciales mediante una parametrización que las haga constantes, es decir, no influyentes.

Formulación	La primera formulación del método comparativo moderno la realizó John Stuart Mill, enunciando el método de la diferencia y el método de la variación concomitante, aunque consideró que su aplicación no era operativa en ciencia política, pues no se encontrarían casos suficientemente iguales.
Estrategias	El diseño de casos de máxima semejanza y el de máxima diferencia. La primera estrategia se centra en casos que son muy similares, lo que supone que las propiedades que tienen en común pueden mantenerse constantes; si estudiando las propiedades comunes encontramos alguna propiedad o característica en la que difieran, esas características comunes se podrán eliminar como explicaciones de la diferencia. La segunda estrategia consiste en elegir aquellos casos que se diferencien en el mayor número posible de rasgos; de esta forma, si se encontrara alguna propiedad en común a todos los casos analizados, se podrán descartar las diferencias entre los casos como posibles explicaciones de ese rasgo semejante. La elección de estrategia dependerá de la teoría que oriente el estudio: El método de máxima semejanza sirve cuando es posible descubrir todos los factores importantes que puedan estar influyendo en el fenómeno investigado y encontrar un conjunto de casos que los reflejen. Pero lo más probable es que sean pocos los que reúnan esta condición. Los de máxima diferencia son más fáciles de encontrar y esta estrategia tiene la ventaja de controlar mejor la validez de los resultados, porque la mayor dificultad de encontrar una propiedad común entre casos muy diferentes, otorga mayor credibilidad a las relaciones causales descubiertas. Una tercera estrategia es el diseño indirecto de las diferencias o estrategia conjunta de semejanzas y diferencias. El objetivo es estudiar una serie de casos para descubrir las diferencias entre ellos. El procedimiento consta de varias etapas. Primero se comparan casos diferentes en los que existe un mismo resultado y casos diferentes donde el resultado no sucede. Después, cabe comparar entre los casos más semejantes que tienen distintos resultados. De este modo se pueden encontrar las condiciones o propiedades que explican la existencia o no del fenómeno estudiado y además, la segunda etapa de la investigación sirve de control de la primera.

Reglas	*1)* Asegurarse que los interrogantes iniciales sean transferibles de uno a otro de los sistemas estudiados; *2)* deben utilizarse medidas equivalentes del mismo concepto para cada sistema político de la muestra. Si se quiere medir un concepto en varios sistemas, se puede emplear una misma variable o bien variables específicas para cada sistema, pero en todo caso hay que asegurarse de que cada variable refleje el mismo concepto subyacente; *3)* es necesario reducir al mínimo los posibles sesgos culturales de la elección de los casos. En este sentido, se puede recurrir a los estudios de un área político-cultural específica con casos semejantes, aunque entonces la crítica se dirigirá al alto número de variables parametrizadas, potencialmente explicativas, respecto a un número reducido de casos, lo que puede limitar el alcance de las conclusiones, haciéndolas válidas sólo para los casos elegidos; *4)* hay que reducir al mínimo los efectos de la difusión. Para hallar observaciones independientes de un caso a otro, optar por el método de máxima diferencia y también recurrir a la comparación diacrónica, pues los efectos de la difusión se atenúan con el tiempo.
Dilema	Operar con muchas variables y con un número reducido de casos. Se ha innovado y se utiliza la estrategia basada en el contraste de los contextos. La utilización de los contrastes o fuertes posiciones entre casos heterogéneos permite describir situaciones políticas diferentes, mostrar el efecto creado por la presencia o ausencia del fenómeno que se analiza y también la posibilidad, superada esta fase descriptiva, de elaborar variables que expliquen las diferencias. En este diseño, la comparación tiene una vertiente más interpretativa que explicativa.
Temporalidad	Se debe elegir una opción espacial, pero también definir el periodo comprendido en el análisis, su dimensión temporal. Estableciendo si será una comparación sincrónica (un solo caso o diferentes casos, en momentos distintos y sucesivos) o una diacrónica que tiene como fin conocer en el tiempo, la influencia de un determinado fenómeno.
Análisis diacrónico	Su objetivo es observar los cambios de las variables con el paso del tiempo, por medio del estudio de un acontecimiento en distintos momentos. También sirven para aumentar el número de casos, pues no sólo cambian los estados de las variables, sino que los mismos sistemas se transforman.
Problemas del análisis diacrónico	*1)* Cómo delimitar las unidades temporales sobre las que hay observar el pasado o si es posible hacer periodizaciones, *2)* si las relaciones causales entre las variables observadas en el tiempo tienen algún vínculo con las relaciones causales entre las variables observadas sincrónicamente y en relación con ello, cómo se identifican las secuencias temporales entre fenómenos; *3)* cómo tratar la presencia de numerosos factores fuertemente conectados y que se han ido desarrollando paralelamente.

Importancia	Tanto en su vertiente sincrónica como diacrónica, es un valioso instrumento de explicación. Permite explicar comparando, las semejantes/distintas vidas políticas de las sociedades contemporáneas. Captar las similitudes o diferencias entre dos o más sistemas políticos nacionales, es una primera etapa descriptiva necesaria, si bien insuficiente, pues se trata también de avanzar en un análisis comparativo capaz de establecer relaciones entre fenómenos políticos, fundamentado en la teoría y probado empíricamente, que trasciendan la singularidad de los propios fenómenos nacionales que confronta. El método comparativo nos hace conscientes de la diversidad de formas, procesos y comportamientos políticos en el espacio y en el tiempo.

FUENTE: Elaboración propia con base en información obtenida de LAIZ, Consuelo (2003) Política Comparada, McGraw-Hill, España, pp. 84-91.

A continuación pasaremos a la aplicación del modelo comparativo respecto a los sistemas de pensiones reformados en América Latina y México. Para ello, analizaremos los siguientes países: Argentina, Bolivia, Chile, Colombia, Costa Rica, El Salvador, México, Perú, República Dominicana y Uruguay. En el caso de México revisaremos los casos de: Aguascalientes, Campeche, Coahuila, Durango, Estado de México, Guanajuato, Jalisco, Nuevo León, Oaxaca, Puebla, Sinaloa, Sonora y Veracruz

Como partimos de la hipótesis original de que *la insostenibilidad de la situación-problema persiste en la medida en que las reformas implementadas se orientaron hacia resultados que se obtendrían a largo plazo, por tanto, no se intervino en los rubros deficitarios de corto plazo. Tampoco se intervino en medidas de corto plazo, debido a la resistencia de los grupos de interés que se iban a ver afectados por las mismas.*

La **función** que destacaremos a través de la aplicación del modelo comparativo será el hacer una revisión del sistema pensionario en países latinoamericanos, esperando obtener una descripción, explicación e incluso una predicción a futuro del sistema pensionario mexicano. Consideraremos la situación financiera existente en estos países, la existencia o no de reformas a sus leyes de seguridad social y la visión de corto y largo plazos que presentan, el peso o contrapeso de sus actores políticos y sociales.

En segundo lugar, el **objetivo** del análisis comparativo es observar la existencia o inexistencia de relaciones entre variables.

Dentro del **problema central** bajo estudio, observaremos si se verifica la relación causal establecida en la hipótesis, así como su forma de control anulando la influencia de variables externas manteniéndolas constantes.

Como **estrategia** se establece el diseño de casos de máxima semejanza, centrando el análisis bajo el supuesto de la existencia de propiedades en común que pueden ser mantenidas como constantes, al hacer la revisión de estas propiedades comunes se podrá determinar si existe (n) una (s) propiedad (es) o característica (s) en que difiera (n).

Se respetarán las reglas del método comparativo como son: *1)* que los interrogantes iniciales sean transferibles de uno a otro de los sistemas estudiados; *2)* la utilización de medidas equivalentes del mismo concepto para cada sistema político de la muestra. Si se quiere medir un concepto en varios sistemas, se puede emplear una misma variable o bien variables específicas para los sistemas, pero en todo caso hay que asegurarse de que cada variable refleje el mismo concepto subyacente; *3)* reducir al mínimo los posibles sesgos culturales de la elección de los casos. En este sentido, se puede recurrir a los estudios de un área político-cultural específica con casos semejantes, aunque entonces la crítica se dirigirá al alto número de variables parametrizadas potencialmente explicativas, respecto a un número reducido de casos, lo que puede limitar el alcance de las conclusiones, haciéndolas válidas sólo para los casos elegidos; *4)* simplificar al mínimo los efectos de la difusión. Para hallar observaciones independientes de un caso a otro, optar por el método de máxima diferencia y también recurrir a la comparación diacrónica, pues los efectos de la difusión se atenúan con el tiempo.

De acuerdo a la **temporalidad**, el tipo de análisis a realizar será el concerniente al periodo de 1995-2012, para estar en consonancia con la investigación. Siendo éste de tipo diacrónico porque considerará la evolución del sistema de pensiones durante de cerca de dos décadas, observándose en el tiempo cuál ha sido el resultado que presentan los sistemas de pensiones de estos países latinoamericanos y mexicanos.

La **importancia** de este tipo de análisis comparativo radica en que tendremos un instrumento eficiente para la explicación del fenómeno bajo estudio: La sostenibilidad financiera del sistema de pensiones. Nos permitirá explicarlo, comparando las semejanzas y diferencias existentes en estos países y entidades federativas, para captar las similitudes y diferencias entre dos o más sistemas pensionarios a partir de la primera etapa, que es la descriptiva, para posteriormente avanzar hacia el establecimiento de relaciones entre los sistemas pensionarios, fundamentándonos en la teoría y probando empíricamente que éstas transcienden la singularidad de los propios fenómenos nacionales que confrontan.

1.4 Estudio de Política Comparada en los Sistemas de Pensiones en América Latina

Los sistemas de pensiones latinoamericanos fueron reformados desde la década de los ochentas y hasta la fecha continúan estas transformaciones. Esta situación obedece a que en algún momento, estos sistemas de pensiones han sido financieramente deficitarios. Observemos comparativamente, entre países que han reformado sus sistemas de pensiones como lo son Argentina, Bolivia, Chile, Colombia, Costa Rica, El Salvador, México, Perú, República Dominicana y Uruguay, características tales como su fecha de surgimiento, supervisor, normatividad vigente, régimen, sistema antiguo frente al sistema nuevo, traspaso al nuevo sistema para afiliados antiguos, naturaleza del administrador, requisitos para obtener la jubiliación, así como sus beneficios[7].

1) En el siglo XX, la reforma a los sistemas de pensiones inicia en Chile en la década de los ochentas, es hasta los noventas cuando se reforman en Colombia (1993), Perú (1993), Argentina (1994), Uruguay (1996), Bolivia (1997), México (1997), El Salvador (1998). A inicios del siglo XXI, el proceso de reforma se observó en Costa Rica (2000) y República Dominicana (2001).

2) Supervisor: En estos 10 países tenemos que el órgano de control de los sistemas de seguridad social, en 5 casos es una superitendencia (Colombia, Costa Rica, El Salvador, Perú y República Dominicana); en Argentina es la Administración Nacional de Seguridad Social (ANSES), que es del Estado; en Chile es el Ministerio del Trabajo y Previsión Social (MINTRAB), que es del Estado; en Bolivia, la Autoridad de Fiscalización y Control de Pensiones y Seguros-APS; en México, la Comisión Nacional de Ahorro para el Retiro

---

[7]   Véase Anexo Estadístico, Tabla No. 2: Sistemas de pensiones en América Latina.

(CONSAR); y, en Uruguay son dos bancos, el Banco Central del Uruguay y el Banco de Previsión Social.

3) Régimen: En estos países tenemos 3 tipos de sistemas de pensiones, el de reparto, capitalización individual y mixto, que es una combinación tanto del sistema de reparto como el de capitalización individual. En el primer caso, el solidario de reparto únicamente está presente en Argentina. El sistema de capitalización individual está en Bolivia y República Dominicana. Mientras que el sistema mixto, prevalece en Chile, Colombia, Costa Rica, El Salvador, México, Perú y Uruguay.

4) Sistema antiguo frente al sistema nuevo: En el caso de Argentina, Bolivia y República Dominicana, el sistema de pensiones anterior fue sustituido por completo por el nuevo sistema. La mayor parte de los sistemas se han visto envueltos en una transición, en donde el sistema antiguo coexiste permanentemente, hasta que se jubile y pensione el último trabajador del sistema anterior, es decir, se les respetaron sus derechos y sus prestaciones continúan siendo financiadas por el Estado y por las aportaciones de los trabajadores afiliados al nuevo sistema.

5) Traspaso a nuevo sistema para afiliados antiguos: En la mayor parte de los sistemas de pensiones el traspaso fue voluntario, sólo fue obligatorio para Argentina, Bolivia y República Dominicana.

6) Requisitos para la jubilación: Bolivia es el país en que la edad jubilatoria es menor que en el resto, con 55 años los hombres y 50 las mujeres. En Colombia, El Salvador, Perú, República Dominicana y Uruguay, 60 años los hombres y 55 las mujeres. En Argentina, Chile, Costa Rica y México, son 65 años.

7) Beneficios: En los sistemas de pensiones, entre las prestaciones principales se observa en todos los países analizados el otorgamiento de pensiones por vejez, invalidez, sobrevivencia y muerte.

Para reforzar la información anterior, vamos a analizar a cada uno estos 10 países considerando su situación actual, estableciendo la fecha de reforma a su ley de pensiones, la normatividad vigente, el contexto existente que prevalecía para que se originara la reforma, los objetivos de la nueva ley de pensiones, el contexto del proceso, el nuevo esquema de pensiones, las nuevas prestaciones económicas y servicios de seguridad social y cerraremos con un análisis prospectivo del nuevo sistema de pensiones en cada país. Estas variables son analizadas con la finalidad de obtener el panorama general para conocer por qué se reformaron los sistemas de pensiones y qué cambios se observaron en sus políticas públicas de seguridad social.

 rgentina

Tiene un sistema solidario de reparto, que es regulado por el Estado, mediante la Administración Nacional de Seguridad Social (ANSES).

Anteriormente, el sistema previsional argentino se conformaba por un régimen de reparto y de capitalización individual. El primero era administrado por el Estado, mediante ANSES; mientras que el segundo era a través de las AFJP. Este modelo tenía tres pilares: La solidaridad financiada por el mecanismo de reparto y los restantes, uno obligatorio y el otro optativo, funcionan a través de la capitalización individual de los aportes previsionales. Con la reforma, el supervisor es ANSES.

Fecha de reforma a la Ley de Pensiones

Se regresa a un sistema estatizado a través de la Ley 26,425[8], que pone fin a las AFJP para dar paso al Sistema Integrado Previsional Argentino (SIPA), entrando en vigor a partir del 9 de diciembre de 2008. Se realiza una reforma al sistema pensionario debido a que la privatización del sistema no era financieramente viable para el Estado, en donde los jubilados de la AFJP estaban siendo subsidiados con recursos estatales de la ANSES.

Por tanto, se da paso al SIPA que es un sistema solidario de reparto, eliminándose el régimen de capitalización en el cual se establecen candados para que los recursos que genere el sistema sólo sean utilizados para el pago de jubilaciones y pensiones y no se inviertan sus fondos en el exterior.

Situación anterior

El sistema anterior entra en crisis por la apropiación de los recursos de las cajas de jubilaciones por parte del Estado. A partir de 1970, el desempleo representaba una media del 3.5% de la PEA, llegando a un 18.7% en el año de 1993. Aumentó el empleo informal y la instauración de contratos laborales con plazos determinados de finalización, sin que ingresaran los aportes y contribuciones del trabajador al sistema pensionario. Se instauró el trabajo precario como nueva forma de contrato de trabajo. Se observó ineficacia del Estado en la gestión del otorgamiento de las prestaciones y la existencia de fraude en la administración de los fondos pensionarios. Estos problemas provocaron desfinanciamiento del sistema lo que obligó al Estado a recurrir a recursos de origen tributario para sostener el sistema de reparto.

---

[8]   http://www.trabajo.gov.ar/. http://www.anses.gob.ar/

En el año de 1994 se comienzan a regir los sistemas pensionarios por la Ley 24,241 creando un Sistema Integrado de Jubilaciones y Pensiones (SIJP). A fines de diciembre de 2000, el poder Ejecutivo Nacional intentó mediante el Decreto No. 1,306 modificar de manera profunda el Sistema de Seguridad Social vigente, pero fue suspendido.

Esta segunda reforma tuvo que hacerse de forma traslapada con el anterior sistema previsional, para ello se creó la Comisión de Trabajo para la Preservación del Empleo que tuvo por objetivo salvaguardar a los trabajadores de las AFJP que estaban en riesgo de perder su empleo, producto de la creación del SIPA.

Objetivos de la nueva Ley de Pensiones

Cumplir con el precepto 14 bis de la Constitución Nacional:

> El Estado otorgará los beneficio de la seguridad social, que tendrá carácter de integral e irrenunciable. En especial, la ley establecerá: el seguro social obligatorio, que estará a cargo de entidades nacionales o provinciales con autonomía financiera y económica, administradas por los interesados con participación del Estado, sin que pueda existir superposición de aportes; jubilaciones y pensiones móviles; la protección integral de la familia; la defensa del bien de familia; la compensación económica familiar y el acceso a una vivienda digna[9].

Invertir los recursos garantizando el crecimiento económico del país y el incremento de los recursos manejados por el fondo previsional, dichos recursos queda prohibida su inversión en el exterior;

La ANSES no percibirá comisión alguna por la administración de los fondos del SIPA y actuará de acuerdo a lo establecido por el Ministerio del Trabajo, Empleo y Seguridad Social, dotada de autonomía financiera y económica, estando sujeta a la supervisión de la Comisión Bicameral de Control de los Fondos de la Seguridad Social.Esta Comisión se integra por seis senadores y seis diputados elegidos por sus respectivos cuerpos. Se crea el Consejo del Fondo de Garantía de Sustentabilidad del SIPA que fiscalizará los recursos a través de un representante de la ANSES, uno de la Jefatura de Gabinete de Ministros, dos del Órgano Consultivo de Jubilados y Pensionados, tres representantes de organizaciones de trabajadores que sean representativas, dos de organizaciones empresariales representativas, dos de entidades bancarias representativas, dos del Congreso de la Nación (uno por cada Cámara).

Contexto del proceso

Mediante el Decreto Núm. 2284/91 de desregulación económica y creación del Sistema Único de Seguridad Social (SUSS) se introducen cambios al sistema. Se disuelven las cajas de jubilaciones de índole profesional que se encargaban de la gestión y pago de pensiones a trabajadores de distintas actividades. Son disueltas las Cajas de Asignaciones Familiares, CASFEC, CASFPI y CASFPYMAR, unificándolas en un solo ente: La ANSES, en el ámbito del Ministerio del Trabajo.

---

[9]   Ley 26,425, que crea el Sistema Integrado Previsional Argentino (SIPA). Buenos Aires, Argentina. 9 de diciembre de 2008 y Constitución de la Nación Argentina (Incluída la reforma del 22 de agosto de 1994).

En la segunda reforma, ante la insustentabilidad económica del sistema estando en manos privadas, se decide volver a estatizarlo para que se garantice un esquema pensionario para todos los argentinos. Es con la Ley SIPA, sancionada por el Congreso de la Nación Argentina, que se crea la Comisión de Trabajo para la Preservación del Empleo que buscó que los trabajadores no perdieran su empleo durante el proceso de transición de un esquema previsional capitalizado a uno solidario de reparto.

Para ello se realizaron diversas reuniones con las AFJP en donde éstas se responsabilizaran en conservar y reubicar a su personal. A la par, la Comisión contactó a los sindicatos (bancarios y del seguro) de manera que estuvieran informados y comenzaran a trabajar en conjunto. De igual manera, a los trabajadores se les proveyó de los canales de información necesarios para que ellos comenzaran a ser laboralmente recategorizados y se incorporaran a un empleo estatal.

Nuevo esquema de pensiones

El Programa de Inclusión Previsional (PIP) da cobertura a aproximadamente 1 millón 800 mil argentinos proporcionándoles una jubilación o pensión. Es producto de la unificación de los sistemas previsionales anteriores establecidos por la ANSES y gobiernos provinciales y municipales con la finalidad de que la mayor parte de la población obtenga este derecho social. La edad jubilatoria en las mujeres es de 60 años y en los hombres de 65 años. Su objetivo es aumentar la tasa de población con seguridad social, estadísticas muestran que en 1996 era de 55.6%, mientras que en 2007 fue de 70.5%[10]. Este indicador muestra que Argentina, junto con Uruguay y Brasil son los países latinoamericanos con mayor cobertura de seguridad social.

Nuevas prestaciones económicas y servicios en seguridad social

Crea un sistema integrado que abarca la normativa de seguridad social de las leyes, 1) Ley 25,994 Créase una prestación previsional anticipada. Requisitos que deberán cumplir las personas que tendrán derecho al mencionado beneficio previsional, 2) Ley 24,476 Trabajadores Autónomos. Régimen de Regularización de Deudas y 3) Ley Nacional del Sistema Integrado de Jubilaciones y Pensiones 24,241. Los ciudadanos argentinos que cumplen con los requisitos establecidos en la Ley, cuentan con un plan de seguridad social universal. Desde una perspectiva de género, considerando la vulnerabilidad de la mujer, el PIP puso énfasis en la incorporación de un mayor número de féminas que varones. Anteriormente, muchas mujeres sólo accedían a un plan de seguridad social al momento de cobrar una pensión o al ser viudas.

Análisis prospectivo del nuevo sistema de pensiones

La proyección al 2050[11] muestra que cada vez se encuentran más desprotegidos los adultos mayores, quienes recibirán menos beneficios debido a que la tasa

---

[10]   ANSES (2013) *PIP – Programa de Inclusión Previsional.* Citado el día 9 de julio de 2013 disponible en http://www.anses.gob.ar/jubilados-pensionados/pip-programa-inclusiln-previsional-30

[11]   MINISTERIO DE TRABAJO, EMPLEO Y SEGURIDAD SOCIAL (2005) *Prospectiva de la Previsión Social. Valuación Financiera Actuarial del SIJP 2005/2050*, Secretaría de Seguridad Social. Año II. No. 3, Argentina.

de sustitución del trabajador activo tiene una reducción progresiva. La mitad de la población de la tercera edad se encuentra desprotegida, siendo recomendable la participación del Estado para brindarles seguridad social. Para realizar esta acción se requerirá garantizar una situación económica creciente que le permita al Estado obtener recursos para financiar el sistema.

Bolivia

Tiene un sistema sustitutivo[12]. Regulado por la Autoridad de Fiscalización y Control de Pensiones y Seguros (APS). Anteriormente, quien tenía esta competencia era la Superitendencia de Pensiones, Valores y Seguros (SPVS).

Las AFP se hacen cargo del manejo del Fondo de Capitalización Individual compuesto por los aportes al seguro de vejez, las primas de los seguros de riesgo común y primas de riesgo profesional; como del Fondo de Capitalización Colectiva integrado por las acciones de las empresas públicas capitalizadas que pertenecían al Estado. El régimen es obligatorio para los trabajadores en relación de dependencia laboral y voluntario para los independientes. Los antiguos afiliados al sistema de reparto y los que se incorporen al mercado laboral quedan incluidos en el nuevo sistema denominado Seguro Social Obligatorio de Largo Plazo (SSO).

Fecha de reforma a la Ley de Pensiones

Ley No. 065 del 10 de diciembre de 2010.

Antecedentes, Ley 1732 (1997), Ley 2427 del Bonosol (2002) y Ley 3785 (2007) que garantiza la solidaridad a través de una pensión mínima.

Situación anterior

Se sustituye el régimen de reparto por el de capitalización individual.

Históricamente el sistema de reparto durante el periodo 1957-1987 eran administrados por la Caja Nacional de Seguridad Social y de las Cajas de Seguro sectoriales. Posteriormente, de 1987-1990, FONARE asume su control, para que en 1990 sea transferida su administración a (Fondos de Pensiones Básicas (FOPEBA) y Fondos Complementarios (FOCOM's).

Objetivos de la nueva Ley de Pensiones

Incorporar a todo trabajador, eventual o permanente, al SSO, en el cual el empleador contribuye con un 16.71% y el trabajador un 12.71%, al financiamiento de su seguridad social. Los trabajadores son los encargados del financiamiento de sus jubilaciones y, los riesgos de invalidez y muerte son financiados conjuntamente por parte de los trabajadores y su respectivo empleador.

---

[12]   Por sistema sustitutivo se refiere que al cerrar el sistema de reparto, la afiliación al nuevo sistema será de carácter obligatorio para todos los trabajadores cubiertos. Los fondos son administrados por entidades privadas supervisadas por una entidad pública. Este sistema reemplaza completamente al sistema de reparto existente anteriormente. Para mayor información consultar, http://www.aps.gob.bo

Instrumentar el Sistema de Regulación Financiera (SIREFI) que regula, controla y supervisa actividades relacionadas con el SSO, los bancos y entidades financieras, el mercado de valores y las entidades aseguradoras y reaseguradoras, esto se debe a que el país, al entrar en un proceso de apertura neoliberal de sus mercados, introduce mecanismos para evitar posibles desviaciones.

Contexto del proceso

Se realiza la reforma al sistema de pensiones con la finalidad de generar un equilibrio macroeconómico. Los principales problemas fueron de naturaleza administrativa, de control de los fondos, así como de una gestión ineficiente.

Nuevo esquema de pensiones

Capitalización individual de los fondos pensionarios. Establece el Fondo de Capitalización Colectiva (FCC) y su beneficio, la Renta Universal de Vejez o Renta Dignidad (anteriormente denominado como Bono Solidario [Bonosol]), que es el pago de una pensión asistencial cuando el individuo alcanza los 65 años o más de edad. Los recursos de la Renta Dignidad son obtenidos directamente de los ingresos vía Impuesto Directo a los Hidrocarburos (IDH) y dividendos de empresas públicas en la proporción accionaria que corresponde al ciudadano boliviano.

Nuevas prestaciones económicas y servicios en seguridad social

De acuerdo al artículo 4, de la Ley del Bonosol, el monto anual por concepto del Bonosol para el periodo del 1 de enero de 2003 al 31 de diciembre de 2007, fue de 1,800 bolivianos; a partir del 1 de enero de 2008 y cada cinco años, el monto del Bonosol será fijado por la SPVS mediante lo determinado en la valuación actuarial de los FCC y la mortalidad de los beneficiarios.

Análisis prospectivo del nuevo sistema de pensiones

Las reformas al sistema de pensiones realizadas desde 1997 no han logrado el objetivo de brindar una cobertura universal, actualmente continúa en niveles similares a cuando estaban en un régimen de reparto. Se han incrementado los costos al erario estatal debido a la incorporación de población que labora informalmente. Dos soluciones posibles serían el abordar la viabilidad de una tasa de reemplazo de los trabajadores que pueda garantizar que les sean otorgada su jubilación y pensión con las contribuciones de los trabajadores activos y, el pasar de un sistema de pensiones sustitutivo por un modelo mixto.

Chile

Es un sistema sustitutivo. A partir de la reforma de 2008, se transforma el sistema de capitalización individual en un sistema integrado de pensiones contributivas y no contributivas. En el primero, prevalece la capitalización pura; en tanto que en el segundo, el Estado interviene para complementar económicamente estas pensiones y garantizar un retiro del trabajador con una pensión digna, con el objetivo de disminuir la pobreza.

En este sistema subsiste un régimen de reparto residual, financiado con recursos fiscales, que desaparecerá con el tiempo debido a que desde 1983 los nuevos trabajadores dependientes no pueden incorporarse al sistema antiguo. El régimen se regula y administra por el Ministerio del Trabajo y Previsión Social, el cual supervisa a las gestoras privadas y pública. Anteriormente esta función era realizada por la Superitendencia de Pensiones (SP) que sustituyó a la Superitendencia Administradora de Fondos de Pensiones (AFP).

Fecha de reforma a la Ley de Pensiones

Ley 20,255 de marzo de 2008. La primer reforma fue con las AFP que inician funciones en 1981, siendo creadas mediante la Ley 3500 de 1980[13].

Situación anterior

El caso de la primer reforma, la seguridad social en Chile descansaba en 32 cajas de previsión y la cobertura se dividía en función de la categoría del trabajador. El sistema pensionario enfrentó desequilibrios, primero actuarial y luego financiero en las décadas de 1960 y 1970[14]. Para el segundo caso, la reforma de 2008 surge como resultado de un exhaustivo análisis financiero que presentó el costo económico que implicó la primer reforma y que en el LP estaba mostrando déficits en el otorgamiento de pensiones. Se decide no desaparecer el sistema de capitalización, sino mejóralo, se crea un sistema integrado de pensiones contributivas y no contributivas (con la participación del Estado) y surge el Sistema de Pensiones Solidarias (SPS).

Objetivos de la nueva Ley de Pensiones

Afrontar la crisis económica sin que repercuta sobre el sistema económico chileno, para ello se hace una reforma sustitutiva del sistema de pensiones pasando a manos del sector privado los fondos previsionales. El centro del proceso es el mercado, el individuo decide en que caja de previsión invierte sus cuotas. Anteriormente, el ciudadano chileno sólo se preocupaba por su pensión cuando ya estaba próximo a retirarse laboralmente, ahora al estar incorporado a un sistema de capitalización individual, el monto a recibir depende directamente de la suma total de sus contribuciones y rendimientos obtenidos.

Contexto del proceso

Es el primer país en Latinoamérica en tener un sistema previsional, su reforma se realiza durante la dictadura militar, los trabajadores que cubre el sistema son aproximadamente 15 millones de personas. Se observa la existencia de una unificación del sistema, así como el garantizar una pensión digna al asegurado. Cabe resaltar que Chile se encuentra en segundo lugar en cobertura de seguridad social, con un 70% de la PEA, mientras que Uruguay tiene el 82%. Ambos países tienen incluidos en su sistema a los trabajadores independientes para garantizar que exista una cobertura universal.

---

[13]   http://www.safp.cl, www.spensiones.cl, www.aafp.cl, http://www.ips.gob.cl/, http://www.mintrab.gob.cl/

[14]   MORALES Ramírez, María Ascensión (2005) *La Recepción del Modelo Chileno en el Sistema de Pensiones Mexicano.* Instituto de Investigaciones Jurídicas, Serie Doctrina Jurídica, Núm. 226, UNAM, México. P. 31.

Nuevo esquema de pensiones

Dentro del rubro de seguro de vejez se observa que el retiro programado se basa en el recalcular el monto de la pensión año con año considerando la esperanza de vida del trabajador y sus beneficiarios, la cual variaría anualmente en función a la edad y al nuevo capital que disminuiría el pago de la pensión o aumentaría la rentabilidad del fondo. Una rentabilidad positiva crece anualmente. Si el pensionado tiene una longevidad superior a la esperanza de vida disminuye su pensión[15].

Los recursos económicos del trabajador se invierten en las AFP en los siguientes fondos: A.- Más riesgoso, se invierte un 80% en renta variable y 20% en renta fija; B.- Riesgoso, 60% y 40%, C.- Intermedio, 40% y 60%, D. Conservador.- 20% y 80%, E. Más conservador.- 5% y 95%. Ante inestabilidad de los mercados el más afectado es el A, pero en ocasiones se pueden obtener a través de éste mayores rendimientos. En cambio los otros fondos, como es en menor medida su inversión en renta variable, son más estables sus inversiones.

El Fondo Recaudador permite que un afiliado que tiene invertido su dinero en un Fondo Riesgoso, pedir a su AFP que sus fondos puedan ser invertidos a futuro en fondos más conservadores.

Nuevas prestaciones económicas y servicios en seguridad social

Las personas incorporadas al anterior sistema los incentivaron a cambiarse al nuevo mediante un aumento en 18% de su salario y también se les otorgaba un bono de reconocimiento por el tiempo que cotizaron en ese esquema. En tanto que los trabajadores que recientemente se afiliaron, posterior a la reforma a su ley de pensiones, podían elegir entre el sistema anterior y el nuevo sistema. El nuevo sistema es obligatorio y automático para los trabajadores con una relación de subordinación y es automático para los trabajadores independientes[16]. El bono de reconocimiento fue emitido por el Instituto de Normalización Previsional a nombre del trabajador, se expresaba en dinero y su valor se ajustaría al índice de precios al consumidor más un interés real anual de 4%. Existían dos tipos de bonos: Uno de reconocimiento general destinado a los trabajadores del sistema anterior de pensiones, los cuales podían optar por el nuevo sistema y haber registrado al menos 12 cotizaciones mensuales en cualquier Caja de Previsión en los 5 años anteriores a noviembre de 1980. En tanto que el bono de reconocimiento complementario es el que reciben al haber registrado cotizaciones posteriores al primero de mayo de 1981.

Si el ciudadano carece de los recursos necesarios para obtener una pensión digna, en este caso el Estado interviene solidariamente y proporciona la diferencia a través de un subsidio. Otras característica solidaria que es requisito de las AFP es que deben contratar un seguro colectivo de invalidez y sobrevivencia a sus cotizantes.

Análisis prospectivo del nuevo sistema de pensiones

El cambio fue en materia de intervención en la gestión de entidades privadas con fines de lucro y la estructura financiera del sistema. Existe competencia entre las AFP por la captación de afiliados en base a rentabilidad, seguridad y otros. También se

---

[15]   Ibid. P. 79.
[16]   Ibid. P. 59.

observa la transparencia al dar a conocer los resultados de las AFP a sus afiliados a través de un documento denominado cartola. Presenta un resultado positivo respecto a los equilibrios macroeconómicos alcanzados.

Colombia

Es un sistema paralelo[17]. Se integra por un régimen de reparto y por un régimen de capitalización individual. El primero es administrado por el Estado a través del Colpensiones[18], anteriormente llamado Seguro Social, en donde se realiza un ahorro individual por parte del trabajador (es llamado Régimen de Ahorro Individual con Solidaridad [RAIS]). La gestión del segundo es mediante las AFP y supervisado y regulado por la Superitendencia Financiera de Colombia, aquí se denomina Régimen de Prima Media (RPM). La selección de cualquiera de los dos regímenes es libre y voluntaria por parte del afiliado.

Fecha de reforma a la Ley de Pensiones

Año de 1993. Ley 100 de 1993, reformada mediante la ley 797 de 2003[19], Acto Legislativo 01 de 2005[20], Ley 1,151 de 2007 para la Administración del Sistema Flexible de Protección para la Vejez y Ley 1,328 de 2009 establece el Fondo de Solidaridad Pensional.

Situación anterior

El mercado laboral es pequeño para un esquema basado en la aportación individual, dentro de este la inversión en industrias y empresas no alcanzan los niveles que requiere el sistema pensionario para autofinanciarse. Solo 20% de la PEA aporta a pensiones, el 80% se encuentra dentro de la economía informal, es desempleado o labora en el campo. El argumento principal fue el desempleo que prevalecía en el país. Existía un pasivo pensional que representó el 192.4% del PIB del año 2000, elevándose en el año 2002 en 206%. Se requería aumentar la tasa de crecimiento del país en un 5% para poder disminuir la tasa de desempleo.

A pesar de la reforma, que no implica que fuera fallida, uno de los costos es que sigue siendo un peso para el Estado el pago de las pensiones porque el sistema de reparto paga el 99% de las pensiones y el de capitalización sólo el 1% restante, lo cual génera un déficit en las finanzas públicas.

---

[17] Por sistema paralelo se hace referencia que al crear un nuevo sistema no se cierra el de reparto. El régimen de capitalización individual y el de reparto compiten. Los trabajadores (tanto los afiliados al momento de la reforma como los nuevos) están obligados a elegir entre uno de los dos regímenes. La cotización del trabajador es destinada íntegramente al régimen elegido.

[18] Los cotizantes por cada 100 pesos ahorrados, Gobierno les otorga un subsidio de un 20% adicional.

[19] A partir de esta reforma, todos los trabajadores están obligados a cotizar, anteriormente sólo lo hacían los asalariados.

[20] www.superfinanciera.gov.co y www.colpensiones.gov.co

Objetivos de la nueva Ley de Pensiones

El nuevo sistema pensionario se dirige hacia el otorgamiento de seguridad social a la economía informal.

Contexto del proceso

El objetivo era atender a la población que labora en el sector informal con la finalidad de aumentar el número de trabajadores cotizantes. Actualmente, ha pasado de un 20 a un 30% de la PEA los aportantes al sistema pensional colombiano.

Nuevo esquema de pensiones

Los ajustes realizados fueron con la finalidad de incluir a los trabajadores independientes, con capacidad de aporte al sistema; se incrementó el monto de las cotizaciones; se aumentó de manera diferida la edad jubilatoria; se eliminaron regímenes de excepción y se universalizó el régimen general. También se redujo el monto de la pensión de vejez o tasa de reemplazo.

Nuevas prestaciones económicas y servicios en seguridad social

Debido a la preocupación por la sostenibilidad financiera, las personas que tengan la edad para jubilarse pero no tengan el requisito del tiempo de servicios o semanas de cotización para tener derecho a una pensión, el gobierno les otorga una pensión mínima dada a través del Fondo de Garantía de Pensión Mínima. También se crea un Fondo de Protección Social y un régimen de subsidio al empleo para la promoción de pequeñas y medianas empresas con financiamiento de recursos fiscales, estructurado de un sistema de protección social a partir de las Cajas de Compensación Familiar, como administradoras, con un porcentaje de recursos que tienen a su cargo y provienen del aporte parafiscal de los empleadores, con destino a promover el empleo y proteger a los desempleados.

Otra prestación, en apoyo del sector informal o de aquellos que ganas menos de un salario mínimo mensual es el Esquema Flexible de Protección para la Vejez, también conocido como Beneficios Económicos Periódicos (BEPS), otorgado por Colpensiones.

Análisis prospectivo del nuevo sistema de pensiones

De 22 millones de trabajadores, sólo 7.7 millones cotizan o ahorran para su vejez, pero de ellos 2 millones se van a pensionar, 15 millones no se pensionarán. Entonces con el régimen de prima media y las aportaciones individuales se complementarán, en el caso de los trabajadores formales; para los trabajadores informales se les apoyará con el BEPS para que en el 2018 sean 2.4 millones los pensionados, mediante el Programa Colombia Mayor.

Costa Rica

Es un sistema mixto. Se crea un sistema de pensiones multinivel que da como resultado que los regímenes básicos existentes no se sustituyeran por los regímenes de capitalización individual. El sistema de pensiones tiene cuatro pilares: El primero es de invalidez, vejez y muerte, administrado por la Caja

Costarricense de Seguro Social (CCSS), basado en un esquema de reparto. Es de beneficio definido, obligatorio para los trabajadores en relación de dependencia y voluntario para los trabajadores independientes. El segundo es una cuenta individual obligatoria administrada por las Operadoras de Planes de Pensiones Complementarios (OPC) y regulados por la Superitendencia de Pensiones. El tercero es un ahorro voluntario para la pensión, administrado por las operadoras y, el cuarto es un Régimen no Contributivo que cubre a quienes por no haber cotizado en los otros sistemas quedan desprotegidos.

Fecha de reforma a la Ley de Pensiones

Año 2000. Ley 7523 del Régimen Privado de Pensiones Complementarias. Ley 7983 Ley de Protección al Trabajador[21]. En 2002, con la Ley 8343 de Contingencia Fiscal, se reforma el artículo 86 de la Ley 7523 para que sea la Superitendencia de Pensiones quien supervise a la Dirección Nacional de Pensiones del Ministerio de Trabajo y seguridad Social.

Situación anterior

El seguro social era no sólo para la protección mediante prestaciones económicas sino que también consideraba el otorgar prestaciones para el restablecimiento de la salud. El seguro social era para los trabajadores dependientes, con tendencia a la universalización. Se traspasó a la CCSS todos los programas de servicios de salud así como la infraestructura que estaba a cargo del Ministerio de Salud Pública.

Objetivos de la nueva Ley de Pensiones

Crear y regular los fondos de capitalización laboral, universalizar las pensiones para los adultos mayores en condición de pobreza, ampliar la cobertura y fortalecer el seguro de pensiones, regular los programas de pensiones complementarias para las contingencias de invalidez, vejez y sobrevivencia, y establecer los mecanismos de supervisión de los entes encargados de la recaudación y administración de los programas.

Contexto del proceso

En el año de 1992 en la Ley Núm. 7302, del 8 de julio, se homologan los requisitos para adquirir pensiones de vejez, las cuantías de las prestaciones. Se homologan las pensiones de invalidez y sobrevivencia otorgadas por el régimen general y, los funcionarios que ingresen al servicio público serían cubiertos por alguno de los regímenes homologados.

Nuevo esquema de pensiones

Se requerían reformas en el ámbito de la cobertura y financiamiento, pero estas fueron en materia de gestión. La reforma del año 2000 transforma la cobertura del trabajador autónomo o independiente de voluntaria en forzosa; establece una serie de relaciones con otras formas de protección de carácter complementario; e incluyen fuentes extra de financiamiento.

---

[21]   www.supen.fi.cr

Nuevas prestaciones económicas y servicios en seguridad social

Prestaciones monetarias por vejez, invalidez, sobrevivencia, enfermedad y accidente común, enfermedad y accidente de trabajo, maternidad y desempleo. Prestación de servicio por enfermedad y accidente común, enfermedad y accidente de trabajo, maternidad y servicios sociales. No se cuenta con prestaciones por asignaciones familiares ni por desempleo.

Análisis prospectivo del nuevo sistema de pensiones

Al igual que en otros países, sus fondos pensionarios dependen de la estabilidad económica, lo cual impacta en las tasas de interés, ante una baja tasa de interés se da un consecutivo aumento en el rendimiento de la cartera de estos fondos.

E l Salvador

Sistema mixto. Regulado por la Superitendencia del Sistema Financiero. Son dos sistemas, 1) el Sistema de Pensiones Público (SPP) que se integra por la Unidad de Pensiones del Instituto Salvadoreño del Seguro Social (UPISSS) y el Instituto Nacional de Pensiones para los Empleados Públicos (INPEP); 2) el Sistema de Ahorro para Pensiones (SAP) que se compone por las AFP.

Anteriormente, el sistema era de reparto, administrado por el SPP y el ISSS, generando una deuda futura para el pago de las pensiones de sus afiliados. Es por ello que en 1998 se realiza la reforma para crear un sistema de contribución definida, mediante las AFP.

Se hizo una separación del nuevo sistema con el antiguo: Los afiliados al antiguo sistema que no hubiesen cumplido 36 años de edad, obligatoriamente debían afiliarse al Sistema de Ahorro de Pensiones (SAP), mientras que los mayores de 36 años hasta 55 los hombres y 50 las mujeres, pueden optar por el nuevo sistema o permanecer en el antiguo, los trabajadores mayores a esta edad al inicio de operaciones del sistema, permanecen en el SPP.

Fecha de reforma a la Ley de Pensiones

Año de 1998 y en 2012 se realizó la última reforma. Ley del SAP aprobada mediante el Decreto Legislativo No. 927[22].

Situación anterior

Durante 20 años no existió problema alguno, pero posteriormente sucesos como la recesión económica, conflicto armado interno, migración de una quinta parte de la población en condiciones de trabajo, baja tasa de cotizaciones, escasa rentabilidad de la reserva, elevada mora del Estado y de los patrones hicieron que hubiera caída de los ingresos y aumento del número de pensionados, la relación cotizante-pensionado era de 15 a 1 y en 1997 se volvió de 6 a 1.

---

[22] http://www.inpep.gob.sv/, http://www.asafondos.org.sv/ y http://www.ssf.gob.sv/

Objetivos de la nueva Ley de Pensiones

La reforma debe atender un aumento de las edades de retiro, elevar la tasa de cotizaciones, fijar un techo al monto máximo de pensión para evitar que sólo unos pocos tuviesen pensiones altas y la mayoría pensiones mínimas, modificar el método de cálculo del salario base para evitar que cotizara el trabajador con salarios altos en los últimos 3 años y tuviera una pensión mayor, aplicar sanciones más drásticas contra la evasión o mora de cotizaciones, exigir al Estado el pago de su mora acumulada durante varios años.

Contexto del proceso

Durante 3 años una comisión especial realizó estudios para buscar una solución a la problemática existente, se propuso adoptar un sistema previsional que se basara en el ahorro individual y fuera manejado por administradoras privadas de fondos, fiscalizadas por el Estado.

Nuevo esquema de pensiones

El afiliado que no cumpla con el requisito del tiempo de cotización puede retirar sus ahorros y si muere, lo pueden reclamar sus herederos. El afiliado al llegar a la edad de retiro puede solicitar su pensión sin necesidad de renunciar a su trabajo. En el nuevo sistema la cuenta de ahorro que abre el trabajador en la AFP es suya, el Estado no puede hacer uso de su dinero, en cambio en el sistema anterior el Estado lo hacía a través de bonos a bajo interés, préstamos y otros. La dolarización ha generado efectos positivos, evita la pérdida por devaluación de los fondos, pero también ha ocasionado baja rentabilidad por la disminución de las tasas de interés en los Estados Unidos.

Si el trabajador cuenta con 30 años de cotizaciones en las AFP, UPISSS e INPEP puede solicitar una pensión por vejez, independientemente de la edad. Si no se cumple con ello, entonces el trabajador puede pensionarse al cumplir 60 años, siendo hombre o 55 años, siendo mujer, con al menos 25 años de cotizaciones.

Nuevas prestaciones económicas y servicios en seguridad social

Entre sus características se encuentran: La capitalización individual, administración privada, libertad de elección, solidaridad focalizada, seguridad, seguro de invalidez y sobrevivencia, reconocimiento de los derechos adquiridos.

Análisis prospectivo del nuevo sistema de pensiones

Un error en el sistema fue el admitir a trabajadores de 40 años y más y permitir el trasladado de los trabajadores que les faltaban pocos años para pensionarse. Esto ocasionó una pronta demanda de pensiones, una disminución en la rentabilidad de las inversiones porque las AFP deben tener fondos mensuales para cubrirlas y colocarlas en inversiones a corto plazo. El Estado tuvo que redimir los Certificados de Traspaso ocasionando un déficit en el presupuesto de aproximadamente 12% del mismo.

En la actualidad el gobierno salvadoreño sufre un déficit fiscal porque conviven ambos regímenes, el anterior de reparto y el nuevo de capitalización individual y en el primero, se tiene que sus jubilados están recibiendo subsidios por parte del gobierno para el pago de sus pensiones. En 2006, el Gobierno creó un Fideicomiso de Obligaciones Previsionales que tiene por objeto servir para el pago de pensiones de jubilados del UPISSS e INPEP, el cual poco a poco ha disminuido su rentabilidad, y un candado que tiene es que sólo puede ser invertido en el país y no en el exterior. Un reto que enfrentan es que debe buscarse una solución, la cual puede ser el disminuir el monto de las pensiones.

México

Es un sistema mixto. Se encuentra un régimen de reparto a través del IMSS e ISSSTE para sus trabajadores afiliados antes de la reforma a sus leyes y, de contribuciones definidas, para aquellos trabajadores que ingresaron a partir de la reforma a estas instituciones. Los trabajadores afiliados al régimen de reparto se les dio la opción para permanecer o cambiarse a una cuenta individual.

En el caso del sistema de contribuciones definidas su administración está a cargo de las Afores y es regulado por la Consar. Este nuevo sistema consiste en un primer pilar de carácter redistributivo mediante la provisión de una pensión mínima garantizada para los trabajadores de bajos ingresos; un segundo pilar tiene una base en las contribuciones obligatorias capitalizadas en cuentas individuales; un tercer pilar lo constituye el ahorro voluntario. Con la reforma, el seguro IVCM se convierte en dos seguros: El de retiro (RCV) administrado por las Afores y el de invalidez y vida administrado por el IMSS[23] e ISSSTE.

Fecha de reforma a la Ley de Pensiones

Año de 1997, Ley del Seguro Social (1995). Ley de los Sistemas de Ahorro para el Retiro (1996)[24]. Reforma a la Ley del ISSSTE, año 2007.

Situación anterior

Entre los factores que influyen en la reforma se encuentra el seguro de IVCM[25] que no era financieramente viable y la transición demográfica del país. También se argumenta la necesidad de generar ahorro interno a través de la capitalización individual de las aportaciones de los trabajadores afiliados al IMSS.

Objetivos de la nueva Ley de Pensiones

Volver financieramente viable al sistema, generar ahorro interno de los asegurados, realizar inversiones productivas con los fondos pensionarios. Garantizar una pensión digna al asegurado y sus beneficiarios.

---

[23] Se menciona que entre los graves problemas observados se encuentra que la voluntad del trabajador es sustituida dentro del nuevo sistema pensionario; el trabajador no accede a su ahorro a voluntad, sino de acuerdo a lo estipulado por la Ley del Seguro Social; cada una de las Afore participó en un inicio con un 17% del mercado de trabajadores afiliados al IMSS. Los países extranjeros sólo pueden invertir en el 49% de la Afore pero, si existe un acuerdo internacional con México, pueden llegar a detentar el 100% de ésta.

[24] www.consar.gob.mx

[25] Los ingresos del seguro de IVCM eran utilizados para la creación de infraestructura y para el seguro de enfermedades y maternidad los cuales son deficitarios.

Contexto del proceso

Se presenta un escenario en donde las causas de la inviabilidad financiera se debieron a los excesos cometidos (destinar el seguro de IVCM a rubros deficitarios), así como la crisis económica que originó un aumento del desempleo e informalidad de la fuerza laboral, caída de los salarios reales, inflación desmesurada que estimuló la evasión y mora. También se sumó un pesado servicio de deuda externa. Se inicia la transición en el año de 1992 al crear la cuenta del SAR, posteriormente con la reforma a la Ley del Seguro Social se argumenta que los trabajadores son parte del proceso económico y para generar ahorro interno se requiere dinamizar la economía y esto sería a través de cuentas individuales en el sistema de pensiones. Inicia la reforma con el IMSS (1997) para posteriormente realizarse con el ISSSTE (2007). Actualmente la propuesta es que puedan migrar los sistemas estatales de pensiones a una cuenta individualizada en el IMSS o ISSSTE, para ello las entidades federativas contarán con recursos del Fideicomiso de Apoyo para la Reestructura de Pensiones (FARP) creado a partir del Plan Nacional de Desarrollo 2007-2012.

Nuevo esquema de pensiones

A diferencia del modelo chileno aquí no se observa la implementación de un bono de reconocimiento, sólo se va a considerar el tiempo de cotización, pero no las aportaciones anteriores al seguro de IVCM. El IVCM, en el nuevo esquema se va a dividir en seguro de invalidez, gastos médicos y pensionados, por un lado; por otro lado, será el seguro de retiro, cesantía en edad avanzada y vejez.

Nuevas prestaciones económicas y servicios en seguridad social

Los trabajadores que se encontraban en el sistema anterior a 1997 pueden elegir la pensión que más les convenga (sería lo acumulado hasta junio de 1997 incluido el SAR de 1992), o bien, entrar a aportar en el nuevo sistema. El nuevo sistema es obligatorio y automático para trabajadores afiliados al IMSS y los nuevos trabajadores que entren a la fuerza laboral y, es voluntario para los trabajadores independientes. En esta reforma se excluyen del sistema de pensiones a las administradoras obreras o mixtas, los ejidatarios, comuneros, los cuales solo serán sujetos al anterior sistema. Podrán conservar sus derechos (esquemas de aseguramiento y bases de cotización), pero deben optar en 1997 ante el IMSS si piensan continuar en el esquema modificado o celebrar un convenio con este para estar dentro del nuevo sistema.

Análisis prospectivo del nuevo sistema de pensiones

El cambio de modelo de sistema previsional se justificó para fomentar el ahorro interno lo cual no ha sucedido. El costo del RJP al IMSS es gravoso porque no es viable y la institución tiene dificultades para atender los pagos a sus pensionados. El IMSS no puede realizar las inversiones previstas en equipo médico, medicinas, personal porque tiene que afrontar el pago de pensiones. Aunado a ello, otros problemas son debido al aumento del desempleo, la disminución del número de cotizantes, la evasión del pago de cuotas, la disminución de la carga patronal.

Perú

Perú

Sistema mixto, cuenta con dos regímenes de pensiones que coexisten. Por un lado, el Sistema Nacional de Pensiones (SNP), que es un régimen de reparto de beneficio definido, al igual que la Cédula Viva, y por el otro, el Sistema Privado de Pensiones (SPP), que es un régimen de capitalización individual de aporte definido. Estos tres regímenes funcionan separados en la legislación, administración y control. El SNP y la Cédula Viva son administrados por la Oficina de Normalización Previsional (ONP), mientras que el SPP se encuentra constituido por las AFP y es regulado por la Superitendencia de Banca y Seguros. El trabajador es quien debe decidir entre el SPP o el SNP.

Fecha de reforma a la Ley de Pensiones

Año de 1993. Decreto Ley No. 19990 de 1973. Decreto Ley No. 20530, denominado Cédula Viva. Ley del SPP (Decreto Supremo No. 054-97-EF). Reglamento de la Ley (Decreto Supremo No. 004-98-EF), Decreto Ley 25897.[26]

Situación anterior

El SNP se crea con el Decreto Ley No. 19990 de 1973, coexistía con los sistemas públicos DL20530 (trabajadores al servicio del Estado), la Caja de Pensiones Militar y Policial, la Caja de Beneficios y Seguridad Social del Pescador. El SPP se crea con el Decreto Ley No. 25897 de 1992.

Objetivos de la nueva Ley de Pensiones

Aumentar el valor de los sistemas pensionarios, presentar transparencia en los procesos, mantener estabilidad financiera en ambas instituciones: SNP y SPP.

Contexto del proceso

El gasto en pensiones representaba el 1.2% del PIB, la deuda implícita de pensiones como parte del PIB era del 45%.

Nuevo esquema de pensiones

Mediante el SNP y el del Decreto Ley No. 20530 se tienen cinco prestaciones: jubilación, invalidez, viudez, orfandad y ascendencia. Las prestaciones del SPP son pensiones de jubilación, invalidez y muerte.

Los afiliados pueden cambiar de SNP a SPP, pero no regresar. La forma de manejo, gestión y control de ambos sistemas es totalmente diferente.

Nuevas prestaciones económicas y servicios en seguridad social

Se crea el Régimen Especial de Jubilación Adelantada para afiliados mayores de 55 años y desempleados. El nuevo reglamento de inversiones en el exterior para las AFP permite invertir en monedas distintas al dólar, ingresar a mercados internacionales. Se destina parte de los fondos del sistema pensionario a proyectos privados de inversión. Se crea un esquema Multifondos que permite al afiliado más opciones en la administración e inversión de sus recursos.

---

[26]   www.sbs.gob.pe, http://www.onp.gob.pe/inicio.do

Análisis prospectivo del nuevo sistema de pensiones

El SNP presenta desfinanciamiento por la disminución de aportantes y el aumento del número de pensionistas. Ambos sistemas no cubren ni el 25% de la PEA. Se propone implementar una reforma con un esquema multipilar en un sistema mixto (SNP y SPP), con criterios de solidaridad y manteniendo la administración privada de los fondos. Parte de las aportaciones se destinarían a un fondo para cubrir pensiones mínimas del pilar solidario y lo restante sería para el segundo pilar que brindaría una pensión complementaria a través de la administración privada.

De acuerdo con informes de la Dirección General de Asuntos Económicos y Sociales de Perú[27], en 2003 el SNP tuvo 1.32 millones de afiliados, de los cuales 70% estaban activos. Las prestaciones eran financiadas un 72.5% por el Estado. En resultados preliminares se tuvo que la recaudación de aportaciones cayó en tasa promedio de 6.3% en los últimos 7 años, en tanto que el número de aportantes disminuyó en 5%.

El Régimen del Decreto Ley No. 20530 muestra en 2003 que existen 295,331 pensionistas y 22,775 trabajadores activos. En este mismo año, el gasto público para pensiones fue de 4,325.85 millones. En comparación con el SNP, este sistema es el que más déficit actuarial presenta.

En 2003 se tenían 3.19 millones de afiliados (65% dependientes y el resto, independientes). Del total, 40,610 son pensionados y 15,008 son jubilados. El SPP no tiene insuficiencia financiera porque el trabajador sólo recibe lo que aporta.

U ruguay

Sistema mixto. Se integra por el régimen de solidaridad intergeneracional (de reparto) y el régimen de jubilación por ahorro individual obligatorio (de capitalización). El primero es administrado por el Estado, a través del Banco de Previsión Social (BPS), mientras que la gestión del segundo fue delegada a la Administradoras de Fondos de Ahorro Previsional (AFAP) y es regulado por la División Mercado de Valores y Control de AFAP del Banco Central del Uruguay. La pertenencia a un régimen u otro depende del nivel de ingresos del afiliado. Los trabajadores de ingresos inferiores a $19,805 (pesos uruguayos) deben adoptar el régimen de reparto (pudiendo optar por el de capitalización al que podrán transferir solo el 50% de sus aportes); mientras que los trabajadores con ingresos entre $19,805 y $59,414[28] deben destinar los aportes al régimen de capitalización. Los ingresos por encima de la última cifra podrán destinarse, como aportes voluntarios, al régimen de capitalización individual. Para jubilarse, los uruguayos requieren una edad mínima de 60 años y 35 años de aportaciones al sistema pensionario.

---

[27]   Ministerio de Economía y Finanzas (2004) *Los sistemas de pensiones en Perú, Informe Trimestral*, Dirección General de Asuntos Económicos y Sociales-MEF, Mayo de 2004, Perú, p. 13.

[28]   Información al 1 de febrero de 2009.

Fecha de reforma a la Ley de Pensiones

Año de 1996. Ley No. 16,713 (1995)[29]. Ley 18,395 Beneficios jubilatorios (2008). Ley Orgánica de la Caja de Jubilaciones y Pensiones Bancarias 18,396 (2008).

Situación anterior

Insostenibilidad financiera del sistema de pensiones estatal.

Objetivos de la nueva Ley de Pensiones

Garantizar una pensión a futuro para los trabajadores afiliados, disminuir el déficit presupuestario del sistema pensionario.

Contexto del proceso

El gasto en pensiones representaba el 15% del PIB, la deuda implícita de pensiones como parte del PIB era del 290%.

Nuevo esquema de pensiones

Los afiliados jóvenes pasaron al sistema mixto y la población restante decidió si continuar en el público o cambiar al mixto.

Nuevas prestaciones económicas y servicios en seguridad social

La población de más de 40 años no fue afectada. La reforma cubre jubilación, incapacidad y pensión; mientras que el estado otorga seguridad social por desempleo y pensiones no contributivas.

Análisis prospectivo del nuevo sistema de pensiones

Uruguay es un país que se ha caracterizado por ser el que registra una mayor cobertura pensionaria, aproximadamente un 80% de la población. Se observa que el sistema ha sido rentable, lo único que habría que considerar sería el envejecimiento poblacional porque cada vez se incrementa la expectativa de vida y Uruguay podría incrementar la edad jubilatoria de 60 a 65 años, para así mantener a su población activa unos cinco años adicionales, tal como está en otros sistemas pensionarios como Argentina, Chile, Costa Rica, Bolivia, Colombia, Ecuador, México y Perú.

Observemos que estas reformas realizadas a los sistemas de pensiones latinoamericanos tienden a establecer un equilibrio financiero de los fondos pensionarios. En estos países se tiene como constantes el aumento de la economía informal, desempleo, cambio demográfico, adjudicación de los recursos por parte del Estado y otras cuestiones relacionadas. Las soluciones que aplicaron los gobiernos fueron en parte paramétricas, a través del aumento de la edad jubilatoria, así como de los años de antigüedad; así como un cambio en el sistema al incluir la participación del

---

[29]   www.bcu.gub.uy, http://www.bps.gub.uy/ y http://www.cjpb.org.uy/

sector privado en la administración de los fondos pensionarios, y añade dentro del sistema pensionario a los trabajadores de la economía informal.

Entre estas consideraciones, también se implementó el establecimiento de pensiones de acuerdo a un sistema escalonario, así como otorgar pensiones a sectores económicamente vulnerables que no tienen una pensión.

Aún con estas reformas realizadas a sus sistemas de pensiones, el problema financiero persiste, sólo Chile registra un equilibrio macroeconómico en sus finanzas nacionales, mientras que en el resto de los países latinoamericanos analizados persiste el déficit en sus sistemas pensionarios.

La situación es común para Latinomérica: Existe crecimiento de las economías, inequidades al interior de los países (concentración de la riqueza en unos cuantos) y el nivel de desarrollo es bajo. La solución tiene que partir desde el reajuste al interior del sistema económico, de manera que una vez reestablecido el orden se genere crecimiento y desarrollo en las economías. Para alcanzar este objetivo es necesario establecer una planeación que considere programas destinados a cada sector que se debe atender. En el caso de los sistemas de pensiones, tendríamos que partir del análisis del contexto para posteriormente determinar las acciones que realizarán tanto el sector público, el sector privado y la población beneficiaria.

1.5 Estadísticas de los Sistemas de Pensiones en América Latina

Los sistemas pensionarios registran una gran demanda por parte de la población afiliada, por ello es necesario analizar cuantitavamente su estructura, funcionamiento y evolución. Las estadísticas nos muestran la importancia que tienen para sus economías domésticas.

En este apartado analizaremos las estadísticas generadas por los países miembros de la Asociación Internacional de Organismos de Supervisión de Fondos de Pensiones (AIOS)[30].

---

[30]   Es una entidad civil sin fines de lucro e integra a varios países de América Latina. Se utilizaron sus estadísticas como fuente de información debido a que el organismo es una fuente confiable y ha llevado un seguimiento de los sistemas de segurida social, su infomación es publicada desde junio de 1999 hasta 2010.

Tabla No. 3: Número de afiliados a los sistemas pensionarios (2002-2010)

País	31 dic. 2002	31 dic. 2003	31 dic. 2004	31 dic. 2005	31 dic. 2006	31 dic. 2007	31 dic. 2008	31 dic. 2009	31 dic. 2010
Argentina	9,106,349	9,462,997	10,008,255	10,621,413	11,307,715	10,816,790			
Bolivia	760,959	846,358	878,343	934,304	988,967	1,077,814	1,166,838	1,262,259	
Chile	6,708,491	6,979,351	7,080,646	7,394,506	7,683,451	8,043,808	8,372,475	8,558,713	8,751,068
Colombia	4,715,948	5,213,023	5,747,396	6,361,763	7,010,287	7,814,535	8,568,274	8,741,656	9,270,422
Costa Rica	1,069,194	1,140,021	1,273,943	1,430,609	1,542,151	1,646,405	1,747,195	1,849,419	1,930,330
El Salvador	992,824	1,074,493	1,166,602	1,279,714	1,437,474	1,579,410	1,817,197	1,939,436	2,036,931
México	29,421,202	31,398,282	33,316,492	35,276,277	37,408,828	38,531,579	39,063,971	39,891,316	41,236,121
Panamá								41,771	
Perú	2,993,782	3,192,503	3,397,047	3,636,876	3,882,185	4,101,060	4,296,480	4,458,045	
R. Dominicana		831,456	1,033,349	1,275,028	1,436,694	1,648,295	1,838,217	2,020,035	2,195,047
Uruguay	616,664	635,888	659,774	687,100	723,271	773,134	841,945	912,218	998,128
Total	56,385,413	60,774,372	64,561,847	68,897,590	73,421,023	76,032,830	67,712,592	69,674,868	66,418,047

FUENTE: AIOS (2010). Boletín Estadístico No. 24.

Podemos apreciar la composición de estos 11 sistemas de pensiones latinoamericanos (Argentina, Bolivia, Chile, Colombia, Costa Rica, El Salvador, México, Panamá, Perú, República Dominicana y Uruguay) durante el periodo de 2002-2010. Estos regímenes de capitalización individual, al 31 de diciembre de 2010, contaban con un total de 66 millones 418 mil 47 afiliados, México se ubica con un 62.09%, del número total de afiliados. La tasa de crecimiento de la población de afiliados en el periodo 2002-2010, se registra del 40.16%; siendo su tasa de crecimiento promedio anual del 5%.

Si comparamos con los resultados obtenidos en el año anterior, en 2009, la nueva cifra del total de afiliados a los sistemas de seguridad social muestra una disminución del 4.7%. Para 2010, esta situación se explica porque no hubo registro de esta variable en el caso de los siguientes países: Argentina, Bolivia, Panamá y Perú.

Tabla No. 4: Distribución porcentual por edad en los sistemas de pensiones latinoamericanos al 31 dic. 2010

País	< 30	30-44	45-59	> 60	Total	Afiliados
Bolivia						
Chile	29.3	39.3	27.7	3.7	100	8.8
Colombia	38.0	46.4	15.0	0.6	100	9.3
Costa Rica	37.3	35.5	21.6	5.5	100	1.9
El Salvador	38.8	43.7	15.6	2.0	100	2.0
México	28.5	45.5	19.1	6.9	100	41.2
Panamá						
Perú						
R. Dominicana	32.1	43.1	19.0	5.8	100	2.2
Uruguay	27.8	47.1	24.5	0.6	100	1.0
Total	33.1	43.0	20.3	3.6	100.0	66.4

FUENTE: AIOS (2010). Boletín Estadístico No. 24.

En la Tabla No. 4 observamos cómo se encuentra distribuida la población por rangos de edades: población menor a 30 años; entre 30 y 44 años; de 45 a 59 años y, aquellos que tienen 60 años y más.

La población joven afiliada a los sistemas de seguridad social de la región latinoamericana es de un 76%, mientras que la adulta es un 24%.

Observamos las siguientes situaciones: 1) De la población total, el 33.1% son menores a 30 años, 43%, tiene una edad entre los 30-44 años, 20.3% está entre los 45-59 años, y el 3.6% restante es de 60 años y más; 2) México, su composición por edad muestra que cerca 29% es menor de 30 años, de un 50% de la población está entre los 30-44 años de edad, 19% tiene entre 45-59 años y el 7% es mayor de 60 años; 3) México es el país con un porcentaje mayor de población de 60 años y más, nuestra población afiliada ya está en proceso de envejecimiento; 4) Uruguay y Colombia son los países con menor población envejecida con 60 años y más, sólo tienen un 0.6%, cada uno.

Si consideramos en qué países tenemos una población joven y en edad productiva[31] a Colombia (84.4%), El Salvador (82.5%) y República Dominicana (75.2%). En el caso contrario, los países que presentan en mayor medida población adulta son Chile (31.4%), Costa Rica (27.2%) y México (26%). El caso de México es intermedio debido a que presenta un 74% de población joven y un 26% de población adulta.

AIOS señala que en América Latina la población afiliada femenina es del 40% y la masculina de un 60%, en el caso de México, la población femenina es del 27% y la masculina del 73%.

Gráfica No. 3: Número de aportantes por país. Año 2010.

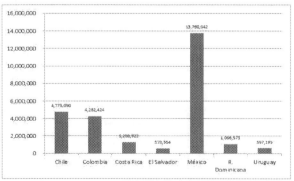

En la Gráfica No. 3 observamos un total de 26,338,800 aportantes. En términos relativos, el 52% está en México, 18% Chile, 16% Colombia, 5% Costa Rica, 4% República Dominicana y en El Salvador y Uruguay, 2%, respectivamente.

FUENTE: Elaboración propia con base en información de AIOS (2010) Boletín Estadístico No. 24.

---

[31] Consideramos en esta división el porcentaje por edad, siendo una población joven la que está conformada por menores de 45 años, mientras que la adulta es la restante.

AIOS establece que, a partir del 31 de diciembre de 2010, el total de afiliados que conforman el sistema pensionario en Latinoamérica es de 66 millones 418 mil 47 personas, de los cuales 26 millones 338 mil 800 personas realizaron sus aportaciones[32] en ese mismo año. México tiene el mayor porcentaje de población aportante, con un 52.24%, presentando gran importancia en materia de recaudaciones de los sistemas pensionarios.

Tabla No. 5: Porcentaje de afiliados con respecto a la PEA. (2003-2010)

País	31 dic. 2003	31 dic. 2004	31 dic. 2005	31 dic. 2006	31 dic. 2007	31 dic. 2008	31 dic. 2009	31 dic. 2010
Argentina	56.0	58.3	60.8	63.7	60.0			
Bolivia	24.8	24.8	25.9	26.7	28.2	29.6	31.1	
Chile	113.9	111.4	116.5	112.6	113.6	114.9	116.5	110.5
Colombia	25.2	28.5	30.4	35.1	38.0	40.2	40.6	42.2
Costa Rica	64.9	72.0	75.2	79.2	81.6	84.8	87.2	94.1
El Salvador	38.6	40.9	43.8	49.1	52.5	60.4	101.6	106.7
México	75.6	76.8	80.4	84.2	84.5	86.5	84.8	87.5
Panamá								
Perú	28.2	29.1	30.3	31.5	32.5	33.6	33.5	
R. Dominicana	22.3	27.7	32.4	36.0	40.2	43.3	47.8	50.1
Uruguay	41.1	42.8	45.2	45.3	47.2	50.5	55.4	59.6
Total	**55.4**	**57.5**	**60.2**	**63.6**	**64.2**	**66.7**	67.5	**78.7**

FUENTE: AIOS (2010). Boletín Estadístico No. 24.

En la Tabla No. 5 observamos una línea del tiempo en la cual podemos analizar una variable interesante que es el *porcentaje de afiliados con respecto a la PEA*, la cual nos permite observar en términos relativos el porcentaje de la PEA que sostiene al sistema pensionario en América Latina.

En 2010, se registra una participación en los sistemas pensionarios de América Latina de un de 79% de la PEA. Los países que muestran una captación mayor de esta población son Chile (111%), El Salvador (107%), Costa Rica (94%) y México (88%). Mientras que países que requieren eficientar sus sistemas son Colombia (42%), República Dominicana (50%) y Uruguay (60%).

En el caso de valores superiores al 100% se debe a que engloba a la población afiliada que hace aportes, e incluye a a población o afiliada que no hace aportes (población desocupada, emigrantes, su régimen legal lo permite y a evasores del sistema), así como aquella población inactiva que no forma parte de la PEA.

Chile es un país que muestra una constante, en donde desde el año 2003, ha mantenido esta variable en niveles superiores al 100%; así como

---

[32] La definición de aportantes es la de aquel afiliado que aportó en el último mes. En el caso de México, el IMSS considera los activos para el último bimestre.

observamos casos en donde se pasó de un porcentaje de afiliados con respecto a la PEA menor, en años anteriores, y en años recientes han registro un crecimiento continuo como es en el caso de Colombia, Costa Rica, El Salvador, México, Perú, República Dominicana. Esta situación es producto de las políticas públicas aplicadas en sus sistemas de seguridad social que tuvieron por objetivo incrementar el número de trabajadores afiliados a los sistemas pensionarios. Estas políticas públicas impactan positivamente en las finanzas de sus institutos de seguridad social porque las contribuciones obtenidas son las que sostienen a la población próxima a jubilarse y pensionarse.

Tabla No. 6: Concentrado por afiliados, aportantes y tipo de prestaciones. Año 2010

País	Afiliados /PEA	Aportantes /PEA	Salario Promedio (US$)	Beneficiarios por Tipo de Prestación				
				Total		Prestación		
	31 dic. 2010	31 dic. 2010	31 dic. 2010	Absoluto	Porcentual	Invalidez	Vejez	Muerte
Argentina								
Bolivia								
Bolivia								
Chile	110.5	60.3	1012	830,815	100.00%	8.7%	66.9%	24.4%
Colombia	42.2	19.5	538	42,769	100.00%	24.8%	21.0%	54.2%
Costa Rica	94.1	62.8	461					
El Salvador	106.7	29.9	560	39,694	100.00%	4.6%	40.2%	55.2%
México	87.5	29.2	607					
Panamá								
Perú								
R. Dominicana	50.1	24.4	443	6,075	100.00%	16.2%	0.0%	83.8%
Uruguay	59.6	35.7	987	16,058	100.00%	21.2%	11.0%	67.8%
Total	78.7	37.4	658	935,411	100.00%	8.00%	60.30%	31.70%

FUENTE: AIOS (2010). Boletín Estadístico No. 24.

La Tabla No. 6, despliega información sobre el porcentaje de afiliados con respecto a la PEA; el porcentaje de aportantes con respecto a la PEA; su salario promedio medido en dólares; así como el número total y porcentual de los beneficiarios por tipo de prestaciones, al 31 de diciembre de 2010.

Los resultados obtenidos son los siguientes: 1) El porcentaje de la población afiliada con respecto a la PEA, se encuentra en mayor medida en El Salvador (107%) y Chile (111%). El valor promedio para América Latina es del 79%; 2) El porcentaje de aportantes con respecto a la PEA, se registra en mayor cuantía en Costa Rica (63%) y Chile (60%), para América Latina el saldo promedio fue del 37%; 3) El salario promedio mensual (en dólares estadounidenses) está más favorecido en Chile con US$1,012 y Uruguay con US$987, caso contrario tenemos en República Dominicana US$443 y Costa Rica US$461, para América Latina, el salario promedio fue de US$658; 4) Los beneficiarios por tipo de prestación[33], en valores absolutos tenemos que Chile registra a 830,815 individuos, prácticamente ostenta el 89% del sistema de seguridad social de América Latina (935,008 beneficiarios), en tanto que República Dominicana tan solo representa el 0.6%, del total; 5) Si analizamos por tipo de prestación observamos que la mayoría de la población beneficiaria en América Latina, en un 60% recibe apoyos por vejez, un 32% por muerte y el 8% por invalidez; 6) En el caso de la prestación por vejez (pensiones) Chile cuenta con el 67% de los beneficiarios, en tanto que El Salvador, 40% de sus beneficiarios reciben esta prestación; en el caso de Colombia, República Dominicana y Uruguay, su principal prestación fue por fallecimiento, registrando el 24%, 84% y 68%, respectivamente.

Tabla No. 7: Fondos administrados [en millones de US$] (2002-2010)

País	31 dic. 2002	31 dic. 2003	31 dic. 2004	31 dic. 2005	31 dic. 2006	31 dic. 2007	31 dic. 2008	31 dic. 2009	31 dic. 2010
Argentina	11,650	16,139	18,306	22,565	29,371	30,105			
Bolivia	1,144	1,493	1,716	2,060	2,299	2,910	3,885	4,626	
Chile	35,515	49,690	60,799	74,756	88,632	111,037	74,313	118,053	148,437
Colombia	5,472	7,322	11,067	16,015	19,284	24,643	26,021	39,906	51,695
Costa Rica	138	305	476	711	1,020	1,396	1,513	2,021	2,757
El Salvador	1,061	1,572	2,148	2,896	3,352	3,958	4,471	5,015	5,474
México	31,456	35,743	42,524	55,205	66,613	75,995	67,771	88,106	112,141
Panamá								85,849	
Perú	4,484	6,311	7,820	9,397	14,260	20,155	16,682	23,768	
R. Dominicana		34	194	381	639	955	1,356	1,875	2,379
Uruguay	893	1,232	1,678	2,153	2,586	3,392	2,872	5,104	6,694
Total	91,813	119,842	146,729	186,139	228,056	274,547	198,884	373,522	329,576

FUENTE: AIOS (2010). Boletín Estadístico No. 24.

De acuerdo con la información de la Tabla No. 7, tenemos que los fondos administrados por los sistemas de seguridad en Latinoamérica, en 2010 alcanzaron los US$329 mil 576 millones. Al analizar en retrospectiva tenemos que en un periodo de 8 años estos fondos latinoamericanos tuvieron un incremento, registrando una tasa de crecimiento de 259%, siendo su tasa de crecimiento promedio anual de 32.3%.

En 2010, los fondos que presentan una mayor fuente de ingresos de los sistemas de pensiones de la región son los chilenos (US$148 mil 437 millones) y los mexicanos (US$112 mil 141 millones). Estas cifras nos permiten observar la importancia financiera que reportan estos fondos para sus gobiernos locales.

---

[33]   Sólo se consideran los casos de Chile, Colombia, El Salvador, República Dominicana y Uruguay.

Estas cifras, equiparándolas con el PIB de la región, representaron los fondos un 23% del PIB de estos países; en el caso de Chile, sus fondos equivalen al 78% del PIB nacional y, en el caso de México, al 11%. Esta situación se explica de la siguiente manera, para Chile los fondos de pensiones representan un monto superior debido a la antigüedad del sistema pensionario en este país, siendo que se ha logrado consolidar como una importante fuente de ahorro interno; en el caso mexicano el monto que se encuentra administrado por los fondos, es comparable con el administrado por Chile, pero representa un porcentaje menor con respecto al PIB. Este argumento, viene a desestimar algunas de las razones por las cuales se justificó la creación y existencia de las Afore, debido a que se tenía pensado que éstas vendrían a establecer un sistema pensionario con eficiencia administrativa incorporando en poco tiempo a gran parte de la PEA ocupada, y que sus fondos serían una importante fuente de ahorro interno y su proporción poco a poco sería un porcentaje mayor respecto al PIB, lo que vemos que no ha resultado de esta manera.

Tabla No. 8: Composición de los fondos administrados. Año 2010

Pais	Deuda Gubernamental	Instituciones financieras	Instituciones no financieras	Acciones	Fondos mutuos y de inversión	Emisores extranjeros	Otros	TOTAL (millones de US$)
Argentina								
Bolivia								
Chile	11.7	14.7	9.7	15.9	2.7	45.3	0.2	148,437
Colombia	39.9	3.4	4.6	32.4	2.0	14.5	3.3	51,695
Costa Rica	62.4	20.8	8.5	2.5	0.0	3.4	2.4	2,757
El Salvador	84.7	11.7	3.5	0.0	0.0	0.1	0.0	5,474
México	58.9	2.7	17.5	8.6	0.0	12.4	0.0	112,141
Panamá								
Perú								
R. Dominicana	49.2	45.5	5.3	0.0	0.0	0.0	0.0	2,379
Uruguay	83.8	1.1	5.8	0.2	0.0	6.1	3.0	6,694
Total	55.8	14.3	7.8	8.5	0.7	11.7	1.3	329,576

FUENTE: AIOS (2010). Boletín Estadístico No. 24.

En la Tabla No. 8, observemos la composición de los fondos administrados. Fundamentados en sus legislaciones nacionales, la mayoría de los fondos presentan restricciones para invertir sus capitales en el extranjero, por razones de seguridad, de esta manera se mantienen los fondos en el ámbito nacional, lejos de cualquier riesgo financiero. Es por ello, que en 2010, la composición de los fondos es un 56% en deuda gubernamental; 14% en instituciones financieras; 8% en instituciones no financieras; 9% en acciones; 12% en emisores extranjeros y 1% en fondos mutuos de inversión.

Si observamos con detenimiento tenemos que Chile tiene invertidos casi un 50% de sus fondos en el extranjero (es el único país de la región que muestra esta particularidad); en tanto que México tiene una cartera diversificada: 59% en deuda gubernamental; 3% en instituciones financieras; 18% en instituciones no financieras; 9% en acciones y 12% en el extranjero. En el caso de El Salvador y Uruguay, estos países apuestan más por invertir sus fondos en deuda gubernamental; en el caso de República Dominicana, este país divide sus fondos y un 50% se destina a deuda gubernamental; un 46% a instituciones financieras y el resto, a instituciones no financieras.

Estas estadísticas nos permiten observar hacia dónde se dirigen los fondos y cuáles son sus principales fuentes de financiamiento. Lo ideal es diversificar la cartera, porque no debemos olvidar que los mercados financieros internacionales no se encuentran excentos de una crisis, es por ello, que una bolsa con varios productos financieros garantiza una mayor certidumbre y tranquilidad por parte de los países.

AIOS establece que estos fondos de pensiones de América Latina, en un 14% se invierten en moneda extranjera, los únicos países que no lo hacen son: El Salvador y República Dominicana. En tanto que los países que sí invierten en divisa extranjera son: Chile, 45.3%, del total de sus fondos; Colombia, 14.5%; Costa Rica 17.9%; México 13.3%; Uruguay 10.7%[34].

Tabla No. 9: Administración de los fondos de pensiones. (2004-2010)

País	Número de Administradoras							Porcentaje en las dos mayores						
	Dic. 04	Dic. 05	Dic. 06	Dic. 07	Dic. 08	Dic. 09	Dic. 10	Dic. 04	Dic. 05	Dic. 06	Dic. 07	Dic. 08	Dic. 09	Dic. 10
Bolivia	2	2	2	2	2	2	2	100.0	100.0	100.0	100.0	100.0	100.0	
Chile	6	6	6	6	5	5	5	55.5	55.3	55.0	54.4	55.1	55.1	54.8
Colombia	6	6	6	6	6	6	6	50.9	51.3	51.7	51.6	52.0	52.4	53.1
Costa Rica	8	8	8	8	8	8	8	64.3	62.2	60.4	57.7	56.2	53.1	62.5
El Salvador	2	2	2	2	2	2	2	100.0	100.0	100.0	100.0	100.0	100.0	100.0
México	13	15	17	21	18	16	16	43.1	41.0	36.5	35.8	.5.7	32.9	32.1
Panamá						2	2						100.0	
Perú	4	4	5	4	4	4	4	58.8	58.5	56.2	62.6	63.3	62.0	
R. Dominicana	9	7	7	5	5	5	5	55.7	60.2	59.9	61.0	60.9	60.4	61.2
Uruguay	4	4	4	4	4	4	4	74.4	74.2	74.2	74.1	74.1	74.6	74.8
Total	5.4	5.4	5.7	5.8	6.0	5.4	5.8	51.1	50.3	48.7	48.9	49.2	61.8	62.6

FUENTE: AIOS (2010). Boletín Estadístico No. 24.

En la Tabla No. 9 se presenta información sobre la administración de los fondos de pensiones. En 2010, América Latina, en promedio tiene 6 administradoras por país, México concentra el mayor número de administradoras[35].

---

[34]   AIOS (2010). Boletín Estadístico No. 24.
[35]   En 2010, se reportan 16 administradoras, para 2013, la CONSAR registra 12 Afores que son: Banamex, MetLife, Inbursa, Invercap, Profuturo GNP, Afirme Bajío, SURA, XXI Banorte, Coppel, Azteca, PensionISSSTE y Principal.

Los ingresos de estas administradoras, considerando en términos relativos a las dos mayores del sistema pensionario de cada país, tenemos que en promedio en América Latina estas concentraban el 63% de los recursos. Los países que tienen administradoras que concentran la mayor parte de sus fondos son El Salvador (100%), Uruguay (75%), Costa Rica (63%) y República Dominicana (61%). En el caso de México, las dos principales administradoras concentran el 32% de los fondos[36].

Tabla No. 10: Balance de las administradoras, resultados anuales (millones US$). Año 2010

| Pais | Activo | Pasivo | Patrimonio Neto | Ingresos por comisiones | Gastos operativos | Resultado Operativo | Resultado Neto | Adminis-tración | Comercialización | | | | |
									Com.Vend.	Promoción	Total	Otros	TOTAL
Argentina													
Bolivia				21.6	17.3	6.5	5.1						
Chile	n.d.	n.d.	n.d.										
Colombia	1,173	231	942	715.0	523.0	192.0	222.0	377	88	19	107	27	511
Costa Rica	82	12	69	44.5	41.7	2.8	6.3	40.8	0.0	0.0	0.0	0.0	29.8
El Salvador	65	13	52	59.8	26.9	32.8	24.6	30.7	3.6	0.0	3.6	0.0	34.3
México	2,620	456	2,165	1606.3	943.2	663.1	360.7	562.1	94.0	155.7	250.1	48.7	861.0
Panamá								0.0	0.0	0.0	0.0	0.0	
Perú								99.2	0.0	0.0	62.0	0.0	161.2
R. Dominicana	134	24	110	75.1	23.2	51.9	61.1	7.7	0.0	0.0	4.9	4.8	17.5
Uruguay	82	17	65	57.6	36.4	21.2	28.6	10.9	4.8	3.5	8.3	22.7	41.9
Total	4,156	753	3,403	3,443.4	2,043.1	1,429.6	1,188.6	1,386.2	269.8	188.4	525.6	117.9	2,018.7

FUENTE: AIOS (2010). Boletín Estadístico No. 24.

En relación con el balance de las administradoras, observamos en la Tabla No. 10 que en América Latina se registra en 2010 un activo propio de US$4 mil 156 millones, con un respectivo pasivo de US$753 millones, teniendo un patrimonio neto de US$3 mil 403 millones, destacándose México quien concentra el 64% del total del patrimonio neto de la región.

Los ingresos por comisiones (sin contabilizar los seguros de vejez y fallecimiento), en el sistema pensionario de América Latina registra US$3 mil 443.4 millones, se destaca México con el 47% del total de estos ingresos.

Estas administradoras, durante 2010 tuvieron un gasto operativo (sin contabilizar los seguros de vejez y fallecimiento) de US$2 mil 43 millones.

En el caso de los resultados netos se observa una ganancia conjunta de US$1 mil 188.6 millones, así como un resultado operativo (no incluyendo los resultados financieros ni la amortización de gastos diferidos, que si la contempla el resultado neto) de US$1 mil 429.6 millones.

---

[36]   Estas dos son Banamex y PENSIONISSSTE.

Los gastos de administración incluyen sueldos y salarios del personal y directores, y los gastos de computación que resultaron en un total de US$1 mil 386.2 millones. En tanto que los gastos de comercialización, que incluyen las comisiones a agentes y vendedores y los gasto de publicidad y promoción, totalizaron US$525.6 millones.

Esta información estadística nos permite observar que como inversión, a los países de América Latina, los fondos de pensiones les representan una importante fuente de ingresos, con un resultado superavitario para la cartera de los administradores de los fondos pensionarios.

1.6 Estudio de Política Comparada en los Sistemas de Pensiones Estatales

Existen dos situaciones en los sistemas de pensiones estatales: 1) sistemas de pensiones no reformados y, 2) sistemas de pensiones reformados.

Para efectos del presente documento, nos situaremos en el segundo caso pues *nos encontramos inmersos en el estudio de sistemas de pensiones reformados.*

Si desagregamos estas categorías tenemos que en la primera situación se encuentran 19 entidades federativas que son: Baja California, Baja California Sur, Chiapas, Chihuahua, Colima, Distrito Federal, Guerrero, Hidalgo, Michoacán de Ocampo, Morelos, Nayarit, Querétaro, Quintana Roo, San Luis Potosí, Tabasco, Tamaulipas, Tlaxcala, Yucatán y Zacatecas. En tanto en la segunda situación se encuentran 13 entidades federativas que son: Aguascalientes, Campeche, Coahuila de Zaragoza, Durango, Estado de México, Guanajuato, Jalisco, Nuevo León, Oaxaca, Puebla, Sinaloa, Sonora y Veracruz de Ignacio de la Llave[37]. Iniciaremos el análisis de los estados que han reformado sus sistemas de pensiones considerando las variables contempladas en el caso de los países de América Latina.

---

[37]   En la realización de este apartado se consultó directamente con las instituciones de seguridad social encargadas, así como sus sitios web institucionales y su normatividad. Para integrar los antecedentes históricos hasta 2006 fue consultado el libro: COMISIÓN DE SEGURIDAD SOCIAL (2006) *Sistemas de Pensiones Estatales,* LIX Legislatura de la Cámara de Diputados del Congreso de la Unión, Producción Editorial Editoras, México. La información relativa a las entidades federativas de Campeche, Durango, Jalisco, Oaxaca, Puebla, Sinaloa no es abordada en esta obra porque sus reformas fueron realizadas posterior a su publicación.

A guascalientes

Instituto de Seguridad y Servicios Sociales de los Servidores Públicos del Estado de Aguascalientes (Issspea)[38]. Es creado en 1954, se convierte en un organismo público descentralizado en 1989.

Fecha de reforma a la Ley de Pensiones y esquema pensionario

Ley de Seguridad y Servicios Sociales para los Servidores Públicos del Estado de Aguascalientes.

26 de noviembre de 2001 y 8 de agosto de 2005.

ESQUEMA MIXTO: BENEFICIO DEFINIDO Y CONTRIBUCIÓN DEFINIDA.

Situación anterior

Incremento de aportaciones y mejores prácticas en el manejo de los fondos, operación mediante fideicomisos y contabilidades independientes.

Objetivos de la nueva Ley de Pensiones

_Proteger a los derechohabientes y sus derechos adquiridos;

_Garantizar una vida digna y provechosa, al servidor público en activo y al pensionado;

_Dar viabilidad financiera a los fondos que administra y opera el Instituto;

_Considerar el uso de cuentas individuales para el retiro[39], creando con ello un sistema de pensiones mixto, que incrementa las percepciones de los pensionados;

_Representar el mismo costo, expresado como porcentaje de la nómina de activos tanto para las administraciones actuales como para las futuras;

_Generar ahorro a través de sus reservas y óptima administración, garantizando un manejo transparente de sus finanzas;

_Ser equitativa y deseable.

Contexto del proceso

El Instituto analizó dos modelos a implementar: Uno de beneficio definido y otro de cuentas individuales. Se optó por el segundo debido a que en el análisis actuarial del Fondo de Prestaciones Económicas de 1998 las aportaciones se mantuvieron en 15% y las erogaciones se incrementaron de forma regular superando a las aportaciones en el año 2006. Éstas se estabilizarían para el año 2050 representando 40% de la nómina del personal activo. En el año 2019 habría una descapitalización del sistema de pensiones. En un escenario conservador al 3.5% de crecimiento real del Fondo de Prestaciones Económicas, sólo le correspondería a las generaciones actuales un esquema de pensión de reparto alcanzable por vejez a los 55 años de edad y por servicio a los 28 años, en el caso de las generaciones futuras el esquema

---

[38]   http://www.isssspea.gob.mx/

[39]   Se considera como nueva generación a los trabajadores que ingresan al Issspea a partir del 18 de enero de 2001.

alcanzaría hasta los 65 años de edad en un esquema de cuentas individuales. La generación actual se mantendría en el sistema vigente hasta la última pensión, siendo su déficit cubierto por recursos externos (Gobierno del Estado). El periodo de aportaciones extra iniciará en el año 2019 y se prolongará 50 años, representando hasta el 12.5% de la nómina del personal activo. Las nuevas generaciones obtendrán su pensión mediante el ahorro individual, que sólo sería un salario mínimo con pensión. Durante el periodo de 1999-2000 se realizó nuevamente el análisis considerando un esquema de beneficio definido, pero en este se presenta un incremento de las aportaciones a 25% sobre la nómina, incremento de la edad de jubilación a los 65 años y se desaparece la pensión por antigüedad.

Nuevo esquema de pensiones

Esquema mixto o híbrido: Separación de aportaciones y reservas para la pensión por invalidez y muerte, y edad avanzada, donde el monto de su pensión será la suma del capital constitutivo en su cuenta individual más la pensión del sistema de beneficio definido de reparto.

La pensión por jubilación para la generación actual se requiere 28 años de servicio independientemente de la edad y se jubilan con el 100% del último suelo de cotización, siendo el plazo vitalicio. Para las nuevas generaciones se establece una edad de 65 años y al menos 15 años de servicio, con 100% del salario promedio de los últimos 36 meses (personal de confianza) y 12 meses (sindicalizado), inmediatos anteriores a la fecha de baja del trabajador. Esta pensión es vitalicia y puede traspasarse a un beneficiario.

La pensión por vejez para la generación actual requiere contar con 55 años de edad y al menos 15 de servicio. Se le otorgará una pensión con un porcentaje del último sueldo de cotización, siendo vitalicia. Para la nueva generación se aumenta la edad a 65 años y al menos 15 de servicio. Se pensionan con un porcentaje del salario promedio de los últimos 36 meses (personal de confianza) y 12 meses (sindicalizado), inmediatos anteriores a la fecha de baja del trabajador. Esta pensión es vitalicia y puede traspasarse a un beneficiario.

Nuevas prestaciones económicas y servicios en seguridad social

_Mejora sustancial en las indemnizaciones derivadas de riesgos de trabajo incrementándose en el orden de 40% y causa de muerte donde el incremento va desde 12.5 hasta 25%;

_Disminución en los requisitos por antigüedad para el alcance de una pensión por invalidez general que pasa de 10 a 8 años de aportación al Instituto;

_Actualización y aumento del monto de créditos en todas las prestaciones económicas del Instituto, las que incluyen: Prestamos con garantía hipotecaria que se incrementa 120%; los préstamos personales, se incrementan desde 2.5 hasta 50%; y otros, derivados de los anteriores;

_Implementación de una cuenta de ahorro individual para el retiro, misma que permitirá generar una segunda pensión vitalicia o el retiro programado de la misma, en adición a la segunda pensión vitalicia o el retiro programado de la misma, en adición a la tradicional que garantiza el Instituto, contando con una subcuenta para las aportaciones voluntarias;

_Un mayor compromiso del Instituto para mejorar en todos los órdenes la calidad de vida de los servidores públicos y pensionados.

Análisis prospectivo del nuevo sistema de pensiones

Aún en un escenario conservador de 3.5% de crecimiento real del fondo de prestaciones económicas, esto es suficiente para conservar la aportación de 25% sobre la nómina y permite equilibrar con ahorro los ingresos y los egresos del sistema de pensiones.

En 2013, Fitch Ratings[40] califica favorablemente a Aguascalientes debido a que la suficiencia financiera del Issspea es de 103 años.

C ampeche

Instituto de Seguridad y Servicios Sociales de los Trabajadores del Estado de Campeche (Issstecam)[41]. Se crea el 1987, con carácter de organismo público descentralizado.

Fecha de reforma a la Ley de Pensiones y esquema pensionario

2005 y 2008.

ESQUEMA DE BENEFICIO DEFINIDO.

Situación anterior

De acuerdo con un estudio actuarial realizado el 31 de diciembre de 2004, por parte del Issstecam, obtuvieron que el periodo de sufiencia, en ese momento, era de 8 años, es decir, hasta el 2012. Esto se debía a que el Issstecam recibía 6.5% de los salarios de cotización (4% patrón y 2.5% trabajadores), destinando 3% para cubrir gastos de administración y prestaciones sociales, quedando disponible para pensiones y pagos únicos el 3.5% restante.

Objetivos de la nueva Ley de Pensiones

Rescatar a la institución de un inminente quiebre financiero porque en corto plazo estaría sin recursos para sostener el pago de las prestaciones para sus afiliados al sistema.

Nuevo esquema de pensiones

En relación con los sueldos, cuotas y aportaciones, los trabajadores aportarán el 8.5% del sueldo de cotización, en donde 7% se destinará al financiamiento del sistema de pensiones y seguros; 0.5% para el financiamiento de prestaciones sociales y culturales y 1% para el financiamiento de los gastos generales de administración. Anteriormente era de un 7% la aportación.

---

[40]   FITCH RATINGS (2013) *Estado de Aguascalientes. Reporte de calificación.* Finanzas Públicas. 7 de junio de 2013, México, p. 1. La calificadora Fitch Ratings se encuentra autorizada por la Comisión Nacional de Valores, emite calificaciones sobre la calidad crediticia de diversos sectores, incluidos los de finanzas públicas y el de fondos y afores.

[41]   http://issstecam.gob.mx/

Las entidades públicas aportarán el 13.5% del sueldo de cotización, anteriormente era un 18.3%.

La edad de jubilación y años de servicio no se modifica, continúa en 55 años y 15 años o más de servicios, con igual tiempo de aportaciones. La jubilación voluntaria es con 30 años de servicio sin límite de edad, con igual tiempo de aportaciones.

Nuevas prestaciones económicas y servicios en seguridad social

Entre los apoyos que otorga el Issstecam están los préstamos a corto plazo, especiales e hipotecarios. Estos préstamos serán cubiertos mediante abonos regulares a los que se obliga el deudor sin que sobrepasen un 30% de sus percepciones mensuales. Estos derechos son para los trabajadores activos y los jubilados. En el caso de los jubilados, este préstamo no debe ser mayor al saldo que resulte del seguro por fallecimiento.

Análisis prospectivo del nuevo sistema de pensiones

Se ha logrado una mayor liquidez institucional, pero uno de los principales problemas que persiste es que por ley anualmente se otorgan aguinaldos a los 1,500 jubilados y pensionados (aproximadamente unos 23 mdp), pero el monto es superior a la capacidad financiera del instituto debido a que también otorga préstamos, que semanalmente alcanzan una cifra de 3 mdp, para unas 7 mil personas.

Fitch Ratings[42], en su calificación crediticia al Estado de Campeche, menciona que aun con las numerosas reformas realizadas a su sistema de pensiones, para 2029 enfrentará un panomara deficitario el Issstecam.

Coahuila de Zaragoza

La Dirección de Pensiones, se crea el 6 de agosto de 1955, bajo el Decreto No. 358 y el 13 de septiembre de 1958 se firma un convenio entre Gobierno del Estado y la Sección 38 del S.N.T.E. para enviar al H. Congreso del Estado y convertirla en la Dirección de Pensiones de los Trabajadores de la Educación (Dipetre)[43].

Fecha de reforma a la Ley de Pensiones y esquema pensionario

Ley de Pensiones y Otros Beneficios Sociales para los Trabajadores de la Educación Pública del Estado de Coahuila.

En 1969, se realiza la reforma a la Ley de Pensiones por inoperabilidad financiera. La siguiente reforma se realizó en 1975. A partir del 2001 existe déficit. En 2009, se realiza la última reforma a la Ley.

---

[42]   FITCH RATINGS (2013) *Estado de Campeche. Reporte de calificación.* Finanzas Públicas. 24 de mayo de 2013, México, p. 1.
[43]   http://dipetre.gob.mx/

ESQUEMA MIXTO: BENEFICIO DEFINIDO Y CONTRIBUCIÓN DEFINIDA.

Situación anterior

Vida financiera para el pago de pensiones hasta el año 2015. La expectativa promedio de vida pasa de 65 a 77 años, reduciéndose considerablemente la capitalización de las reservas financieras ya que la institución debe sufragar 12 años o más una pensión; el cálculo de la capitalización se hizo considerando tasas de interés bancarias con porcentajes muy altos, pero en los últimos años los índices fueron muy bajos, lo que incide directamente en la disminución del tiempo estimado para el pago de las pensiones; los incrementos salariales al personal jubilado a partir de 1988 repercutieron en el estado financiero del Instituto; no aumentó el número de empleos; se realizó una recategorización y homologación en el nivel de educación superior, la Carrera Magisterial en Educación Básica, la cotización a pensiones durante la vida profesional con una categoría inicial y haber obtenido ascensos en categoría en los últimos años laborales.

Objetivos de la nueva Ley de Pensiones

Otorgar viabilidad financiera mediante un sistema de capitalización individual.

Contexto del proceso

El Consejo Directivo aprobó la venta de activos físicos al Fondo de la Vivienda y el Seguro del Maestro, ingresos que fueron destinados al pago de la nómina mensual de jubilados, pensionados y beneficiarios. La venta de inmuebles y la transferencia de capital del Fondo de Contingencia han permitido hacer frente a los compromisos del Instituto.

Nuevo esquema de pensiones

Nuevo régimen pensionario basado en el sistema de cuentas individuales que se aplica a los trabajadores de nuevo ingreso a partir del año de 2001.

La pensión por jubilación para la generación actual es con 30 años de servicio para los hombres y 28 para las mujeres. Su pensión será equivalente al promedio de los últimos cinco años de salario recibido. Esta pensión es vitalicia con transmisión a beneficiarios. En el caso de la nueva generación, la edad y antigüedad deben sumar al menos 94 años. Se les otorgará una pensión que será el máximo entre la pensión garantizada y el resultado del cálculo actuarial individual considerando el saldo acumulado. Esta pensión es vitalicia con transmisión a beneficiarios.

Para la pensión por vejez, en la generación actual, se debe contar con 55 años de edad y al menos 15 años de servicio. Siendo por un monto promedio de los últimos 5 años de salario recibido disminuyendo un 3% por cada año que le falte para alcanzar la antigüedad requerida de 30 o 28 años, según sea el caso. Es una pensión vitalicia con transmisión a beneficiarios. En el caso de la nueva generación, aumenta la edad a 63 años con al menos 25 años de servicio. El monto a recibir es resultado del cálculo actuarial individual considerando el saldo acumulado. Esta pensión también es vitalicia con transmisión a beneficiarios.

Nuevas prestaciones económicas y servicios en seguridad social

Pensión de retiro por edad y antigüedad en el servicio, pensión por vejez, pensión por invalidez, préstamos a corto plazo, pago de servicio médico de la Sección

38, gratificación de fin de año, pensión en caso de fallecimiento del trabajador o pensionado, gastos de funeral del pensionado, y pensión mínima garantizada.

Análisis prospectivo del nuevo sistema de pensiones

De acuerdo con datos estadísticos proporcionados por Dipetre, El fondo global alberga a 6,432 trabajadores activos conformados de la siguiente manera: 6,250 del Estado, 664 de UAAAN, 1,657 de la UA de C, 218 del ITS, 557 del Servicio Médico, 39 de la Dirección de Pensiones, 18 del Seguro del Maestro y 21 del Fondo de la Vivienda. En tanto que, cotizan en cuentas individuales 6,432 trabajadores activos (5,350 del Estado, 178 del ITS, 618 del Servicio Médico, 41 de la Dirección de Pensiones, 104 del Seguro del Maestro y 141 del Fondo de la Vivienda). En relación con los jubilados y pensionados, se tienen 3,911 jubilados, 1,673 pensionados, 1,213 beneficiarios y 22 pensiones de cuentas individuales a octubre de 2013. La pensión más baja es de $186.91 mensual y la más alta de $73,444.1.

Podemos concluir que el resultado es una situación financieramente deficitaria debido a que mes con mes es más difícil garantizar el pago de pensiones sin que se modifiquen los beneficios que actualmente disfrutan los pensionados. Es por ello que se prevé en el corto plazo realizar una reforma a la Ley de Pensionados para poder considerar en esta las nuevas condiciones demográficas, económicas y sociales del Estado.

A pesar de este panorama, Fitch Ratings[44] establece que sí se encuentra Dipetre en una cierta estabilidad que le fue otorgada debido a las recientes reformas a sus sistema de pensiones, que se han realizado.

Durango

La Dirección de Pensiones del Estado de Durango[45] se crea en julio de 1968. Es un organismo público descentralizado.

Fecha de reforma a la Ley de Pensiones y esquema pensionario

Se han realizado dos reformas: en 2007 y 2011. A partir de 2011, se establece el PROACER como un sistema de cuentas individuales en donde los trabajadores contribuyen mediante cuotas voluntarias a sus cuentas para que generen un fondo que se complemente para su retiro. Este fondo esta a cargo de la Dirección. Los trabajadores pueden aportar mediante el pago en efectivo, o autorizando una deducción adicional a sus percepciones nominales, en monto o porcentaje sobre su sueldo base, el que será descontado a través del mismo sistema.

ESQUEMA MIXTO, BENEFICIO DEFINIDO Y CONTRIBUCIÓN DEFINIDA.

Situación anterior

Anteriormente, el patrón aportaba el 6.5%, el trabajador 5%, ante la situación deficitaria se recomendaba, con base al estudio actuarial realizado por la Dirección

---

44   FITCH RATINGS (2013) *Estado de Coahuila. Reporte de calificación.* Finanzas Públicas. 24 de septiembre de 2013, México, p. 1.
45   http://www.pensionesdurango.gob.mx/inicio

en 2005, que la generación actual debería aportar un 8%, y la nueva generación 8%, el gobierno un 10.4%.

Objetivos de la nueva Ley de Pensiones

Creación de un fondo de reservas para garantizar la solidaridad del sistema.

Nuevo esquema de pensiones

Para financiar el sistema solidario y los gastos de administración se establecen cuotas a los afiliados del 8% de sus sueldos bases de cotización y 10.4% sobre la misma base al Gobierno del Estado u otras instituciones públicas incorporadas al régimen de pensiones.

Pensión por jubilación para trabajadores con 35 años o más de servicio e igual tiempo de contribución y 56 años para el caso de las mujeres y 58 para los hombres. Anteriormente eran 30 años o más de servicio e igual tiempo de contribución.

La pensión por vejez, ahora denominada como pensión de retiro por edad y tiempo de servicio se puede obtener al cumplir 56 años de edad, las mujeres o 58 los hombres, teniendo un mínimo de 15 años de servicios y habiendo contribuido al sistema durante el mismo periodo. Anteriormente eran 55 años de edad y 15 años de servicio e igual tiempo de contribución.

Nuevas prestaciones económicas y servicios en seguridad social

Se crea la pensión garantizada que la Dirección otorgará al trabajador que cumpla con los requisitos para pensionarse por jubilación, vejez, invalidez o fallecimiento y su monto mensual es el equivalente a 1 salario mínimo vigente del área geográfica que le corresponde a Durango. Se excluye a los afiliados al Sistema Educativo cuyos ingresos sean por hora-semana-mes, y con un monto inferior a un salario mínimo.

Se suspende la prestación del pago de marcha al personal jubilado y pensionado por vejez e invalidez; de los otros beneficios que se tenían permanecen: los préstamos a corto, mediano y largo plazo; créditos para adquisición de bienes de consumo, servicios y lotes funerarios; préstamos al sistema de capitalización individual; préstamos con garantía prendaria, para adquisición de automóvil; préstamos apra adquisición de bienes de capital; préstamos hipotecarios; seguro funerario.

Análisis prospectivo del nuevo sistema de pensiones

La calificadora Fitch Ratings[46], el 28 de agosto de 2013, comunicó que Durango enfrenta insuficiencia financiera en el mediano plazo (2016) en su sistema de pensiones.

E stado de México

El Instituto de Seguridad Social del Estado de México y Municipios[47] (organismo público descentralizado) es creado en 1969.

---

[46]   FITCH RATINGS (2013) *Estado de Durango. Reporte de calificación.* Finanzas Públicas. 6 de septiembre de 2013, México, p. 7.

[47]   Issemym. http://www.issemym.gob.mx/

Fecha de reforma a la Ley de Pensiones y esquema pensionario.

El Instituto ha sufrido diversas reformas, siendo la más importante desde su promulgación, la de 1983. El 1º de julio de 2002 entra en vigor la Ley vigente.

ESQUEMA MIXTO: BENEFICIO DEFINIDO Y CONTRIBUCIÓN DEFINIDA.

Situación anterior

_Una pensión por jubilación por 100% sobre el sueldo base;

_Jubilación a los 30 años de servicio, sin límite de edad y con 100% del último sueldo base. Pensión por edad y tiempo de servicio con 15 años de servicio y 55 años de edad;

_La referencia para el cálculo de la pensión, es el sueldo base devengado en los últimos 6 meses o en caso de profesores horas clase, las remuneraciones base percibidas durante los últimos 2 años. Esto trajo consigo cotizaciones bajas durante la vida laboral activa y pensiones altas, provocando desequilibrios financieros e inequidades;

_El límite inferior de las pensiones era el salario mínimo y el superior de 10 veces este salario; la movilidad es con base en los incrementos otorgados por el Gobierno del Estado de México a los trabajadores activos.

_La generación actual estaba sujeta en el caso de algunas prestaciones y beneficios a dos marcos legales (1969 y 1994) y no se han presentado problemas mayores de aplicación e interpretación;

_Una cotización total de 17% sobre sueldo base, en forma bipartita y partidaria, con una aplicación teórica de 11% para prestaciones socioeconómicas y 6% para servicios médicos.

Objetivos de la nueva Ley de Pensiones

Disminuir la aportación de los servidores públicos en 0.5% y otro tanto igual para las entidades públicas. La reforma de 2002 contempla en materia de salud: Corresponsabilidad, ampliación de la cobertura a derechohabientes; definición de medicina preventiva; definición en el nivel institucional del concepto de *riesgos profesionales y de trabajo;* seguro facultativo a familiares del servidor público; acceso inmediato a los servicios de maternidad. En materia de pensiones: Convenios de portabilidad de derechos; sistema mixto de pensiones, ampliación del periodo de referencia para el cálculo de la pensión, incremento de los años de servicios a 35 años y a 57 años de edad; sistema voluntario de ahorro. Incremento de cuotas y aportaciones.

Contexto del proceso

Se requería generar viabilidad financiera para garantizar pensiones futuras y se recurrió al análisis de la situación del Instituto y a determinar las medidas que generarían estabilidad en el sistema.

Nuevo esquema de pensiones

Se aumenta la edad de jubilación y los años de antigüedad, así como los recursos aportados por los trabajadores afiliados al sistema.

Nuevas prestaciones económicas y servicios en seguridad social

_Una pensión básica sobre el 75% del sueldo más colaterales permanentes y un fondo individual acumulado a partir del 25% del sueldo más colaterales. El beneficio consiste en el otorgamiento de una pensión, sobre el salario más los colaterales, no solamente sobre el sueldo base, dividido el 75% en una pensión de reparto y el 25% en un fondo de capitalización individual, lo que incrementa los ingresos de los servidores públicos cuando se retiren.

_Jubilación a los 35 años de servicio con 57 años de edad, con la posibilidad de sustituir edad por tiempo de servicio y con 95% de lo computable para la pensión básica. Pensión por edad y tiempo de servicio con 17 años de servicio y 60 años de edad. Necesidad de adecuar los parámetros del sistema de expectativas de vida, que se han incrementado en los últimos años. Beneficio de un mejor aprovechamiento de la vida productiva, con la consecuente generación de mayores ingresos, mayor acumulación del fondo individual.

_La pensión básica se calcula con base en las remuneraciones percibidas durante los últimos 8 meses, siempre y cuando el servidor público haya mantenido el mismo nivel y rango, durante los últimos 3 años; en caso contrario se tomará como base el promedio de los últimos 3 años, actualizando el sueldo conforme a los incrementos generales. Los beneficios consisten en el reconocimiento de la trayectoria laboral en forma más amplia.

_La pensión básica mantiene el límite inferior en un salario mínimo y el límite máximo en 12. Se mantiene el criterio de la movilidad y concede al Consejo Directivo las posibilidades de interpretarlo. Los beneficios son que se mantiene el límite inferior y la movilidad de las pensiones básicas. Para el caso del fondo de capitalización individual no habría límite ya que su comportamiento estaría determinado con base en factores económicos y financieros.

_El nuevo sistema será aplicable para las nuevas generaciones, a partir de esta nueva Ley con la posibilidad de que la actual generación pueda migrar hacia el nuevo sistema. La adopción de sistemas en transición o paralelos obligará a la transformación sustancial de la administración interna y a una modernización tecnológica en los sistemas de información. Se considera como beneficio que el sistema no afecta los derechos de la generación actual y da la posibilidad de elección para migrar hacia el nuevo sistema. Los beneficios globales se extenderán a la generación actual, así como la posibilidad de disponer de una cuenta individual.

_El mínimo de cotización será de un salario mínimo. Se programaron los incrementos gradualmente, para minimizar el impacto, tanto en las instituciones públicas como en los servidores públicos. El límite mínimo de cotización será el salario mínimo; y el límite máximo, 16 salarios mínimos. Respecto a las cuotas y aportaciones para otras prestaciones e infraestructura serán determinadas anualmente por el Consejo Directivo, a partir del año 2006.

Análisis prospectivo del nuevo sistema de pensiones

Reducción del déficit actuarial, autosuficiencia de los servicios médicos en el corto plazo, viabilidad financiera en el mediano plazo, mejoramiento de las pensiones futuras, respecto de los derechos adquiridos por la generación actual, diseño de un modelo propio, mayor participación de las instituciones públicas en el financiamiento del sistema de seguridad social, reducción del impacto fiscal, en especial en el mediano y largo plazo. El Instituto podrá cubrir el gasto corriente del sistema de pensiones, durante un plazo de 21 a 26 años, siempre que sus remanentes sean destinados al incremento de la reserva correspondiente, posteriormente, requerirá recursos adicionales.

En 2013, Fitch Ratings[48] reporta que en 2012 se realizó una reforma al sistema de pensiones, que contempló un aumento en las cuotas y aportaciones, así como el aumento de la edad mínima jubilatoria, para así sanea las finanzas públicas estatales.

Guanajuato

Se crea en 1962 la Dirección de Pensiones y en 1977 el Instituto de Seguridad Social del Estado de Guanajuato[49] (organismo público descentralizado).

Fecha de reforma a la Ley de Pensiones y esquema pensionario.

1 de octubre de 2002 entra en vigor la nueva ley para dar suficiencia actuarial y diseñar nuevas estrategias a corto y largo plazo.

ESQUEMA DE BENEFICIO DEFINIDO.

Situación anterior

La Ley no contemplaba la edad de jubilación; los intereses de los préstamos a corto plazo e hipotecarios estaban bajo la decisión del Consejo Directivo, sin tener topes mínimos o máximos para los mismos; las cuotas y aportaciones eran insuficientes; y no contemplaba mecanismos para incentivar la permanencia en el empleo.

Objetivos de la nueva Ley de Pensiones

_Dominar la problemática por parte de los diseñadores del proyecto;

_Involucrar a todos los grupos de interés en la solución del problema;

_Diseñar un proyecto técnicamente viable;

_Lograr la aprobación unánime del proyecto en el Congreso del Estado

Contexto del proceso

Para poder tener derecho de jubilación, los asegurados deberán tener 28 años de servicio para las mujeres y 30 años para los hombres, además de contar con al menos 60 años de edad, la cual se incrementará un año por cada dos de vigencia de la Ley hasta llegar a los 65 años en el 2013. Para obtener su seguro de vejez, deben cumplir mínimo 15 años de servicio y la edad será igual que la contemplada para la jubilación. Los intereses de los préstamos los fija el Consejo Directivo considerando un porcentaje mínimo, no inferior a la inflación. La cuota de los trabajadores es del 12% de su SBC. La aportación patronal respecto a su SBC se incrementará durante

---

[48]   FITCH RATINGS (2013) *Estado de México. Reporte de calificación.* Finanzas Públicas. 12 de agosto de 2013, México, p. 1.

[49]   Isseg.

el año de vigencia (2002) un 12%; segundo año de vigencia (2003), 13%; tercer año de vigencia (2004), 14%; cuarto año de vigencia (2005), 15%.

Nuevo esquema de pensiones

Aumenta la edad jubilatoria y años de antigüedad, se crean mecanismos de vigilancia de los fondos pensionarios, se respetan los derechos de los trabajadores del anterior sistema.

Nuevas prestaciones económicas y servicios en seguridad social

_Aumentar la edad de jubilación de 65 años, en forma gradual;

_Aumentar las cuotas y aportaciones en 3% a la entrada en vigor de la Ley y 3% más de manera gradual por parte de Gobierno del Estado;

_Insertar un plan de permanencia, ofreciendo incentivos para desincentivar las jubilaciones tempranas;

_Incluir un mecanismo vanguardista de ahorro voluntario;

_Incluir la portabilidad de fondos;

_Disminuir el tiempo requisito para tener acceso a la pensión por invalidez;

_Duplicar el monto del seguro de vida;

_Respetar los derechos adquiridos a los trabajadores;

_Creación de un mecanismo para garantizar el entero de efectivo al Instituto;

_Establecer que ninguna autoridad puede otorgar beneficios no contemplados en la Ley;

_Otorgar préstamos con una tasa que nunca esté por debajo de la inflación;

_Implementar cada cuatro años mecanismos de revisión de la viabilidad financiera del fondo;

_Crear comités de vigilancia y seguimiento de inversiones;

_Continuar con el modelo de reparto, privilegiando la solidaridad del Estado con sus trabajadores.

Análisis prospectivo del nuevo sistema de pensiones

El estudio actuarial del 2004 concluye que las reservas se agotarán en el 2025 o 2027, dependiendo del escenario financiero considerado (tasa de crecimiento de 3.5% y 5%, respectivamente). De acuerdo con información del Isseg, al 30 de junio de 2013, se tienen 66 mil 103 asegurados totales, de los cuales 56 mil 246 son trabajadores activos, 9 mil 857 están pensionados y 2 mil 683 se encuentran en el Plan de Permanencia.

Fitch Ratings[50] menciona que los fondos pensionarios tienen una vida con suficiencia hasta el 2041 y el 2099, con un rendimiento del 3.5% y 5.5% real, respectivamente.

---

[50]   FITCH RATINGS (2013) *Estado de Guanajuato. Reporte de calificación.* Finanzas Públicas. 19 de julio de 2013, México, p. 1.

J alisco

La Dirección de Pensiones del Estado de Jalisco (IPEJAL)[51], se crea a partir de 1954, es un organismo público descentralizado.

Fecha de reforma a la Ley de Pensiones y esquema pensionario.

20 de noviembre de 2009.

ESQUEMA DE BENEFICIO DEFINIDO.

Situación anterior

La Institución presentaba una situación deficitaria, pero moderada, lo cual al realizarse en 2009 la reforma a su ley de pensiones vino a favorecer el garantizar la suficiencia financiera.

Objetivos de la nueva Ley de Pensiones

Continuar brindando los beneficios sociales a los trabajadores del Estado de Jalisco.

Nuevo esquema de pensiones

A partir de 2009, se hace un sistema de cuotas escalonado que va de un 5% de aportación por parte del trabajador y un 8%, para la entidad pública patronal; hasta alcanzar en 2017, cuotas en el orden del 11.5% y 20.5%, respectivamente.

El IPEJAL, previendo un derecho del trabajador a la vivienda, separa contablemente un 3% de las cuotas y las destina para el fondo de vivienda, de esta manera podrá otorgar a los beneficiarios créditos por este concepto. Este fondo no constituye una cuenta individual, por tanto no requiere que el trabajador abone pagos al préstamo o lo devuelva.

Para obtener el derecho a la pensión por jubilación deben haber cumplido 65 años de edad y 30 años de cotización al instituto. Anteriormente eran 30 años o más de servicio, cualquiera que fuera la edad, siempre que hubiesen contribuido al instituto durante al menos 20 años.

La pensión por vejez se obtiene al cumplir 65 años de edad y 20 años de cotización al ramo de pensiones. Se establece un monto de pensión de acuerdo al número de años de cotización que va desde los 20 años (con un 60%) a los 29 años (95%). En la ley anterior, eran los mismos requisitos.

Nuevas prestaciones económicas y servicios en seguridad social

Se establece un fondo de garantía para absorber los créditos de afiliados y pensionados que al agotar los procedimientos legales tendientes a su cobro, sean considerados por el Instituto como incobrables.

Para el caso de afiliados que hubieren estado laborando en entidades centralizadas durante al menos 4 años y cause baja definitiva del servicio, sin haberse pensionado ni pertenecer al régimen de estas entidades, podrá contribuir voluntariamente en el

---

[51]   http://pensiones.jalisco.gob.mx/

Instituto al fondo de pensiones para tener derecho a pensión por jubilación, por edad avanzada o por viudez y orfandad.

Análisis prospectivo del nuevo sistema de pensiones

De acuerdo con datos de la calificadora Fitch Ratings[52] tenemos que actualmente se encuentra con una solvencia financiera favorable.

N uevo León

Instituto de Seguridad y Servicios Sociales de los Trabajadores del Estado de Nuevo León[53] (organismo público descentralizado), se crea el 15 de enero de 1983.

Fecha de reforma a la Ley de Pensiones y esquema pensionario

12 de octubre de 1993.

ESQUEMA DE CONTRIBUCIÓN DEFINIDA.

Situación anterior

En 1986 se establece una jubilación dinámica que consiste en otorgar a los jubilados los mismos porcentajes de incremento que los obtenidos por los servidores públicos activos. Esto ocasionó un cambio en la dinámica de las solicitudes de jubilación de una tasa de crecimiento de 10% (1983-86) se incrementó a un 29.40% en el año de 1987, generando una modificación en la relación trabajadores activos/jubilados de sólo 7, lo que contrasta con los 22.3 que se tenía al iniciar en funciones el Instituto.

Objetivos de la nueva Ley de Pensiones

_Modificar tanto los seguros que protege como los esquemas de aportación y de administración de recursos, habiendo quedado bajo la administración del Instituto el seguro de enfermedades y maternidad; seguros de riesgo de trabajo; sistema certificado para jubilación; pensión por invalidez; pensión por causa de muerte; seguro de vida; y préstamos a corto y largo plazo. El sistema certificado para la jubilación presentaba solidez financiera ya que las erogaciones realizadas para pagar las jubilaciones son soportadas por los recursos acreditados por el trabajador a lo largo de su vida laboral. Los rendimientos mínimos deben ser del 2% anual real. El asegurado puede realizar aportaciones adicionales para lograr una pensión superior a la prevista. Puede posponer su jubilación, lo que aumenta sus recursos disponibles. Podrá elegir entre una jubilación por pensión vitalicia o por retiros programados.

Gobierno del Estado liberó de todo pasivo al Sistema de Certificación para la Jubilación cubriendo las pensiones de los servidores públicos que ya estuvieran jubilados o que se encontraran sujetos al régimen de jubilación anterior a

---

[52]   FITCH RATINGS (2013) *Estado de Jalisco. Reporte de calificación.* Finanzas Públicas. 21 de agosto de 2013, México, p. 1 y 8.

[53]   Isssteleon. http://www.isssteleon.gob.mx:81/

la promulgación de la nueva Ley. Este gasto erogado significa el 6.64% del Presupuesto de Egresos del Gobierno del Estado, y crecerá en el 2023 en 8.46% para posteriormente disminuir y ser nulo en el 2055.

Contexto del proceso

Al modificarse el esquema, un gran número de trabajadores se jubiló con porcentajes altos, así mismo hubo una disminución en la relación trabajadores activos/pensionados.

Nuevo esquema de pensiones

Se otorgan estímulos para que el trabajador que desee aportar cuotas superiores a las previstas, lo realice. Si el trabajador pospone su jubilación, también aumentan sus beneficios. Puede elegir entre una pensión vitalicia o por retiros programados.

Nuevas prestaciones económicas y servicios en seguridad social

El sistema es pionero en portabilidad de derechos, la Ley en su artículo 73 establece que el servidor público podrá retirar el saldo total de su certificado para la jubilación en una sola exhibición, siempre y cuando por razón de una nueva relación laboral deje de ser sujeto del régimen de cotización del Instituto y dicho saldo se abone en una cuenta a su nombre en algún mecanismo similar reconocido por alguna otra institución de seguridad social.

En este caso los trabajadores piden sus recursos que son depositados en las subcuentas de aportaciones de las Afore conforme a las disposiciones de la Consar.

Análisis prospectivo del nuevo sistema de pensiones

Se propone la reducción o eliminación de las comisiones cobradas por las Afores; inversión de recursos en valores que generen rendimientos crecientes.

En el análisis realizado por Fitch Ratings[54], menciona que a pesar de haberse realizado esta reforma en 1993 y ahora estar los trabajadores cotizando en cuentas individuales, el problema que enfrenta son los pasivos laborales, producto de las obligaciones contraídas anteriormente. En 2012, sus compromisos ascendieron en el orden de los 3 mil 224 mdp.

Oaxaca

Oficina de Pensiones del Gobierno del Estado.

Fecha de reforma a la Ley de Pensiones y esquema pensionario

La Ley de Pensiones para los Empleados del Gobierno del Estado de Oaxaca del 7 de junio de 1958 regulaba a los trabajadores del Gobierno del Estado de Oaxaca, así como a los de la Oficina de Pensiones, y a los Trabajadores Federalizados de la Educación. Se realizó una primer reforma el 7 de octubre de 2006. Esta normatividad

---

54   FITCH RATINGS (2013) *Estado de Nuevo León. Reporte de calificación.* Finanzas Públicas. 24 de septiembre de 2013, México, p. 1.

quedó abrogada por la Ley de pensiones para los Trabajadores del Gobierno del Estado de Oaxaca, aprobada mediante decreto No. 885 de fecha 28 de enero de 2012, publicada en el POE No. 4 de fecha 28 de enero de 2012.

ESQUEMA DE BENEFICIO DEFINIDO.

Situación anterior

De acuerdo al estudio actuarial del 19 de julio de 2004, se tenía un personal activo total de 10 mil 668 trabajadores, de los cuales son 6 mil 270 hombres y 4 mil 398 mujeres. El personal pensionado era de 1 mil 355 jubilados y pensionados, es decir, 22 pensionados por cada 100 trabajadores. Del total del personal pensionado se tenía que 42% eran pensionados por antigüedad, 54% pensionados por vejez, 3% pensionados por cesantía y 1% pensionados por muerte por causas ajenas al trabajo. En ese momento se estimaba un periodo de suficiencia de los recursos de la Oficina de Pensiones hasta el 2009[55].

Objetivos de la nueva Ley de Pensiones

_Incrementar las aportaciones de los trabajadores activos, y jubilados y pensionados.

Las aportaciones de Gobierno del Estado equivalían al 9% del monto, con la reforma pasaron a un equivalente del 18.5% del sueldo de los trabajadores, y el 18.5% de las pensiones de jubilados y pensionados. Así como cuotas por parte de los trabajadores, equivalentes al 9% de su sueldo base y, en el caso de los jubilados y pensionados, equivalentes al 9% de su pensión.

_Aumentar los años de servicio y edad cumplida para obtener derecho a pensionarse.

Nuevo esquema de pensiones

Para tener derecho a pensión por jubilación el trabajador debe tener 63 años cumplidos y 31 años de servicios, para las mujeres y 65 años cumplidos y 33 años de servicios, en los hombres, y haber contribuido normal e íntegramente al Fondo de Pensiones. Antes era con 60 años cumplidos, 15 años de servicios, y haber contribuido normal e íntegramente al Fondo de Pensiones, para poder obtener derecho a una pensión por jubilación o por vejez.

Para tener derecho a una pensión por vejez, el trabajador debe haber cumplido 65 años de edad y 15 años de servicios y que haya contribuido normal e íntegramente al Fondo de Pensiones.

Nuevas prestaciones económicas y servicios en seguridad social

El sistema de pensiones busca tener una mayor cobertura es por ello que se establecen pensiones por: a) jubilación, b) vejez, c) inhabilitación por riesgos de trabajo, d) invalidez por causas ajenas al servicio, e) muerte del trabajador por riesgos de trabajo, f) muerte del trabajador por causas ajenas al servicio, g) muerte

---

[55]   En 2009 se realizó el estudio actuarial correspondiente y sus resultados mostraron una suficiencia financiera hasta el 2014, es por ello que en el 2012 se abrogó la Ley de Pensiones y se hicieron reformas paramétricas para buscar una sostenibilidad financiera de la Oficina de Pensiones del Gobierno del Estado.

de los jubilados o pensionados; otros beneficios son: h) gastos de defunción por fallecimiento de un trabajador, del jubilado o pensionado; i) préstamos quirografarios; i) préstamos hipotecarios.

Análisis prospectivo del nuevo sistema de pensiones

De acuerdo con la calificador Fitch Ratings[56], a pesar de la reforma a la Ley de Pensiones realizada en 2012, recomendaban una nueva reforma de tipo estructural. Esta reforma generó que se incrementará el peso sobre las erogaciones del Estado, producto de un incremento en los servicios personales.

Puebla

El 19 de marzo de 2003 se expide la Ley del Instituto de Seguridad y Servicios Sociales de los Trabajadores al Servicio de los Poderes del Estado de Puebla (ISSSTEP)[57].

Fecha de reforma a la Ley de Pensiones y esquema pensionario

El ISSSTEP tiene como misión la seguridad social de sus derechohabientes otorgándoles beneficios como las jubilaciones, pensiones, prestaciones médicas y prestaciones socioeconómicas. Las reformas a su Ley se realizaron el 30 de diciembre de 2005 y el 31 de diciembre de 2011.

ESQUEMA DE BENEFICIO DEFINIDO.

Situación anterior

De acuerdo al estudio actuarial del 1 de enero de 2004, se tenía un personal activo de 36 mil 892 trabajadores, de los cuales 18 mil 623 eran hombres y 18 mil 269 mujeres. El personal pensionado era de 3 mil 590 individuos, es decir, por cada 100 trabajadores tenemos 19 pensionados. Si se considera el persona pensionado, se tuvo en 2004 que el 57% eran jubilados, el 13%, pensionados por vejez, 4% pensionados por invalidez, 24% pensionados por fallecimiento por causas ajenas al trabajo (incluídas las pensiones por orfandad, viudez, concubinado y ascendencia) y 2% pensionados por incapacidad por causas del trabajo. Esta situación dio como resultado que se realizara una reforma a la Ley de Pensiones en 2005, debido a que el periodo de suficiencia de los fondos del Instituto tenían una vida de 17 años.

Objetivos de la nueva Ley de Pensiones

Incorporar en las pensiones la cesantía en edad avanzada, así como créditos extraordinarios por desastres naturales, servicios turísticos y servicios funerarios. Los trabajadores afiliados al ISSSTEP deben cubrir una cuota obligatoria del 13% del sueldo básico mensual que se reparte de la siguiente manera: 6.5% para servicios médicos, 5.5% para el fondo de pensiones y jubilaciones, 0.5% para prestaciones

---

[56]   FITCH RATINGS (2013) *Estado de Oaxaca. Reporte de calificación.* Finanzas Públicas. 18 de junio de 2013, México, p. 5

[57]   http://www.issstep.pue.gob.mx/

como préstamos a corto, mediano y largo plazo, y 0.5% para servicios de estancias infantiles, eventos culturales y deportivos.

Las instituciones públicas destinarán un 26% del sueldo básico de los trabajadores que se destinará de la siguiente manera: 10.5% para prestaciones de servicios médicos, 13% para el fondo de jubilaciones y pensiones, 0.5% para préstamos a corto, mediano y largo plazo y, 2% para financiamiento de vivienda.

Los jubilados, pensionados y pensionistas deben otorgar una cuota obligatoria del 4.5% del monto de la pensión de que disfrutan, lo cual se destinará al fondo de pensiones y jubilaciones, en tanto que las instituciones públicas, de las que provenga el pensionado, deben enterar una aportación obligatoria del 10% del monto de la prestación, que se destinará hacia el concepto de servicios médicos.

Se constituye un fondo para reservas actuariales y financieras que garantice la capacidad económica que permita al ISSSTEP el pago de sus prestaciones.

Nuevo esquema de pensiones

La pensión por jubilación se obtiene al cumplir 30 años de servicio y cuando menos 65 años de edad, con 30 años de aportaciones al Instituto. La jubilación anticipada puede solicitarse a partir de los 60 años de edad y al menos 30 años de cotización, obteniendo un porcentaje del beneficio de jubilación que va del 75% al 95% al cumplir los 64 años de edad.

La pensión de retiro por edad y tiempo de servicios pueden solicitarla los trabajadores que hayan cumplido 65 años de edad y que hayan cotizado al Instituto al menos durante 15 años. El monto de la pensión será un porcentaje de beneficio que va del 50% (con 15 años de servicio) al 95% (con 29 años de servicio).

Nuevas prestaciones económicas y servicios en seguridad social

Otorgamiento de créditos a corto, mediano y largo plazos, estableciendo topes en la edad del pensionado al momento de solicitarlo, así como un plazo límite para liquidarlos.

Establecimiento de un fondo de la vivienda, para proporcionar a los trabajadores créditos con garantía hipotecaria.

Prestaciones sociales y culturales como estancias infantiles, el Centro de Bienestar Social y Cultural, servicios turísticos y servicios funerarios.

Estímulos económicos para los trabajadores que cumplan 20, 25, 30, 35, 40, 45 y 50 años de servicio.

Análisis prospectivo del nuevo sistema de pensiones

De acuerdo a Fitch Ratings[58], el periodo de sufiencia para cubrir las pensiones es de 17 años, a partir de realizada su última reforma, pero debido a que se requieren otros cambios, se prevé realizar en un futuro inmediato reformas adicionales a su normatividad.

---

[58]   FITCH RATINGS (2013) *Estado de Puebla. Reporte de calificación.* Finanzas Públicas. 1 de julio de 2013, México, p. 1.

Sinaloa

Se crea el Instituto de Seguridad y Servicios Sociales de los Trabajadores de la Educación del Estado de Sinaloa (Isssteesin) en 1974, como organismo público descentralizado.

Fecha de reforma a la Ley de Pensiones y esquema pensionario

Se crea el Isssteesin mediante la Ley que crea el Instituto de Seguridad y Servicios Sociales de los Trabajadores de la Educación del Estado de Sinaloa, publicada en el POE el 11 de marzo de 1974, reformada el 27 de enero de 1978.

En materia de pensiones, la normatividad que aplica es la Ley de los Trabajadores al Servicio del Estado de Sinaloa se publica el 4 de abril de 1986, siendo reformada el 26 de noviembre de 1986, una segunda reforma se realizó el 30 de marzo de 2009. Se complementa con la Ley de Pensiones para el Estado de Sinaloa, siendo su última reforma del 30 de marzo de 2009.

ESQUEMA DE CONTRIBUCIÓN DEFINIDA.

Objetivos de la nueva Ley de Pensiones

Entre los cambios realizados con la reforma del 2009 se deroga el Capítulo III correspondiente a la Jubilación y Pensiones (art. 92 al art. 106). Se tenía que para obtener una pensión por jubilación se requerían 30 años o más de servicio cualquiera que fuera la edad, en el caso de los hombres y 25 años o más, para las mujeres. La pensión por vejez se obtenía cumplidos los 55 años de edad y 15 años de servicio.

Nuevo esquema de pensiones

De acuerdo a la Ley de Pensiones para el Estado de Sinaloa, los empleadores aportarán mensualmente al Isssteesin 10% del salario básico de cotización de los trabajadores distribuido de la siguiente manera: 5.175% para la cuenta individual, 2.075% para invalidez y vida, 1% para administración, 1% para pensión mínima garantizada, 0.75% para pensiones de incapacidad y muerte por riesgo de trabajo. Adicionalmente, los empleadores aportarán mensualmente una cantidad equivalente al 5.5% del salario mínimo general vigente en el Estado de Sinaloa, elevado al mes, a la cuenta individual de cada trabajador. En el caso de los trabajadores, éstos aportarán 7.625% del salario sujeto a cotización que les descontarán de la nómina y/o recibo de pago que se distribuirá de la siguiente manera: 6.125% para la cuenta individual, 1.5% para invalidez y vida.

Nuevas prestaciones económicas y servicios en seguridad social

Para obtener la pensión por jubilación el trabajador deberá haber cumplido 65 años o más de edad y 25 años o más de cotización al Instituto.

El esquema de contribución definida en cuentas individuales también otorga el derecho de portabilidad que consiste en la posibilidad de transferir sus fondos de un régimen a otro de seguridad social que sea compatible con el sistema previsto en esta Ley, o que el Instituto reciba el monto de la cuenta individual del trabajador proveniente de un régimen de seguridad social compatible con el del Instituto.

Se establece un ahorro solidario en donde el trabajador de forma voluntaria aporta un porcentaje adicional de su salario sujeto a cotización, y esto genera una aportación obligatoria por parte del empleador que permite que se incremente el monto de su pensión. Este ahorro solidario tiene un descuento tope de hasta el 2%. En el caso de los empleadores, ellos están obligados a depositar en la cuenta individual del trabajador $3.25 pesos por cada peso ahorrado por el trabajador, con un tope máximo de 6.5% del salario sujeto a cotización.

En la Ley se menciona la creación de un régimen voluntario en donde el trabajador puede continuar voluntariamente aportando a su cuenta individual.

Análisis prospectivo del nuevo sistema de pensiones

Una grave inconsistencia de la Ley de Pensiones es que las cuentas individualizadas tienen el derecho de que sus portadores puedan retirar sus recursos del fondo en una sola emisión, lo cual va en detrimento del Instituto debido a que exfuncionarios estatales interpusieron demandas para solicitar sus aportaciones a sus cuentas individuales[59].

Fitch Ratings[60] establece que no existe sostenibilidad financiera porque las obligaciones contraídas, previamente a la reforma a su sistema de pensiones, en 2012 significaron la erogación, por parte del gobierno estatal de 713 mdp, en 2011 fueron 468 mdp.

 onora

Instituto de Seguridad y Servicios Sociales de los Trabajadores del Estado de Sonora (Isssteson)[61], se crea en 1963.

Fecha de reforma a la Ley de Pensiones y esquema pensionario

En el año de 1989; se disminuye el monto de las cotizaciones de 12% a 8%, que cotizaban a partes iguales trabajadores y patrón.

En el año de 2005, la Legislatura aprobó la última reforma que puede ser analizada desde dos aspectos: La estructura de cuotas y aportaciones, así como la edad pensionaria.

ESQUEMA DE BENEFICIO DEFINIDO.

Situación anterior

Estimaciones actuariales indicaban que en 30 años de cotización, un trabajador aportaba, en términos actualizados, un ingreso promedio de 217 mil pesos. En contraste, durante sus 32 años de vida pensionaria recibía un importe salarial de jubilación superior a 1.4 millones de pesos, en consecuencia, el déficit financiero

---

[59]   Javier Cabrera Martínez, "En quiebra las pensiones", *Línea Directa*, (6 de diciembre de 2011 [18 de septiembre de 2013]): disponible en http://www.lineadirectaportal.com/columnas.php?id_columna=441&autor=95

[60]   FITCH RATINGS (2013) *Estado de Sinaloa. Reporte de calificación*. Finanzas Públicas. 1 de julio de 2013, México, p. 7.

[61]   http://www.isssteson.gob.mx/

y actuarial del sistema rebasaba el 84%. Por lo tanto, se requería equilibrar los importes de los beneficios con los de las obligaciones.

Anteriormente, el monto de las jubilaciones se calculaba a partir del sueldo base percibido al momento de la jubilación, en tanto que las pensiones se calculaban con base en el cálculo de un sueldo regulador de tres años.

Objetivos de la nueva Ley de Pensiones

_Corregir la diferencia que había entre las aportaciones y el derecho de pensión, incrementando las cuotas y aportaciones, así como la edad pensionaria o el número de años necesarios de cotización;

_Incrementar la estructura de cuotas y aportaciones, esto ha corregido el desequilibrio que existía entre el monto de cotizaciones y las necesidades de ahorro para garantizar la pensión y vejez dignas para los trabajadores;

_A partir de 2005, gradualmente se aumentaron las contribuciones al fondo de pensiones. A partir de ahora y hasta el 2010, el patrón incrementará su aportación al fondo de pensiones de 4 a un 17%. Por otra parte, el trabajador incrementará gradualmente su cuota de 4 a 10%, también en un periodo de 6 años. De esta forma la prima de 8% que tenía, derivada de las contribuciones de 4% del trabajador y 4% del patrón, aumentará en 27%, correspondiendo una nueva cuota futura de 10% para el trabajador y la aportación de 17% para el patrón;

_Actualizar la edad pensionaria con un criterio más acorde a la expectativa de vida. Los trabajadores actuales que tengan 15 años o más cotizando, mantienen intactas sus prestaciones jubilatorias. Las generaciones futuras de trabajadores varones que ingresen al sistema después de la aplicación de la reforma, su derecho de jubilación lo adquirirán hasta cumplir los 35 años de servicios e igual tiempo de cotización; en el caso de las mujeres, el derecho lo adquirirán a los 33 años de cotización, en lugar de los 30 y 28 anteriores, respectivamente.

Contexto del proceso

Al analizar el sistema pensionario anterior se tuvo como resultado un déficit a corto plazo que no garantizaría el pago de pensiones, por tanto, se procedió a aumentar la edad jubilatoria, los años de antigüedad, así como las cuotas y aportaciones.

Nuevo esquema de pensiones

_Para las generaciones futuras, el monto de la jubilación se calculará con un sueldo regulador de tres años. Los trabajadores que se jubilen tendrán la obligación de aportar al fondo de pensiones y jubilaciones 10% del monto de su jubilación iniciando con 5% en el año 2005 y aumentando en 1% por año hasta completar 10% en el año 2010.

Nuevas prestaciones económicas y servicios en seguridad social

Los jubilados tendrán derecho a recibir 40 días de la cuota diaria por concepto de aguinaldo, que antes no se tenía. Los montos de pensiones y jubilaciones se incrementarán en el mismo porcentaje en que aumente el salario mínimo general de la Zona Hermosillo o el índice inflacionario, el que sea mayor. El fondo de pensiones y jubilaciones de los trabajadores será administrado a través de un fideicomiso, separado de la administración del Instituto. El Instituto deberá resolver las solicitudes de pensiones en un plazo no mayor a 30 días hábiles a partir de la fecha en que se integren los expedientes. El monto de las pensiones por vejez y de cesantía por edad avanzada se calculará con base en un porcentaje del sueldo, dependiendo de los años cotizados al momento de retiro.

Se reduce el tiempo de cotización para la pensión por invalidez por enfermedad no profesional, de 15 años de servicios que preveía la Ley antes de la reforma, a 10 años con la nueva Ley.

Se abre la posibilidad de otorgar una pensión por orfandad a hijos de afiliados (con alguna discapacidad), cuando fallezca el padre o la madre pensionista.

Se incorpora la pensión de cesantía por edad avanzada elevando a rango de ley el derecho a obtener una pensión por cesantía cuando se cotizó más de 10 años, partiendo de 40% a los 60 años y un incremento de 2% anual hasta los 65 años en que se llegará a 50%.

Análisis prospectivo del nuevo sistema de pensiones

Con las modificaciones realizadas, se ha garantizado la viabilidad del sistema de pensiones. Fitch Ratings[62] establece que tiene suficiencia financiera hasta el 2031.

eracruz

El Instituto de Pensiones del Estado de Veracruz (IPE)[63], se crea en 1958, su antecedente fue el Instituto de Pensiones de Retiro (1951-1957).

Fecha de reforma a la Ley de Pensiones y esquema pensionario

En el año de 1997, 2007 y 2009.

ESQUEMA DE BENEFICIO DEFINIDO

Situación anterior

Se analizó continuar con un esquema de beneficio definido; implementar un esquema de contribución definida (Afores); o implementar un esquema mixto. Se optó por el último: Se continúa con el sistema de reparto pero con la nueva Ley se crea un sistema de capitalización individual.

Objetivos de la nueva Ley de Pensiones

_Incrementar los porcentajes de cuota por aportaciones: 11% por parte del trabajador y 13.53% por parte de Gobierno del Estado;

_Imponer restricciones sobre la edad mínima de jubilación;

_Asegurar la viabilidad financiera del Instituto;

---

[62]   FITCH RATINGS (2013) *Estado de Sonora. Reporte de calificación.* Finanzas Públicas. 15 de agosto de 2013, México, p. 7.

[63]   http://www.ipever.gob.mx/

_Garantizar para la generación actual de derechohabientes y pensionados, las prestaciones que otorgaba la ley anterior;

_Establecer para la nueva generación de cotizantes un esquema financiero sano y viable.

Contexto del proceso

El IPE es una institución de seguridad social que reformó y actualizó su marco normativo, operando cambios como:

_Realizar una separación generacional y la creación de fondos distintos por cada generación;

_Incrementar las cuotas obrero-patronales de 7% (ambos) a 11% para el trabajador y 13.53% para el patrón, lo que da un total de 24.53%;

_Reducir sustancialmente los recursos de los que dispone el IPE para gastos de administración;

_Imponer un límite inferior (de 53 años) para gozar del derecho de jubilación. Posteriormente, se reformó este límite a 60 años.

Entre las debilidades destaca que la edad mínima de jubilación son los 53 años, siempre y cuando se cumpla con 30 años de cotización en el IPE. Las percepciones de los jubilados son equivalentes al último salario reportado, además no existe un tope salarial al pago de las pensiones.

A corto plazo el riesgo que enfrentan es que aproximadamente poco más de diez mil trabajadores en activo se incorporen a la nómina de pensionados, lo que impactaría las finanzas estatales en 80 millones de pesos, esto implicaría un aumento de la población de jubilados y pensionados en un 64% y un incremento del subsidio del gobierno estatal de más del doble del presupuesto para el 2005.

Nuevo esquema de pensiones

Los ingresos por cuotas y aportaciones son separados de los trabajadores de la Ley anterior y de la nueva Ley, para así tener autonomía de los recursos y que los últimos se beneficien de sus aportes.

Se establece que el 80% de los recursos que ingresen al IPE por cuotas y aportaciones de sus derechohabientes con ingreso a partir del 1 de enero de 1997 se destinarán para cubrir las prestaciones que por Ley están a favor de jubilados y pensionados y, el 20% restante se destinará al Fondo de la Reserva Técnica Específica.

Para jubilarse el trabajador deberá tener 30 años o más de servicio e igual tiempo de cotización en el Instituto, y haber cumplido los 60 años de edad.

La pensión por vejez requiere que el trabajador haya cumplido 60 años de edad, 15 años de servicio e igual tiempo de cotización en el Instituto.

Nuevas prestaciones económicas y servicios en seguridad social

Aumenta la edad de jubilación y los años de antigüedad, pero se incrementan los montos pensionarios.

Análisis prospectivo del nuevo sistema de pensiones

_Se requiere actualizar el marco normativo;

_Eficientar las diferentes áreas administrativas del Instituto;

_Realizar el pago oportuno de las jubilaciones y pensiones;

_Proveer de servicios financieros a un amplio sector en el Gobierno del Estado;

_Maximizar la rentabilidad de los recursos financieros y bienes inmuebles.

Fitch Ratings[64], al analizar las finanzas públicas estatales establece que el IPE recibe un 24% de los recursos que requiere para sufragar sus obligaciones, del Estado (13%) y de los trabajadores (11%)

Podemos concluir que los sistemas de pensiones estatales presentan una situación deficitaria a corto y mediano plazo. Este resultado se debe a que las reformas realizadas a sus normatividades aumentaron los montos destinados a pensiones y jubilaciones, sin prever que a futuro no sería posible cubrir sus erogaciones institucionales.

Es una realidad que no puede ser dejada de lado, independientemente de que exista control en las finanzas de los Institutos, se requiere llevar periódicamente a cabo, valuaciones actuariales que muestren el estado financiero actual y futuro de las pensiones y jubilaciones.

La situación que se observa a nivel internacional, nacional y estatal reclama se atienda su problemática. Los puntos a considerar son los referentes a la negociación, la generación de acuerdos entre los actores participantes, la determinación de acciones que permitan alcanzar la sostenibilidad financiera requerida y otras cuestiones relacionadas.

Algunas entidades federativas recurrieron a la negociación con sus sindicatos de trabajadores y el gobierno al momento de formular una reforma a sus leyes. Este diálogo proporcionó la apertura entre las partes interesadas de manera que se crearon las vías para un acuerdo, a fin de poder elaborar una nueva Ley de pensiones.

Los acuerdos son necesarios en virtud de que permiten mantener a la población derechohabiente, así como a sus jubilados y pensionados informados de los cambios que se van a realizar, evitando reformas de manera unilateral, como en el caso del IMSS donde a la fecha, gran parte de sus trabajadores activos desconocen cómo funciona su sistema pensionario

---

[64] FITCH RATINGS (2013) *Estado de Veracruz. Reporte de calificación.* Finanzas Públicas. 20 de septiembre de 2013, p. 8.

e incluso algunos no saben en qué Afore se encuentran sus cotizaciones. La información es importante para otorgar certidumbre al proceso, de lo contrario se volverán a cometer errores similares a los registrados en el pasado.

Entre las acciones acordes para crear una economía sana del sistema de pensiones, están el considerar que no se trata sólo de postergar las edades de jubilación o los años de antigüedad, sino que cada sistema presenta una problemática específica que se debe detectar y, a partir de ésta, buscar soluciones: Se debe mantener a salvo los intereses de la población que esté cubierta por la Ley anterior a la reforma, cumpliendo con el requisito de no retroactividad que marca el Artículo 14 de la CPEUM, todo depende de los recursos económicos, pues se tiene que aplicar un criterio que sanee el sistema, no un simple paliativo.

Si se tuviera una situación difícil de controlar y no fuera posible respetar el requisito de no retroactividad, entonces, previo diálogo con las partes interesadas, se realizarían los ajustes necesarios para alcanzar la sostenibilidad financiera requerida por las instituciones de seguridad social.

CAPITULO 2

MARCO TEORICO DE LA REFORMA A LA SEGURIDAD SOCIAL EN MEXICO

El marco teórico se basa en la Teoría de la Elección Racional, con sus supuestos y elementos que integran el proceso decisional. En primer lugar, mencionaremos la hipótesis de investigación que fue nuestro supuesto del objeto de estudio puesto a prueba. En segundo lugar, el análisis esquemático de la formulación de la Reforma a la Ley del Seguro Social, los actores políticos y sociales y las propuestas que éstos realizan. En tercer lugar, evaluamos la sostenibilidad financiera del Instituto que presentó resultados deficitarios en diversos ramos de aseguramiento. Finalmente, revisamos los resultados financieros de Afores y Siefores en el periodo de 1998-2006, mediante un modelo econométrico que estimó el comportamiento de la utilidad, el ingreso y egreso de las Afores. Al final del capítulo, se observó que las Afore muestran un desempeño eficiente que requiere de una política monetaria que fomente un incremento en los ingresos.

2.1 Modelo de la Elección Racional

El método analítico utilizado en esta investigación es la Teoría de la Elección Racional, el cual parte del enfoque microeconómico de que los individuos actúan racionalmente en función de la maximización de sus beneficios personales y la reducción de costos[65]. Partimos de esta teoría debido a que tiene como finalidad ser explicativa y permite la revisión de las diversas variables dependientes e independientes. Asimismo, constatamos que en situaciones consideradas como irracionales, observamos que los individuos son más racionales de lo esperado.

Entre las ventajas que aporta el modelo de la teoría de la elección racional, Hugh Ward[66] nos menciona las siguientes:

- Fuerza a hacer explícitas las suposiciones frecuentemente tomadas como implícitas en argumentos verbales;
- Provee de una heurística positiva (un conjunto de categorías que auxilian en la construcción de explicaciones), emulan y sugieren fructíferas líneas de investigación;
- Sus modelos son definidos como representaciones simplificadas de la realidad construida con una visión de mejora de nuestra comprensión, forzándonos a atender lo que deseamos explicar, que es central en la explicación de fenómenos de nuestro interés y que pueden ser dejados fuera del modelo como periféricos o sin importancia;
- Si es correctamente aplicada, asegura que las proposiciones actualmente seguidas, lógicamente, así como el método, pueden ser usados para ver si existe una base racional coherente para ampliar las conclusiones asumidas que pueden ser construidas;
- Se dirige intuitivamente a través de correlaciones para proveer un mecanismo vinculado a variables dependientes e independientes, corriendo en dirección de las acciones individuales asumidas;

---

[65]   Myra Marx menciona que "la microeconomía convencional define la racionalidad en referencia a un postulado...que los individuos siempre actuarán con la finalidad de maximizar sus beneficios personales y reducir costos". MARX Ferree, Myra (2001) *El Contexto Político de la racionalidad: Las Teorías de la Elección Racional y la Movilización de Recursos* en *Los Nuevos Cambios Sociales. De la Ideología a la Identidad.* Edición a cargo de Enrique Laraña y Joseph Gusfield, Colección Academia, Centro de Investigaciones Sociológicas (CIS), Madrid, p. 153.

[66]   WARD, Hugh (2002) *Chapter 3: Rational Choice* en *Theory and Methods in Political Science,* Edited by David Marsh and Gerry Stoker, Series Editors: B. Guy Peters, Jon Pierre and Gerry Stoker, Palgrave McMillan, United States of America, pp. 69 y 70.

- Provee un campo unificado de explicaciones a través de diferentes áreas de las ciencias sociales y de subdisciplinas, seguido por un cruce fértil de ideas y puntos de vista, desde los cuales, patrones comunes pueden ser cruzados por diversos fenómenos;
- Aún en circunstancias en las cuales la acción es irracional, provee un estándar contra el cual la acción puede ser juzgada e indica variables que podrían guiar a salidas desde la racionalidad.

En el modelo de la elección racional existen situaciones que en ocasiones no corresponden a una lógica realista del comportamiento en el individuo. Dichas situaciones, en opinión de Ward, nos remiten a la teoría de juegos en donde no existe una posible estrategia de equilibrio. "La interdependencia estratégica posee el problema de una posible regresión infinita de cálculos estratégicos de la forma: "Si él piensa que yo elegiré *a* entonces él elegirá *b*; pero si él elige *b,* yo elegiré *c;* pero si yo elijo *c,* él elegirá *d...*"[67].

Ward nos menciona que la elección racional explica las acciones del individuo y los resultados que lo guían en términos del curso de la acción (estrategias) abierta a él, siendo sus preferencias combinaciones de acciones elegidas por diversos actores y sus creencias acerca de parámetros importantes como son las preferencias de los otros individuos. Ward considera la existencia de la aplicación de una lógica matemática que establece axiomas acerca del comportamiento racional y algunos de estos son suposiciones auxiliares acerca del contexto de los jugadores, en razón de realizar predicciones[68].

Profundizando un poco la idea anterior tenemos que para John Elster una acción "es el resultado de deseos y oportunidades. Pero la acción también puede modelar deseos y oportunidades de manera intencional"[69]. Se encuentra presente en las acciones de los individuos el supuesto de intencionalidad, no nada más la decisión de determinada acción de acuerdo a deseos y oportunidades.

---

[67]   Ward, Hugh (2002) Ibid, p. 69.
[68]   Op cit; Ibid.
[69]   ELSTER, John (1993) *Tuercas y Tornillos. Una Introducción a los Conceptos Básicos de las Ciencias Sociales,* Editorial Geodisa. Barcelona, p. 95.

Gráfica No. 4: Proceso decisional

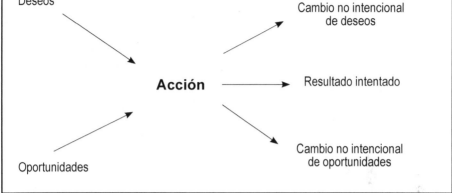

FUENTE: ELSTER, John (1993). Ibid. P. 96.

En una forma más ampliada, tenemos que de acuerdo con Nelly Caro, en un estudio realizado, tomando como referencia la teoría de la elección racional, establece que un proceso decisional "comprende un conjunto de opciones que ofrece un entorno a un individuo, de tal manera que éste ordenará, evaluará y escogerá algunas de estas en función de los deseos que quiera satisfacer. Por lo tanto, la elección está sujeta a dos tipos de restricciones o condicionamientos: Las externas (presiones del contexto y de otros actores) e internas (deseos y creencias)"[70].

---

[70]   CARO, Nelly (2005) *Las Razones de la Sin Razón. Reflexiones acerca de la Sexualidad Adolescente a partir de Entrevistas a Mujeres Jóvenes de la Ciudad de México*. Programa Interdisciplinario de Estudios de la Mujer. El Colegio de México, A. C., México. P. 5.

Gráfica No. 5: Ampliación del proceso decisional

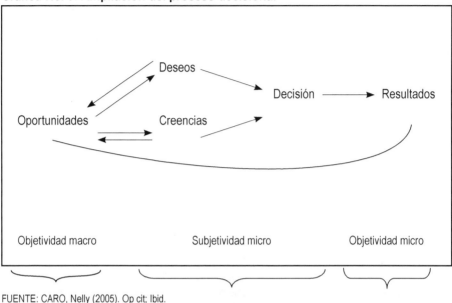

FUENTE: CARO, Nelly (2005). Op cit; Ibid.

Tabla No. 11: Proceso decisional

Proceso de toma de decisiones
Condicionamiento externo
Oportunidades
Elemento objetivo a tomarse en cuenta y que nos lleva a considerar el contexto social, económico y cultural del sujeto. Este contexto no influye directamente o de forma determinista al individuo.
Condicionamiento interno
Creencias
Mediante la percepción de las creencias filtra la influencia de las "oportunidades". Una creencia puede ser errónea y evaluar que ciertas oportunidades no factibles son factibles.
Deseos
Lo que los individuos quieren o prefieren hacer, este elemento interactúa con el conjunto de oportunidades.

FUENTE: CARO, Nelly (2005). Ibid. Pp. 5 y 6.

En este caso de estudio partimos desde el análisis de la reforma a la Ley del IMSS, aquí los condicionamientos **externos** son la existencia de una profunda crisis económica nacional que busca ser atenuada con una libre flotación del tipo de cambio. La crisis inicia en diciembre de 1994 a 20 días de haber asumido el cargo presidencial el Dr. Ernesto Zedillo Ponde De

León, quien a sugerencia de su Secretario de Hacienda y Crédito Público, Jaime Serra Puche, devalúa el peso, ampliando la banda de flotación en un 15.12%. Esta situación originó que se afectaran las tasas de interés, quebraran bancos, se provocara la fuga de capitales y entrara México en la crisis económica, monetaria y financiera más difícil de su historia, conocida luego como "efecto tequila", la cual repercutió en otros países[71].

Como condicionantes internos, tenemos que las **creencias** eran que ante la insostenibilidad financiera del IMSS, lo urgente era una reforma a la ley de seguridad social que trajera fortalecimiento y seguridad a las pensiones de los trabajadores; para ello, recurren a una privatización mediante la creación de las Afore y Siefore, que han sido manejadas por bancos nacionales, extranjeros y el IMSS[72]. Un argumento manejado fue que las Afore garantizaban crear una cultura del ahorro interno, aunque el trabajador no estaba informado[73].

En un inicio, algunos actores sociales no deseaban la participación del IMSS en las Afore, argumentando que la reforma experimentada era consecuencia del mal manejo que había tenido tiempo atrás la Institución.

Otro punto de conflicto consistía en saber si se debería permitir o no la participación extranjera en la creación de las Afore. Actores políticos y sociales se enfrentaron en el tema debido a que el invertir los capitales en un negocio productivo, era de interés de grupos internacionales. Otro fue el referente al nombramiento de los miembros de la Junta de Gobierno de la Consar[74]. Los integrantes tenían el deber de garantizar la participación de los sectores interesados.

Una siguiente cuestión se cifró en preguntar qué pasaría con los trabajadores que no quisieran invertir sus ahorros en una Afore. Para ello, se estableció que sus recursos serían destinados a una cuenta concentradora constituida en el Banco de México (Banxico), la cual traspasaría en el 2000 los montos, de forma equitativa, a las instituciones bancarias que tuvieran mayor afiliación. Otra cuestión fue que los actores políticos esperaban que se

---

[71]   BORJÓN NIETO, José J., (2002), *Caos, orden y desorden – en el sistema monetario y financiero internacional*, Plaza y Valdés, México. Pp. 157-158.

[72]   Actualmente, con la reforma a la Ley del ISSSTE, también participa este en la administración de las Afores.

[73]   Esta situación se presentaba no por la falta de información, sino porque la cultura del trabajador mexicano es no preocuparse por estas cuestiones. Muchos de ellos, en la actualidad no saben en qué Afore depositaron sus ahorros.

[74]   Cuando se presentaron las controversias, el punto de acuerdo fue sacar de la Junta de Gobierno al Secretario de Sedesol y ampliar de 11 a 13 integrantes, lo cual agregaría la presencia de dos representantes del sector obrero y uno empresarial.

cumpliera el proceso en los tiempos establecidos, pero no fue así. Por presiones tanto internas como externas, el proceso se retrasó seis meses (argumentando que se tendría un mayor control si los trabajadores se registraban mediante su Clave Única de Registro de Población (Curp), entre otros factores, pero en la realidad esta situación representó un alto costo a los bancos).

Los **deseos** observados se tradujeron en una imposición por parte del Ejecutivo Federal de la Reforma a la Ley del Seguro Social. El Partido Revolucionario Institucional (PRI) contó con el apoyo del Partido Acción Nacional (PAN), iniciativa privada, instituciones bancarias nacionales e internacionales, así como el Banco Mundial.

La **decisión** que tomaron los actores políticos y sociales fue el llevarla a cabo, en la actualidad, aún con la reforma, se tiene como **resultado**[75] que continúa la insostenibilidad financiera del IMSS.

La **elección intertemporal** que realizó el Congreso de la Unión al aprobar la reforma a la Ley del Seguro Social se basó en un cálculo a largo plazo, sin intervenir en rubros deficitarios de corto plazo. Para ello, aprobándola, comenzó el trabajo legislativo de la elaboración de reglamentos que regularan los Sistemas de Ahorro para el Retiro (SAR), Instituto del Fondo Nacional de Vivienda para los Trabajadores (Infonavit), etc. Entre los rubros de corto plazo, nunca se tomó en cuenta el hecho que nuestro sistema financiero depende en gran medida del exterior, y una crisis financiera internacional repercute en los mercados mexicanos, ocasionando estragos en nuestra economía.

No se esperó que las Afore comenzaran a fusionarse o incluso que pudieran desaparecer, ocasionando reajustes al interior de los bancos, los cuales se encontraban sujetos a la reglamentación existente[76]. La Consar regula a las Afores y Siefores, pero en un principio, el negocio próspero que se observó ante una afiliación exitosa (casi el 100% de los trabajadores durante el primer año de funcionamiento), no vislumbró que para lograr estos objetivos, los bancos tenían que violar la Reglamentación de los SAR, lo que les ocasionaba multas[77].

---

[75]   Otros resultados son una disminución en la calidad de los servicios otorgados por el IMSS a los trabajadores, aumento en el precio de los medicamentos, la no creación de nuevas plazas, entre otros.

[76]   Iniciaron operaciones 17 Afores. Al año siguiente se disminuyeron en 13, luego en 11. Actualmente se tienen en funciones 21 Afores: Actinver, Afirme Bajío, Ahorra Ahora, Argos, Azteca, Banamex, Bancomer, Banorte Generali, Coppel, De la Gente, HSBC, Inbursa, ING, Invercap, Ixe, Metlife, Principal, Profuturo GNP, Santander, Scotia, XXI.

[77]   Las Afore exitosas no son aquellas que presentan la comisión más baja sino las que otorgan mejor servicio al trabajador.

La **preferencia revelada** de los actores políticos y sociales fue el llevar a cabo la reforma, sin considerar los costos que traería consigo. Sólo se esperaba obtener como resultado a largo plazo la sostenibilidad financiera del IMSS.

El **camino de dependencia (path dependency)** nos permite reconstruir los hechos de adelante hacia atrás, es decir, desde la insostenibilidad financiera actual que enfrenta el IMSS hasta la aprobación de la reforma a la Ley del Seguro Social. Para ello, en el apartado *2.3* abarcaremos los años de 1995 a 1997, por ser el periodo en que se elaboraron sus iniciativas así como la aprobación y creación de las Afore que deberían constituirse de conformidad con los planes de capitalización preparados para fomentar el ahorro.

2.2 Hipótesis del Tema de Estudio

El problema de insostenibilidad financiera de los sistemas de seguridad social persiste en la medida en que las reformas implementadas se orientaron hacia resultados que se obtendrían a largo plazo, por tanto, no se intervino los rubros deficitarios de corto plazo. Tampoco se intervinieron en medidas de corto plazo debido a la resistencia de los grupos de interés que iban a ver afectados por las mismas.

Gráfica No. 6: Hipótesis de la investigación

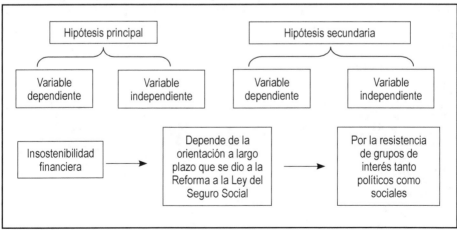

FUENTE: Elaboración propia.

Variables independientes
_Resistencia de los grupos de interés: Analizar a los actores políticos y sociales permite comprender el proceso de formulación de la reforma a la Ley del Seguro Social, así como el funcionamiento del sistema pensionario.
    Actores Políticos
    Actores Sociales
_Orientación a largo plazo de la Reforma a la Ley del Seguro Social.
    Separación de las cuotas y aportaciones de los trabajadores activos de la ley anterior con respecto a los de la nueva ley.
    Aumento de la edad de jubilación y años de antigüedad.

Variable dependiente
_Insosteniblidad financiera.
    Déficit del presupuesto destinado para el pago a pensionados y jubilados

2.3 Análisis de los Actores Políticos y Sociales en la Reforma a la Ley del IMSS

La reforma a la Ley del Seguro Social se derivó de un proceso de negociaciones y acuerdos entre el sector público y el sector privado para la conformación de los instrumentos de captación del ahorro de los trabajadores afiliados al IMSS.

Esta reforma la analizamos en una perspectiva diacrónica que considere el proceso durante el cual se formuló la nueva Ley, los actores políticos y sociales que intervinieron durante los hechos, así como los espacios de negociación en que se llevó a cabo, para que así podamos comprender el por qué de la situación.

Tabla No. 12: Proceso de formulación de la Reforma a la Ley del Seguro Social

Periodo	25 de enero de 1995	Diciembre de 1995	20 de marzo de 1996	25 de abril de 1996	Octubre de 1996	1 de julio de 1997
Proceso	Diagnóstico del IMSS	Iniciativa de Reforma	Iniciativa de Ley de los SAR	Ley para creación de Afores	Reglamento a la Ley de los SAR y Constitución de Afores	Entra en vigor la Ley del Seguro Social

Actores	IMSS	Partidos políticos, iniciativa privada, sindicatos, IMSS, Poder Ejecutivo Federal	Ejecutivo Congreso de la Unión	Partidos políticos, iniciativa privada, Congreso de la Unión	Consar, bancos nacionales e internacionales, BM, Ejecutivo Federal	Trabajadores afiliados al IMSS
Espacios de negociación	Esfera pública	Esfera pública, Cámara de Diputados y esfera privada	Esfera pública	Congreso de la Unión, esfera pública y privada	Esfera pública, privada, organismos internacionales.	Esfera pública

FUENTE: Elaboración propia.

Se observa que el proceso inicia en el año de 1995 a partir del diagnóstico presentado por el IMSS acerca de la insostenibilidad financiera del instituto; posteriormente se presenta la iniciativa de reforma de la Ley del Seguro Social, de la Ley de los SAR, para la creación de Afores y sus correspondientes reglamentos. Concluimos con la entrada en vigor de la Ley del Seguro Social. Durante este proceso se encuentran involucrados los actores que debaten con la finalidad de proteger sus intereses, entre ellos los partidos políticos, sindicatos, el IMSS, el poder ejecutivo, los diputados, la Consar, los bancos, el Banco Mundial y otros. Las esferas de negociación fueron tanto en el ámbito público como el privado.

Tabla No. 13: Conformación de los actores políticos y sociales en la reforma a la Ley del Seguro Social

Actores Políticos	Actores sociales		
	Económicos	Sindicales	Organismos internacionales
PRI (Derecha)	Iniciativa privada, instituciones bancarias nacionales e internacionales		Banco Mundial
PAN (Centro)			
Partido de la Revolución Democrática (PRD) (Izquierda)		Sindicatos	
Partido del Trabajo (PT) (Centro-izquierda)			

FUENTE: Elaboración propia.

La tabla anterior nos permite adentrarnos a definir cuáles fueron los actores políticos y sociales que intervinieron en las negociaciones. Dentro de los actores políticos observamos posturas de centro, izquierda y derecha; en tanto dentro de los sociales los agrupamos bajo tres esferas a los actores sociales, como actores económicos, sindicales y organismos internacionales.

Tabla No. 14: Propuesta de los actores políticos y sociales para la reforma a la Ley del Seguro Social.

Actores políticos y sociales	Propuestas	
PRI	PAN y PRI de acuerdo en planteamientos	
PAN		
PRD	En oposición a la Reforma	PRD, PT y sector obrero del PRI estaban en contra de la participación extranjera en las Afore
PT	En oposición a la Reforma	
Iniciativa privada	A favor de la Reforma Canacintra[78], Concamin[79], Concanaco[80], el Consejo Coordinador Empresarial (CCE), la Comisión Nacional Bancaria y de Valores (CNBV). En contra de la Reforma estaba el Instituto Mexicano de Ejecutivos en Finanzas (IMEF)	
Instituciones bancarias nacionales	Banxico, Consar. El sector bancario estaba en desacuerdo que el IMSS tuviera Afore: Bancomer[81], Banamex[82] (el director adjunto de Banamex también era subgobernador de Banxico), Serfin, Inverlat, Santander, ING Baring	
Instituciones bancarias internacionales	Deseaban participar, que se tuviera preferencia por encima de los demás países, a los países firmantes con México en Tratados de Libre Comercio. Asociación de Instituciones Financieras Internacionales (el presidente, también era vicepresidente de banca extranjera de la Asociación de Banqueros de México). Administradora de Fondos de Pensiones (AFP) chilenas.	
Sindicatos	IMSS en contra a la Reforma, SNTSS[83] preocupado por comisiones que cobrarían Afores.	
Banco Mundial	Asumen la postura de apoyar financieramente a las Afore que lo soliciten a la Corporación Financiera Internacional (CFI)	

FUENTE: Elaboración propia..

---

[78] Cámara Nacional de la Industria de Transformación
[79] Confederación de Cámaras Industriales
[80] Confederación de Cámaras Nacionales de Comercio, Servicios y Turismo
[81] Banco de Comercio.
[82] Banco Nacional de México.
[83] Sindicato Nacional de Trabajadores del Seguro Social.

La naturaleza de cada una de las propuestas de los actores fue diversa, cada quien expresaba sus argumentos ideológicos, económicos y políticos por los cuales se encontraban en diferencia con los otros interesados. La postura que prevaleció fue la expresada por el ejecutivo y los partidos mayoritarios del Congreso. Existió oposición pero fue sofocada por la unidad y número asumido por las fracciones del PRI y PAN. En la tabla anterior se presentan los argumentos de cada uno de los actores participantes en el proceso de reforma a la Ley del Seguro Social.

2.4 Análisis Financiero del IMSS. 1998-2012

2.4.1 Situación Actual

En 2009[84], 14.9 millones de trabajadores del sector privado (30.7% de la PEA), cotizó en el IMSS; 2.7 millones de trabajadores del sector público central (5.5% de la PEA), en el ISSSTE; y, 631 mil trabajadores (1.3% de la PEA), en alguna institución de seguridad social estatal.

En 2005, se tuvo una mayor cantidad de cotizantes, el 52.4% de la PEA se encontraba afiliada al IMSS.

De acuerdo a estas cifras, la población que no tiene acceso a la seguridad social se debe a que trabaja en instituciones públicas en las cuales la seguridad social la contempla otra ley, o bien, es trabajador informal, o labora mediante contrato por un determinado periodo y no crea antigüedad.

El IMSS brinda seguridad social a través de dos regimenes: El obligatorio y el voluntario[85]. En el obligatorio, el trabajador puede ser afiliado al instituto por su patrón debido a la relación laboral existente. Mientras que el voluntario depende de una decisión individual o colectiva que no es producto de una obligación patronal.

El obligatorio comprende los seguros de riesgos de trabajo; enfermedades y maternidad, invalidez y vida; retiro, cesantía en edad avanzada y vejez y; guarderías y prestaciones sociales. El voluntario

---

[84]   Estos datos se encuentran actualizados al año 2009, de acuerdo al documento de referencia que es la *Encuesta Nacional de Empleo y Seguridad Social (ENESS) 2009* del INEGI.

[85]   Artículo 6, Ley del Seguro Social.

lo integran los ramos de seguro de salud para la familia; seguro para estudiantes y otros seguros.

Tabla No. 15: Tasa de contribución por ramo de aseguramiento en 2012 como porcentaje del SBC1/

Tipo de seguro	Patrones	Trabajadores	Gobierno Federal	Total
Enfermedades y maternidad	6.784	0.749	3.560	**11.093**
Asegurados	5.734	0.374	3.485	9.593
Pensionados	1.050	0.375	0.075	1.500
Invalidez y vida	1.750	0.625	0.125	2.500
Riesgos de trabajo2/	1.868	0.000	0.000	1.868
Guarderías y prestaciones sociales	1.000	0.000	0.000	1.000
Retiro, cesantía en edad avanzada y vejez3/	5.150	1.125	1.726	8.001
Total	16.552	2.499	5.411	24.462

1/ Cálculos con base en el salario promedio de los trabajadores asegurados en el IMSS, cifra igual a 270.9 pesos en diciembre de 2012. Otras metodologías podrían generar valores diferentes.
2/ Información básica anual de riesgo de trabajo.
3/ Se incluye el SRCV por ser parte del Régimen Obligatorio, aunque no es administrado por el IMSS.
FUENTE: IMSS.

El IMSS se financia con contribuciones tripartitas equivalentes a un 24.462% de la nómina, siendo un 8.001% parte del SRCV y un 16.461% al financiamiento de los seguros del régimen ordinario administrado por el IMSS: Enfermedades y Maternidad (SEM), Invalidez y Vida (SIV), Riesgos de Trabajo (SRT), y su ramo de Gastos Médicos a Pensionados (GMP) y Guarderías y Prestaciones Sociales (SGPS).

2.4.2 Información Financiera. Estado de Resultados

En el proceso contable se tiene como producto final la *información financiera,* que es útil para la toma de decisiones. Dicha información se encuentra integrada de la siguiente forma:
- Evaluación de la situación financiera,
- Evaluación de la rentabilidad,
- Evaluación de la liquidez.

De acuerdo a las necesidades observadas se consideran tres informes básicos que se deben presentar, los cuales son:
- El Estado de Situación Financiera (ESF) o balance general,
- El Estado de Resultados (ER),
- El Estado de Flujo de Efectivo (EFE).

El ESF, tiene como finalidad presentar una relación de los recursos (activos), así como de las fuentes de financiamiento (pasivo y capital) de dichos recursos; el ER, informa sobre la rentabilidad observada; mientras que el EFE, da información acerca de la liquidez presentada, es una lista de las fuentes de efectivo y de sus desembolsos.

Gráfica No. 7: Informes básicos para la toma de decisiones. Informe financiero

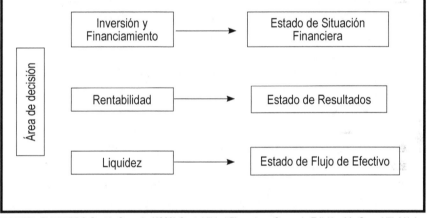

FUENTE: GUAJARDO Cantú, Gerardo (1998) Contabilidad Financiera, Segunda Edición, Mc Graw-Hill, México. P. 73.

El ER tiene como finalidad determinar el monto por el cual los ingresos contables son superiores a los gastos contables. El remanente de este informe se le conoce como *Resultado,* el cual puede ser positivo (utilidad), o bien, negativo (pérdida).

Las cuentas básicas de ingresos y gastos se encuentran en el ER, el cual resume los resultados de las operaciones realizadas durante un periodo. La diferencia existente entre ingresos y gastos viene a ser determinada en el ER y se va a reflejar posteriormente en el ESF.

2.4.3 Estado de Resultados del IMSS: 1998-2012

Anualmente, el IMSS presenta su *Memoria Estadística* en la cual da a conocer el Estado de Ingresos y Gastos por Ramo de Seguro. De acuerdo a información de la *Memoria Estadística,* los ER para el periodo de 1998-2012 presentan la siguiente rentabilidad del instituto[86]:

o   En 1998, los ingresos fueron principalmente por cuotas obrero patronales que representaron un 67.57% en relación al total de ingresos. De este porcentaje, el 66.13% provino de ingresos por enfermedad y maternidad en asegurados y pensionados. Mientras que los gastos se generaron principalmente por servicios de personal (49.66%), siendo casi en su totalidad del rubro enfermedad y maternidad en asegurados y pensionados. El excedente neto ingresos/gastos resulta superavitario si se contemplan todos los ramos de aseguramiento pero al analizar al interior del sistema se presenta déficit en invalidez y vida (-40,751);

o   En 1999, los ingresos y gastos registran un comportamiento similar al presentado el año anterior, en tanto el excedente neto ingresos/ gastos resulta superavitario en general, pero al interior los ramos deficitarios son enfermedad y maternidad (-1,672,223) y seguro para la familia (-232,196);

o   En 2000, los ingresos por cuotas obrero patronales son superiores a los años anteriores (73.16%), se percibe una sensible disminución en el concepto otros ingresos, con respecto al año anterior (pasó de 12.84% a 5.25%). Respecto a los gastos no se observa un cambio en su comportamiento y el excedente neto ingresos/gastos registra resultado superavitario, siendo a su interior los ramos de aseguramiento deficitarios enfermedad y maternidad (-799,524) y seguro para la familia (-430,448);

o   En 2001, ingresos y gastos presentan un comportamiento similar al del año anterior, en tanto que el excedente neto ingresos/gstos es ligeramente superavitario, siendo sus ramos de aseguramiento que presentan déficit enfermedad y maternidad (-3,789), invalidez y vida (-368) y seguro para la familia (-652);

---

[86]   Véase Anexo Tablas No. 16-30: Estado de Ingresos y Gastos por Ramo de Seguro. Nota: las cifras se encuentran en miles de pesos, sólo para los años 2001, 2003 y 2004 se registran en millones de pesos.

o En el año de 2002, no se registran cambios en los ingresos y gastos, mientras que el excedente neto ingresos/gastos es superavitario, sus ramos que presentan déficit son enfermedad y maternidad (-8,293,302), guarderías y prestaciones sociales (-1,603,385), seguro para la familia (-762,595);

o En el año de 2003, tampoco registran cambios en su comportamiento los ingresos y gastos, en tanto que el excedente neto ingresos/gastos es superavitario, sus ramos de aseguramiento con déficit fueron enfermedad y maternidad (-14,040), guarderías y prestaciones sociales (-2,433) y seguro para la familia (-337);

o En el año de 2004, los ingresos y gastos no presentan cambios en su comportamiento, mientras que el excedente neto ingresos/gastos es superavitario, sus ramos de aseguramiento con déficit fueron enfermedad y maternidad (-14,270,399), guarderías y prestaciones sociales (-2,985,594) y seguro para la familia (-281,980);

o En el año 2005, no registraron cambios los ingresos y gastos, en tanto que el excedente neto ingresos/gastos fue superavitario, sus ramos de aseguramiento con déficit fueron enfermedad y maternidad (-15,081,355) y seguro para la familia (-2,813,014).

o En el año 2006, continúan siendo deficitarios los rubros de enfermedad y maternidad (-25,325,597), seguro para la familia (-3,072,406) y se suma a ello guardería y prestaciones sociales (-249,967).

o En el año 2007, estos tres rubros se encuentran en estado deficitario, enfermedad y maternidad (-33,438,425), guardería y prestaciones sociales (-533,234) y seguro para la familia (-3,664,303).

o En el año 2008, se mantiene la misma situación, son deficitarios enfermedad y maternidad (-30,015,397), guardería y prestaciones sociales (-316,748) y seguro para la familia (-4,081,115).

o En el año 2009, similar situación tenemos con el rubro de enfermedad y maternidad (-293,606,011), guardería y prestaciones sociales (-380,691) y seguro para la familia (-3,822,268).

o En el año 2010, se muestran deficitarios los rubros de enfermedad y maternidad (-30,382,979) y seguro para la familia (-4,100,566), mientras que el rubro de guardería y prestaciones sociales tuvo un cambio favorable, mostrando un superávit.

o En el año 2011, los rubros de enfermedad y maternidad (-94,236,156) y seguro para la familia (-45,197,715), siguen siendo deficitarios.

○   Finalmente, en el año 2012, enfermedad y maternidad (-40,779,162)
y seguro para la familia (-5,290,696), se mantienen deficitarios.

Del análisis de la información financiera anterior, observamos que
existe déficit en los ramos de aseguramiento de enfermedad y maternidad,
así como de seguro para la familia. No dejamos de lado que, rubros como
invalidez y vida, y guarderías y prestaciones sociales, han registrado saldos
negativos en ejercicios anteriores, así que es necesario vigilar atentamente
su eficiencia. Pasemos ahora a analizar el desenvolvimiento de las Afore y
Siefore producto de la reforma a la Ley del Seguro Social.

2.5 Resultados Financieros de las Afores y Siefores. 1998-2012

Con la finalidad conocer el desempeño que ha tenido el sistema de
pensiones, se recurrió a la construcción de un modelo econométrico
mediante el análisis de series de tiempo a través de rezagos distribuidos[87].

La base de datos se integró por 34 variables[88] relativas a información
respecto a afiliados, comisiones, rendimientos, SAR '92, situación financiera,
las cuales son:

•   Producto Interno Bruto (PIB) a precios de 1993 (PIB)
•   Población Ocupada (PO)
•   Trabajadores Registrados (TRAB)
•   Tasa de Interés Gubernamental (TINT)
•   Comisión/Saldo (CS)
•   Comisión/Flujo (CF)
•   Indicador de Rendimiento Neto Real (IRN)
•   Depósito en la Subcuenta de Retiro IMSS (DSR)
•   Depósito en la Subcuenta de Vivienda (DSV)
•   Retiro en la Subcuenta de Retiro IMSS (RSR)
•   Retiro en la Subcuenta de Vivienda (RSV)
•   Fondos SAR '92 Retiro (SARR)

---

[87]   Para realizar el análisis de series de tiempo tomamos en consideración un proceso
estocástico o aleatorio que es una colección de variables aleatorias ordenadas en el tiempo.
GUJARATI, Damodar N. (2003) *Econometría,* Mc Graw-Hill, Cuarta Edición, México. P. 771.

[88]   En el lapso de 1998-2006, se registraron 34 variables con 34 observaciones, teniendo una
periodicidad trimestral.

- Fondos SAR '92 Infonavit (SARV)
- Total Activo Afore (ACTA)
- Total Pasivo Afore (PASA)
- Total Capital Contable Afore (CAPCONTA)
- Pasivo más Capital Contable Afore (PASMCAPA)
- Total Ingresos Afore (INGRA)
- Total Egresos Afore (EGREA)
- Utilidad Neta Afore (UTILNETA)
- Total Activo Siefore (ACTS)
- Total Pasivo Siefore (PASS)
- Total Capital Contable Siefore (CAPCONTAS)
- Pasivo más Capital Contable Siefore (PASMCAPS)
- Total Ingresos Siefore (INGRS)
- Total Egresos Siefore (EGRES)
- Utilidad Neta Siefore (UTILNETS)
- Total Activo Siefore Ahorro Voluntario (ACTSAV)
- Total Pasivo Siefore Ahorro Voluntario (PASSAV)
- Total Capital Contable Siefore Ahorro Voluntario (CAPCSAV)
- Pasivo más Capital Siefore Ahorro Voluntario (PMCSAV)
- Total Ingresos Siefore Ahorro Voluntario (INGSAV)
- Total Egresos Siefore Ahorro Voluntario (EGRESAV)
- Utilidad Neta Siefore Ahorro Voluntario (UTNSAV)

Gráfica No. 8: Variables relativas a Afores y Siefores 1998-2006 (trimestralmente)

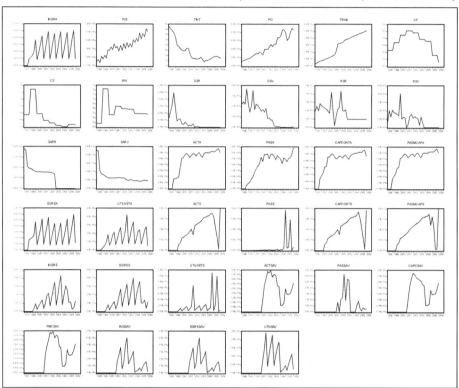

FUENTE: Elaboración propia con base en datos obtenidos de la Consar.

El gráfico anterior nos permite observar el comportamiento que ha tenido cada una de las variables[89] utilizada para el modelo, durante el periodo de análisis. La tendencia que observan las variables es de crecimiento, sólo en el caso de la Comisión sobre Flujo es la única que presenta una caída constante[90]. Para ahondar en el análisis será necesario observar el comportamiento de los datos con respecto al Total de Ingresos de las Afore y el Total de Egresos de las Afore.

---

[89]   Las variables se encuentran deflactadas a precios de 1993, es decir, se transformaron sus valores corrientes a un año base para así aislar los efectos de la inflación y obtener su valor a precios constantes.

[90]   Existen otras variables que presentan en su último trimestre una caída pero, a diferencia de la CF, las primeras presentan un comportamiento fluctuante, mientras que la CF inicialmente mostraba una tendencia alcisista, llega a un punto máximo y posteriormente presenta una caída abrupta.

Se realiza un análisis de la serie de tiempo, la cual nos permitirá determinar la situación que registran la utilidad neta, los ingresos y egresos de las Afore, porque nos interesa llegar a conocer la sustentabilidad financiera del sistema a través de su estado de resultados.

La revisión se realizará de acuerdo a dos periodos, en el primero se considerará el periodo 1998-2006[91], que fue posterior a la reforma a la Ley del IMSS y previo a la reforma a la Ley del ISSSTE, posteriormente se correrá el modelo para el periodo completo, de 1998-2012[92], en donde las Afores corresponden a ambas instituciones de seguridad social.

Las variables consideradas en los modelos corresponden a una *tendencia secular*. Richard I. Levin menciona que en la tendencia secular, el valor de la variable tiende a aumentar o disminuir en un periodo muy largo. El incremento estable en los costos de vida registrados en el Índice de Precios al Consumidor (IPC) es un ejemplo de la tendencia secular. De un año a otro, el costo de vida varía bastante, pero si examinamos un periodo a largo plazo, la tendencia tiende a aumentar de manera estable[93].

También Levin menciona que existen tres razones para estudiar las tendencias seculares:

1) El estudio de tendencias seculares nos permite describir un patrón histórico;
2) El estudio de tendencias seculares nos permite proyectar patrones o tendencias pasados al futuro;
3) En muchas situaciones, el estudio de la tendencia secular de una serie de tiempo nos permite eliminar la componente de tendencia de la serie[94].

La primer razón es necesaria para el caso de las Afore porque se tienen los datos históricos del periodo de 1998-2012 y sería útil conocer cuál ha sido el resultado registrado durante estos 14 años que ha operado el sistema de previsión de capitalización individual en México. La segunda

---

[91] Véase Tabla No. 31: Afiliados, comisiones, rendimientos, SAR '92 y situación financiera de las Afore y Siefore (1998-2006), en el Anexo Estadístico.
[92] Véase Tabla No. 32: Utilidad Neta, Ingresos y Egresos de las Afores (1998-2012), en el Anexo Estadístico.
[93] LEVIN, Richard I. y RUBIN, David S. (2004) *Estadística para Administración y Economía*, Pearson Educación, Séptima Edición, México. P. 675.
[94] Ibid. P. 677.

razón también es válida para el estudio debido a que se podría observar si existe un patrón o tendencia que podría repetirse a futuro. La tercera razón no la consideraremos porque esta se remite al análisis de una variable de variación estacional no a una tendencia, por ello se argumenta que al eliminar la componente de tendencia se observa de manera más precisa que ocurre con la componente estacional.

UTILNETA

En este caso se toma la siguiente ecuación:

$$UTILNETA = INGRA - EGREA$$

El resultado obtenido es el siguiente:

Variable dependiente: UTILNETA
Método: Mínimos cuadrados
Muestra: 1998:4 2006:1
Observaciones incluidas: 30

Variable	Coeficiente	Error estándar	Estadístico-t	Probabilidad
C	-8041419.	88217002	-0.091155	0.9280
EGREA	-0.745080	0.106659	-6.985595	0.0000
INGRA	0.716257	0.058349	12.27530	0.0000

R-cuadrada	0.951428	Media de la variable dependiente		1.63E+09
R-cuadrada ajustada	0.947830	Desviación est. de la v. dependiente		1.00E+09
Error estándar de la regresión	2.28E+08	Criterio de información Akaike		41.42628
Suma de los residuales al cuadrado	1.41E+18	Criterio Schwarz		41.56640
Log likelihood	-618.3941	Estadístico-F		264.4381
Estadístico Durbin-Watson	1.970850	Prob(F-statistic)		0.000000

Ecuación estimada:
UTILNETA = C(1) + C(2)*EGREA + C(3)*INGRA

Sustitución de coeficientes:
UTILNETA = -8041419.172 - 0.7450795332*EGREA + 0.7162574904*INGRA

Si la economía no generara producción, no se trabajara, las Afore no tuvieran ninguna utilidad y, por lo tanto, tampoco ingresos y egresos, las Afore requerirían de un desembolso de 8 millones 41 mil 419 pesos cada trimestre. Si el egreso de las Afore aumenta un 1%, la utilidad neta disminuye un 0.74%, mientras que si aumenta un 1% el ingreso de las Afore, la utilidad neta aumenta en un 0.71%.

Tres pruebas a realizar para probar la validez del modelo son:

- Autocorrelación[95],
- Multicolinealidad[96],
- Heterocedasticidad[97].

En el modelo anterior no existe autocorrelación porque el estadístico Durbin-Watson es cercano a 2. Tampoco se presenta multicolinealidad debido a que los parámetros son significativos aún cuando la R-cuadrada es del 95%.

La heterocedasticidad es probada con la prueba de white, mediante una regresión auxiliar, a través de la siguiente ecuación:

$$U2 = c + ingra + egrea + ingra2\ egrea2 + ingra*egrea$$

A continuación, observemos el resultado obtenido mediante el cálculo de la ecuación anterior.

---

[95] Si el término de error de un período está correlacionado positivamente con el término de error del período anterior, estamos ante un problema de *autocorrelación* (positiva de primer orden). Este problema es frecuente en los análisis de series temporales y da lugar a errores estándar sesgados hacia abajo (y, por tanto, a contrastaciones estadísticas e intervalos de confianza incorrectos). SALVATORE, Dominick y Reagle, Derrick (2004) *Estadística y Econometría,* Mc Graw-Hill, España, p. 231.

[96] La multicolinealidad se presenta cuando dos o más variables explicativas del modelo de regresión están muy correlacionadas entre sí, lo que hace difícil o imposible aislar sus efectos individuales sobre la variable dependiente. Los coeficientes estimados mínimos cuadrados ordinarios pueden ser estadísticamente insignificativos a pesar de que el R-cuadrada puede ser "elevado". La multicolinealidad puede superarse, o reducirse, en algunas ocasiones, recopilando más datos, utilizando información a priori, transformando la relación funcional o sacando de la regresión una de las variables muy correlacionadas. Ibid, p. 229.

[97] Cuando no se cumple el supuesto de mínimos cuadrados ordinarios de que la varianza del término de error es constante para todas las observaciones nos encontramos ante un problema de *heterocedasticidad.* Lo que da lugar a estimadores insesgados pero ineficientes (con una varianza mayor que la varianza mínima), así como a estimadores sesgados de los errores estándar (y, por tanto, a contrastaciones estadísticas y a intervalos de confianza incorrectos). Ibid, p. 230.

Prueba White Heteroskedasticity:

Estadístico-F	1.764566	Probabilidad	0.158436
Obs*R-cuadrada	8.064049	Probabilidad	0.152741

Variable dependiente: ERR^2
Método: Mínimos cuadrados
Muestra: 1998:4 2006:1
Observaciones incluidas: 30

Variable	Coeficiente Probabilidad	Error estándar	Estadístico-t	
C	7.74E+16	1.47E+17	0.527261	0.6029
INGRA	-1.64E+08	1.36E+08	-1.209052	0.2384
EGREA	2.21E+08	2.27E+08	0.974123	0.3397
INGRA^2	-0.005980	0.056937	-0.105021	0.9172
EGREA^2	-0.135084	0.213927	-0.631450	0.5337
INGRA*EGREA	0.095542	0.219037	0.436191	0.6666

R-cuadrada	0.268802	Media de la variable dependiente	4.70E+16
R-cuadrada ajustada	0.116469	Desviación est. de la v. dependiente	1.89E+17
Error estándar de la regresión	1.78E+17	Criterio de información Akaike	82.45085
Suma de los residuales al cuadrado	7.57E+35	Criterio Schwarz	82.73109
Log likelihood	-1230.763	Estadístico-F	1.764566
Estadístico Durbin-Watson	2.006503	Prob(F-statistic)	0.158436

Regresión auxiliar:
ERR^2 = C(1) + C(2)*INGRA + C(3)*EGREA + C(4)*(INGRA^2) + C(5)*(EGREA^2) + C(6)*(INGRA*EGREA)

De acuerdo a la prueba de white, no existe problema de heterocedasticidad. El modelo lo probamos a través del cálculo de n*R-cuadrada y, una vez obtenido el resultado se verifica que la X^2 sea mayor, es decir, que n*R-cuadrada sea menor que la X^2 en tablas. Tenemos que, las 30 observaciones, al ser multiplicadas por la R-cuadrada nos da un valor de 8.06406, con 5 grados de libertad. El valor en tablas de X^2 con 5 grados de libertad y un nivel de significancia de 0.05 es de 11.07, por tanto, no hay heterocedasticidad.

De forma alterna, es conveniente que incluyamos un análisis del modelo original por medio del cálculo de los logaritmos naturales de cada una de sus variables, con la finalidad de obtener un resultado más preciso debido a que por este método obtendremos sus elasticidades.

La elasticidad es la variación porcentual de una variable "x" en relación a una variable "y". Si la variación es pequeña (menor a la unidad), existe inelasticidad; por el contrario, si la variación es grande (mayor a la unidad), existe elasticidad.

Variable dependiente: LOG(UTILNETA)
Método: Mínimos cuadrados
Muestra: 1998:4 2006:1
Observaciones incluidas: 30

Variable	Coeficiente	Error estándar	Estadístico-t	Probabilidad
C	-4.383208	1.135213	-3.861133	0.0006
LOG(EGREA)	-1.838076	0.174735	-10.51920	0.0000
LOG(INGRA)	2.928893	0.179990	16.27257	0.0000

R-cuadrada	0.956017	Media de la variable dependiente	20.97595
R-cuadrada ajustada	0.952759	Desviación est. de la v. dependiente	0.774967
Error estándar de la regresión	0.168439	Criterio de información Akaike	-0.629845
Suma de los residuales al cuadrado	0.766037	Criterio Schwarz	-0.489725
Log likelihood	12.44767	Estadístico-F	293.4360
Estadístico Durbin-Watson	0.960074	Prob(F-statistic)	0.000000

Ecuación estimada:
LOG(UTILNETA) = C(1) + C(2)*LOG(EGREA) + C(3)*LOG(INGRA)

Sustitución de coeficientes:
LOG(UTILNETA) = -4.383208055 - 1.838075608*LOG(EGREA) + 2.928892953*LOG(INGRA)

Si las Afore no generaran producción, no existieran ingresos ni egresos en su sistema, requerirían de un egreso de 4.38%. Si aumentaran los egresos en 1%, la utilidad neta disminuiría en 1.83%; en tanto que si aumentaran los ingresos en 1% la utilidad neta aumentaría en un 2.93%.

Podemos concluir que la utilidad responde mejor a los ingresos que a los egresos. Como consideramos los valores absolutos de cada variable, para generar mayores utilidades netas en las Afores es aconsejable aplicar una política que incentive el aumento de los ingresos de las mismas.

Ahora, vamos a analizar los datos, para conocer cuál es el comportamiento observado por las variables desde el periodo de 1998 a 2012.

Variable dependiente: UTILNETA
Método: Mínimos cuadrados
Muestra: 1998:4 2012:4
Observaciones incluidas: 57

Variable	Coeficiente	Error estándar	Estadístico-t	Probabilidad
C	0.007304	0.022171	0.329450	0.7431
INGRA	1.000000	3.46E-09	2.89E+08	0.0000
EGREA	-1.000000	4.82E-09	-2.08E+08	0.0000

R-cuadrada	1.000000	Media de la variable dependiente	7787090.
R-cuadrada ajustada	1.000000	Desviación est. de la v. dependiente	5314828.
Error estándar de la regresión	0.084320	Criterio de información Akaike	-2.057210
Suma de los residuales al cuadrado	0.383928	Criterio Schwarz	-1.949681
Log likelihood	61.63050	Estadístico-F	1.11E+17
Estadístico Durbin-Watson	2.049083	Prob(F-statistic)	0.000000

Ecuación estimada:
UTILNETA = C(1) + C(2)*EGREA + C(3)*INGRA

Sustitución de coeficientes:
UTILNETA = 0.007304 - 1.000000*EGREA + 1.000000*INGRA

Al interpretar los datos tenemos que el coeficiente de determinación, R-cuadrada de 1 nos muestra la existencia de una correlación perfecta, es decir, la recta de regresión es un estimador perfecto.

En la prueba de la validez del modelo tenemos que el estadístico Durbin-Watson es de 2, por tanto, no existe autocorrelación. En los resultados observamos que no existe multicolinealidad por tanto, es mayor el poder predictivo del modelo.

Estas variables se encuentran influidas por los sucesos económicos que han ocurrido durante el periodo en nuestro país. Una primer diferencia, entre la primera corrida de datos (1998-2006) es que fue cuando se implementó la capitalización de cuentas individuales, en el cálculo de la segunda regresión lineal (1998-2012) tenemos consideradas las reformas a la Ley del IMSS e ISSSTE.

Prueba White Heteroskedasticity:

Estadístico-F	14.78218	Probabilidad	0.000000
Obs*R-cuadrada	33.72741	Probabilidad	0.000003

Variable dependiente: RESID^2
Método: Mínimos cuadrados
Muestra: 1998:4 2012:4
Observaciones incluidas: 57

Variable	Coeficiente	Error estándar	Estadístico-t	Probabilidad
C	1.450454	1.152255	1.258796	0.2138
INGRA	2.21E-07	4.72E-07	0.468730	0.6413
INGRA^2	-8.30E-14	2.79E-14	-2.973132	0.0045
INGRA*EGREA	2.29E-13	7.64E-14	2.993960	0.0042
EGREA	-6.61E-07	6.65E-07	-0.993890	0.3250
EGREA^2	-1.41E-13	5.35E-14	-2.637102	0.0111

R-cuadrada	0.591709	Media de la variable dependiente	2.163415
R-cuadrada ajustada	0.551680	Desviación est. de la v. dependiente	4.321386
Error estándar de la regresión	2.893456	Crterio de información Akaike	5.062081
Suma de los residuales al cuadrado	426.9765	Criterio Schwarz	5.277139
Log likelihood	-138.2693	Estadístico-F	14.78218
Estadístico Durbin-Watson	1.955791	Prob(F-statistic)	0.000000

Regresión auxiliar:
$ERR^2 = C(1) + C(2)*INGRA + C(3)*EGREA + C(4)*(INGRA^2) + C(5)*(EGREA^2) + C(6)*(INGRA*EGREA)$

En el caso anterior, tenemos que n*R-cuadrada es igual a 33.72741, con 5 grados de libertad, mientras que la X^2 en tablas, con 5 grados de libertad y un nivel de significancia de 0.05 es de 11.07, por tanto, si existe heterocedasticidad.

Ahora, este modelo, mediante el cálculo de los logaritmos naturales realizaremos una técnica de suavizado del modelado para que los valores correspondientes al ingreso y egreso de las Afores, no tengan valores extremos que pudieran afectar al momento de su cálculo.

Variable dependiente: LOG(UTILNETA)
Método: Mínimos cuadrados
Muestra: 1999:3 2012:4

Observaciones incluidas: 54

Variable	Coeficiente	Error estándar	Estadístico-t	Probabilidad
C	-2.321003	0.223269	-10.39556	0.0000
LOG(INGRA)	3.857414	0.079748	48.36990	0.0000
LOG(EGREA)	-2.854439	0.077841	-36.66990	0.0000

R-cuadrada	0.992788	Media de la variable dependiente		15.71358
R-cuadrada ajustada	0.992505	Desviación est. de la v. dependiente		0.681855
Error estándar de la regresión	0.059031	Criterio de información Akaike		-2.767544
Suma de los residuales al cuadrado	0.177720	Criterio Schwarz		-2.657045
Log likelihood	77.72370	Estadístico-F		3510.113
Estadístico Durbin-Watson	1.093950	Prob(F-statistic)		0.000000

Ecuación estimada:
LOG(UTILNETA) = C(1) + C(2)*LOG(EGREA) + C(3)*LOG(INGRA)

Sustitución de coeficientes:
LOG(UTILNETA) = - 2.321003 - 2.854439*LOG(EGREA) + 3.857414*LOG(INGRA)

Si las Afore no generaran producción, no existieran ingresos ni egresos en su sistema, requerirían de un egreso del 2.32%. Si aumentan los egresos de las Afore en 1%, la utilidad neta disminuye un 2.85%; en tanto que si aumentan los ingresos en 1% la utilidad neta se ingrementa en 3.86%.

Mediante estos modelos podemos corroborar que la rentabilidad de las Afore es positiva, por tanto, como medio de inversión para el país sí genera un rendimiento. En esta situación, es necesario considerar que si se realiza alguna adecuación al sistema de pensiones con la finalidad de otorgarle mayor sostenibilidad financiera, considerando los resultados superavitarios obtenidos en los ingresos de las Afore, sería conveniente dirigir estas reformas hacia una mayor participación del Estado en la administración de las Afore.

De esta manera, los recursos generados por las Afore permanecerían dentro del sector público y, mediante una adecuada planeación, se podrían invertir estos ingresos en obras y servicios públicos, para bien de la población mexicana.

Esta situación fue la que detectó el gobierno argentino, es por ello que, observando que gran parte de sus rendimientos quedaban en el sector privado, decidió volver a retomar el manejo y administración de los fondos pensionarios. En nuestro país, mediante un profundo análisis y bajo el consenso de los actores políticos y sociales se podría alcanzar un manejo eficiente de estos recursos financieros.

CAPITULO 3

ISSSTE

El ISSSTE brinda seguridad social a los trabajadores del Estado que se encuentran contemplados en el artículo 123, f. B, de nuestra Carta Magna. En 2007, es reformada la Ley del ISSSTE para que, al igual que el IMSS, se traslade a los trabajadores de un sistema de beneficios definidos a uno de contribuciones definidas. Esta reforma a la Ley, genera un cambio porque los trabajadores de la generación en transición tienen la opción de decidir si pasan o no al régimen de cuentas individualizadas.

Observamos que los cambios introducidos en la normatividad de seguridad social se realizaron debido al costo anual que implicaba para el Estado el pago de las pensiones a los trabajadores. Es por ello, que se consideró pertinente que ahora también los trabajadores del ISSSTE coticen en cuentas individualizadas y que, al momento en que reciban sus jubilaciones y pensiones, los montos que perciban sean de acuerdo a lo aportado durante su vida laboral.

3.1 Antecedentes

Durante el segundo periodo ordinario de sesiones del primer año legislativo, la LX Legislatura se encontraba inmersa en el proceso de iniciativa y formación de la Ley del ISSSTE. Existía una división de posturas por bloque: Por un lado, los legisladores del PAN, PRI, PVEM y Panal deseaban aprobar la nueva ley; por otro lado, se mantenía en resistencia a su aprobación el PRD, PT y Convergencia.

La iniciativa de Ley fue presentada el 15 de marzo por el diputado Samuel Aguilar Solís de la fracción del PRI.

El lunes 19 de marzo de 2007, por la noche, los legisladores trataron de alcanzar acuerdos para aprobarla al día siguiente. Ellos ofrecían analizar las propuestas del Frente Amplio Progresista (FAP), incorporando las que se mostraran viables financieramente.

El dictamen elaborado fue sometido a las comisiones congresionales, pero el bloque del PRD se retiró de las negociaciones. Los sindicatos también se mostraron en contra a la iniciativa de ley, en tanto el SNTE modificó su postura inicial y manifestó su apoyo.

Al entonces director del ISSSTE, Miguel Ángel Yunes Linares, le dieron a conocer la postura de los bloques partidistas respecto a la nueva ley. En las estadísticas institucionales que manejó el ISSSTE eran 600 mil jubilados más empleados federales los que se verían inmersos ante una reforma a su normatividad. La pensión que se les otorgaría por parte del gobierno federal sería a un total de 2.6 millones de burócratas trabajadores de la federación. Si éstos se incorporaban a la nueva ley, la Federación tenía que otorgarles de manera individual un bono por 461 pesos y en caso de que todos optaran por incorporarse al nuevo régimen, la erogación sería de 1.2 billones de pesos[98].

Se tienen 58 mil millones de pesos depositados en la banca privada que, de aprobarse la nueva ley, pasarían en un mes a un fondo denominado PENSIONISSSTE. De esta manera la banca privada dejaría de manejar los recursos del SAR que desde años atrás el gobierno federal los depositaba en cuentas individuales para cada trabajador de la federación.

Durante la visita de Michelle Bachelet al Congreso de la Unión, el martes 20 de marzo se realizó el dictamen de la primera lectura de la iniciativa de Ley. Las posturas de los legisladores fueron un poco más tendientes hacia el análisis antes de una aprobación *fast track* de la nueva ley del ISSSTE. La presidenta de la República de Chile hizo un llamado a los legisladores hacia la búsqueda de garantizar un Estado Social de Derecho que otorgara seguridad social y una pensión digna a sus trabajadores. La bancada priísta detuvo la aprobación pidiendo posponer al jueves 22 de marzo el debate y votación del dictamen.

El diputado del Panal, Manuel Pérez Cárdenas, buscó acelerar el trámite y someter a votación la ley por su carácter de "urgente y obvia resolución", los resultados fueron 198 a favor de que se discutiera y votara inmediatamente y 221 para que se aplazara al jueves.

---

[98] Al tipo de cambio del martes 20 de marzo de 2007 que era de 11.28 pesos por dólar, sería un total de 106 millones 258 mil 887 dólares lo que tendría que desembolsar gobierno federal para otorgar dicho bono a los trabajadores.

Tabla No. 33: Déficit anual del fondo de pensiones del ISSSTE

Año	*2003	*2004	*2005	2006	2007	2008	2010	2012	2020	2030	2050
Déficit	21.2	24.6	30.1	37	42	47	62	77	118	163	280

Nota: Déficit inercial, en miles de millones de pesos de 2006.
*Pesos corrientes.
FUENTE: Iniciativa de reforma a la Ley del ISSSTE.

De acuerdo con la iniciativa de reforma presentada ante la Cámara de Diputados de la LX Legislatura[99], el déficit de los fondos de pensiones y médico del ISSSTE en 2008 sería de 47 mil millones de pesos que, de no realizarse reforma a la Ley, para el año 2050 llegará a 280 mil millones de pesos aproximadamente.

Las propuestas discutidas el jueves 22 de marzo ante el Congreso de la Unión quedaron insertas en la nueva Ley del ISSSTE, las cuales fueron la creación de un fondo denominado PENSIONISSSTE, que sería el organismo encargado de administrar en un esquema de cuentas individuales las aportaciones de los trabajadores durante un periodo de 3 años, así como de aquellas personas no inscritas a este sistema pero que quisieran cotizar en dicha Afore. Una vez concluido este plazo, el trabajador podría migrar hacia una Afore privada, de así decidirlo.

> Artículo 6. Para los efectos de esta Ley, se entenderá por:
>
> ...
>
> XX. PENSIONISSSTE, el Fondo Nacional de Pensiones de los Trabajadores al Servicio del Estado, órgano desconcentrado del Instituto creado en los términos de esta Ley;
>
> ...

El Estado aumentaría sus aportaciones obligatorias de 19.75% del SBC a 25.145% y pagaría una cuota social para mejorar los servicios de salud, la cual sería equivalente a 3.5% del SBC de los trabajadores, lo que representaría erogaciones de alrededor de los 6 mil millones de pesos anuales, sólo por este concepto. Así como una cuota adicional que también el gobierno aportaría para el fondo de pensiones, la cual equivaldría al 5.5% de un salario mínimo, es decir, dos mil millones de pesos anuales.

---

[99]   Aprobada por la Cámara de Senadores en lo general, el martes 27 de marzo y en lo particular el miércoles 28 de marzo, se publica en el DOF el 31 de marzo de 2007.

La nueva generación de trabajadores que se adhirieran a la institución, una vez realizada la reforma, obtendrían una cuenta individualizada a la que se le abonarían periódicamente sus cuotas y aportaciones otorgadas por el Estado, las cuales se incrementarían bajo un esquema de ahorro solidario en el que, por cada peso que aporte el trabajador, el Estado aportaría 3.25 pesos con un tope máximo de 2% de su salario.

Sección VI
Del Ahorro Solidario para el
Incremento de las Pensiones

Artículo 100. Los Trabajadores podrán optar por que se les descuente hasta el dos por ciento de su Sueldo Básico, para ser acreditado en la Subcuenta de ahorro solidario que se abra al efecto en su Cuenta Individual.

Las Dependencias y Entidades en la que presten sus servicios los Trabajadores que opten por dicho Descuento, estarán obligados a depositar en la referida Subcuenta, *tres pesos con veinticinco centavos* por cada peso que ahorren los Trabajadores con un tope máximo del seis punto cinco por ciento del Sueldo Básico.

A efecto de lo anterior, las Dependencias y Entidades deberán enterar las cantidades a su cargo conjuntamente con el ahorro que realice el Trabajador, sin que las mismas se consideren Cuotas o Aportaciones.

Los recursos acumulados en la Subcuenta de ahorro solidario, estarán sujetos a las normas aplicables a la Subcuenta de retiro, cesantía en edad avanzada y vejez.

Las contribuciones y aportaciones de los trabajadores activos serían iguales a las de los trabajadores que se incorporen a partir de la aprobación de esta ley, por lo que aumentarían las primeras gradualmente 0.5% cada año, para pasar de 3.5 a 6.125%.

TRANSITORIOS
FORTALECIMIENTO INTEGRAL DEL INSTITUTO

TRIGÉSIMO PRIMERO. La Cuota por el seguro de retiro, cesantía en edad avanzada y vejez correspondiente a los Trabajadores se deberá ajustar a lo dispuesto en la tabla siguiente:

Años	Cuota a cargo del Trabajador
A la entrada en vigor de esta Ley	3.5%
2008	4.025%
2009	4.55%
2010	5.075%
2011	5.6%
2012 en adelante	6.125%

En el ISSSTE no se consideró que no habría una edad mínima para jubilarse, por lo que se propuso fijar una edad de 49 años en las mujeres y 51 años para los hombres, elevándola gradualmente hasta alcanzar los 60 años, respectivamente, en el 2028.

TRANSITORIOS
RÉGIMEN DE LOS TRABAJADORES
QUE NO OPTEN POR EL BONO

...

II. A partir del primero de enero de dos mil diez:

a) Los Trabajadores que hubieren cotizado treinta años o más y las Trabajadoras que hubieran cotizado veintiocho años o más, tendrán derecho a Pensión por jubilación conforme a la siguiente tabla:

Años	Edad Mínima de Jubilación Trabajadores	Edad Mínima de Jubilación Trabajadoras
2010 y 2011	51	49
2012 y 2013	52	50
2014 y 2015	53	51
2016 y 2017	54	52
2018 y 2019	55	53
2020 y 2021	56	54
2022 y 2023	57	55
2024 y 2025	58	56
2026 y 2027	59	57
2028 en adelante	60	58

...

Se previó modificar la edad mínima de retiro y tiempo de servicio de 55 años, para establecerla en los 60; y después de tener ahorros con los cuales alcanzarían una pensión de al menos 1.3 pensiones mínimas, el trabajador podría elegir su edad de retiro de acuerdo con el monto de pensión deseado. Siendo la pensión mínima garantizada en la iniciativa de 3 mil 34 pesos, es decir, dos salarios mínimos indexados a la inflación.

Sección IV
De la Pensión Garantizada

Artículo 92. Pensión Garantizada es aquélla que el Estado asegura a quienes reúnan los requisitos señalados para obtener una Pensión por cesantía en edad avanzada o vejez y su monto mensual será la cantidad de tres mil treinta y cuatro pesos con veinte centavos, moneda nacional, misma que se actualizará anualmente, en el mes de febrero, conforme al cambio anualizado del Índice Nacional de Precios al Consumidor.

El jueves 23 de marzo la Sesión Ordinaria No. 15 inició a las 11:19 hrs., concluyendo a las 18:55 hrs., tuvo una duración de 7:36 hrs. El quórum congresional al inicio fue de 307 diputados y 457 al cierre del sistema electrónico. Tras un fuerte debate en la Legislatura, que duró 7 horas, se aprobó la nueva Ley del ISSSTE en lo general y particular. El dictamen a discusión, con proyecto de Ley, fue presentado por las Comisiones Unidas de Hacienda y Crédito Público y de Seguridad Social. La votación quedó registrada de la siguiente manera: PAN, PRI, PVEM y Panal a favor con 313 votos, 146 votos de PRD, PT y Convergencia en contra y 2 abstenciones. Sólo se consiguieron 8 modificaciones a la iniciativa original. En ese momento pasó la Ley del ISSSTE al Senado para sus efectos constitucionales.

Tabla No. 34: Votación en la Cámara de Diputados del Proyecto de Ley del ISSSTE (22 de marzo de 2007)

Votos	Total	PAN	PRD	PRI	PVEM	CONV	PT	PNA	PASC	IND
Favor	313	196	0	89	16	0	0	8	4	0
Contra	146	0	118	0	0	15	11	0	1	1
Abstención	2	0	0	2	0	0	0	0	0	0
Quórum	0	0	0	0	0	0	0	0	0	0
Ausente	39	10	9	15	1	2	1	1	0	0
Total	500	206	127	106	17	17	12	9	5	1

Nota: *Quórum, significa que pasó lista, pero no votó.
FUENTE: Gaceta Parlamentaria, LX Legislatura, Cámara de Diputados, México, DF.

Ese día hubo presión por parte de los manifestantes (sindicatos del ISSSTE, SNTE, CNTE y de varias organizaciones sociales, aproximadamente dos mil personas se apostaron a las afueras de la Cámara de Diputados); tomaron la tribuna de San Lázaro, se generaron disturbios que no modificaron la decisión: La aprobación de la iniciativa de Ley del ISSSTE fue un hecho consumado.

El nombramiento del responsable de PENSIONISSSTE quedó a cargo de la Cámara de Senadores, donde su líder, Manlio Fabio Beltrones, mencionó que se realizarían los cambios necesarios para que el Congreso pudiera sancionar la designación y eliminar los tintes políticos.

Este triunfo fue posible por la intervención de la Mtra. Elba Esther Gordillo, quien desde tiempo atrás había estado en las negociaciones y acuerdos respecto a esta nueva Ley.

Uno de los principales temas de discusión, no modificado, fue el relativo al artículo 110 de la iniciativa que, de acuerdo con el vicecoordinador perredista, Juan N. Guerra, es una concesión del gobierno panista de Felipe Calderón a los servicios prestados por la profesora el pasado de 2 de julio.

> Artículo 110. La dirección y administración del PENSIONISSSTE estará a cargo de una Comisión Ejecutiva integrada por dieciocho miembros como a continuación se indica:
>
> I. El Director General del Instituto, quien la presidirá;
>
> II. El Vocal Ejecutivo, el cual será nombrado por la Junta Directiva a propuesta del Director General del Instituto;
>
> III. Tres vocales nombrados por la Secretaría de Hacienda y Crédito Público; dos vocales nombrados por el Banco de México, y un vocal nombrado por cada una de las siguientes instituciones: la Secretaría del Trabajo y Previsión Social y la Secretaría de la Función Pública, y
>
> IV. Nueve vocales nombrados por las organizaciones de Trabajadores.
>
> Por cada vocal propietario se designará un suplente que actuará en caso de faltas temporales del propietario, debiendo tratarse de un funcionario con el rango inmediato inferior al del vocal propietario. En el caso de los representantes de las organizaciones de Trabajadores, la designación del suplente se hará en los términos de las disposiciones estatutarias aplicables.
>
> Los integrantes de la Comisión Ejecutiva del PENSIONISSSTE no podrán ser miembros de la Junta Directiva del Instituto, con excepción del Director General.

Para ocupar el cargo de vocal se requiere ser mexicano, estar en pleno goce y ejercicio de sus derechos civiles y políticos, y ser de reconocida honorabilidad y experiencia técnica y administrativa.

Los vocales de la Comisión Ejecutiva del PENSIONISSSTE durarán en sus funciones por todo el tiempo que subsista su designación y podrán ser removidos libremente a petición de quienes los hayan propuesto.

Durante la intervención del diputado del PAN, exdirector del ISSSTE, Benjamín González Roaro mencionó en la defensa del dictamen, que esta nueva Ley no tuvo ningún contenido de solidaridad como existía en la normatividad anterior.

En la misma Ley se estableció que la dirección y administración de PENSIONISSSTE correría a cargo de una Comisión Ejecutiva, presidida por el Director General del ISSSTE, Miguel Ángel Yunes Linares y su respectivo vocal ejecutivo nombrado a propuesta del mismo directivo.

PENSIONISSSTE y el Fondo de Vivienda, estarían sujetos a la Ley de Transparencia y el IFAI sería el garante de su cumplimiento.

También se modificó el artículo 17 de la iniciativa para precisar que las dependencias y entidades estarían obligadas, con un mes de plazo, a informar al ISSSTE de las modificaciones que sufrieran los conceptos de pago sobre los cuales se calcularían las cuotas y aportaciones para que éstas se pagaran con base en el nuevo salario del trabajador.

TÍTULO SEGUNDO
DEL RÉGIMEN OBLIGATORIO
CAPÍTULO I
SUELDOS, CUOTAS Y APORTACIONES

Artículo 17. El Sueldo Básico que se tomará en cuenta para los efectos de esta Ley, será el sueldo del tabulador regional que para cada puesto se haya señalado.

Las Cuotas y Aportaciones establecidas en esta Ley se efectuarán sobre el Sueldo Básico, estableciéndose como límite inferior un Salario Mínimo y como límite superior, el equivalente a diez veces dicho Salario Mínimo.

Será el propio Sueldo Básico, hasta el límite superior equivalente a diez veces el Salario Mínimo del Distrito Federal, el que se tomará en cuenta para determinar el monto de los beneficios en los seguros de riesgos del trabajo e invalidez y vida establecidos por esta Ley.

Las Dependencias y Entidades deberán informar al Instituto anualmente, en el mes de enero de cada año, los conceptos de pago sujetos a las Cuotas y Aportaciones que esta Ley prevé. De igual manera deberán comunicar al Instituto cualquier modificación de los conceptos de pago, *dentro del mes siguiente* a que haya ocurrido dicha modificación.

El artículo 31 establece que los servicios médicos que tiene encomendados el ISSSTE los prestaría directamente o por medio de convenios celebrados con quienes los prestan; dándose preferencia a las instituciones públicas de salud.

Artículo 31. Los servicios médicos que tiene encomendados el Instituto en los términos de los capítulos relativos a los seguros de salud y de riesgos del trabajo, *los prestará directamente o por medio de convenios* que celebre con quienes presten dichos servicios, de conformidad con el reglamento respectivo. Los convenios se celebrarán preferentemente con instituciones públicas del sector salud.

En tales casos, las instituciones que hubiesen suscrito esos convenios, estarán obligadas a responder directamente de los servicios y a proporcionar al Instituto los informes y estadísticas médicas o administrativas que éste les solicite, sujetándose a las instrucciones, normas técnicas, inspecciones y vigilancia establecidas por el mismo Instituto.

El Instituto, previo análisis de la oferta y la demanda y de su capacidad resolutiva, y una vez garantizada la prestación a sus Derechohabientes, podrá ofrecer a las instituciones del sector salud la capacidad excedente de sus unidades prestadoras de servicios de salud, de acuerdo con el reglamento respectivo.

En estos casos, el Instituto determinará los costos de recuperación que le garanticen el equilibrio financiero.

El artículo 105 se modificó para puntualizar que si el PENSIONISSSTE llegara a tener remanentes de operación, éstos serán aplicados favoreciendo las cuentas individuales de quienes más lo necesitan.

Artículo 105. El PENSIONISSSTE tendrá las facultades siguientes:
I. Abrir, administrar y operar las Cuentas Individuales de los Trabajadores en los mismos términos que las Administradoras;

II. Recibir las Cuotas y Aportaciones de seguridad social correspondientes a las Cuentas Individuales y los demás recursos que en términos de esta Ley puedan ser recibidos en las Cuentas Individuales, excepto las de la Subcuenta del Fondo de la Vivienda;

III. Individualizar las Cuotas y Aportaciones destinadas a las Cuentas Individuales, así como los rendimientos derivados de la inversión de las mismas;

IV. Invertir los recursos de las Cuentas Individuales en las sociedades de inversión especializadas de fondos para el retiro que administre;

V. Constituir y operar sociedades de inversión especializadas de fondos para el retiro;

VI. Cobrar comisiones a las Cuentas Individuales de los Trabajadores, con excepción de la Subcuenta del Fondo de la Vivienda. Estas comisiones estarán destinadas a cubrir los gastos de administración y operación del PENSIONISSSTE que sean inherentes a sus funciones.

En todo caso, las comisiones no podrán exceder del promedio de comisiones que cobren las Administradoras. La Junta Directiva podrá ordenar que se reinvierta el remanente de operación en las Cuentas Individuales de los Trabajadores del PENSIONISSSTE, favoreciendo a los trabajadores de menores ingresos, una vez satisfechos sus costos de administración, necesidades de inversión y constitución de reservas;

VII. Enviar, por lo menos dos veces al año, al domicilio que indiquen los Trabajadores, sus estados de cuenta y demás información sobre sus Cuentas Individuales y el estado de sus inversiones, destacando en ellos las Aportaciones de las Dependencias y Entidades, del Estado y del Trabajador, y el número de días de cotización registrado durante cada bimestre que comprenda el periodo del estado de cuenta, así como las comisiones cobradas;

VIII. Establecer servicios de información y atención a los Trabajadores;

IX. Entregar los recursos a la Aseguradora o Administradora que el Trabajador o sus Familiares Derechohabientes hayan elegido, para la contratación de Rentas vitalicias, del Seguro de Sobrevivencia, o Retiros Programados;

X. Contratar cualquier tipo de servicios requeridos para la administración de las Cuentas Individuales y la inversión de los recursos, y

XI. Las demás que le otorguen ésta u otras leyes.

Se modificaron los artículos 143 y 151 de la Ley a fin de establecer que los trabajadores con dos empleos que cotizaran en el ISSSTE y en el IMSS tendrían derecho a recibir servicios médicos en ambos institutos.

> Artículo 143. Los Trabajadores que por tener relación laboral con dos o más patrones coticen simultáneamente al Instituto y al IMSS, tendrán derecho a recibir atención médica y demás servicios del seguro de salud por parte de ambos.
>
> Artículo 151. Los Trabajadores que, por tener relación laboral con dos o más patrones, coticen simultáneamente al Instituto y a otro instituto de seguridad social o entidad que opere un régimen de seguridad social, tendrán derecho a recibir atención médica y demás servicios del seguro de salud por parte de ambos.

Se modificó también el artículo 25 transitorio, que ahora planteaba que transcurrido el plazo de 36 meses en que el PENSIONISSSTE administrara las cuentas individuales de los trabajadores, éstos no necesitarían hacer ningún trámite para que su cuenta siguiera siendo manejada por este organismo, si así lo deciden.

> VIGÉSIMO QUINTO. El PENSIONISSSTE administrará las Cuentas Individuales de los Trabajadores afiliados o que se afilien al Instituto durante los treinta y seis meses siguientes a su creación. Los Trabajadores que ingresen al régimen a partir de la entrada en vigor de esta Ley, y tengan abierta ya una Cuenta Individual en una Administradora, podrán elegir mantenerse en ella…

Una vez aprobado el dictamen de la nueva Ley del ISSSTE comenzó todo el proceso de preparación y puesta en funcionamiento de las bases para la normatividad. En este proceso todos los involucrados se adaptaron a las modificaciones en la Ley.

Ante esta situación, se hace necesario considerar como referente anterior al IMSS para evitar o corregir a tiempo cualquier falla en el nuevo sistema de pensiones y no tener erogaciones futuras que no garanticen la viabilidad de la institución.

En un lapso de 3 años, posteriores a la entrada en vigor de las reformas a la Ley, las pensiones fueron administradas por la banca privada y estos recursos fueron una buena fuente de ingresos para los banqueros, más no para los trabajadores[100]. En este nuevo esquema operan las instituciones de seguridad social en un libre mercado en donde estas obtienen grandes beneficios de las cuotas y aportaciones de los trabajadores.

El Estado únicamente obtiene como beneficio de este mecanismo el que no tendrá que administrar estos fondos debido a que los recursos destinados para las futuras pensiones son puestos en cuentas individualizadas en donde el trabajador tiene que realizar sus aportaciones y él es responsable del monto con que decida retirarse.

Esto es una muestra clara del adelgazamiento del Estado y la desaparición de la seguridad social solidaria en nuestro país. Es necesario, que ahora que los trabajadores migraron a este nuevo esquema de capitalización individual, exista una correcta planeación por parte del Estado, para garantizar un aumento del número de empleos en nuestro país y poner en marcha la economía con inversiones productivas, aumentando el gasto en educación y tecnología, porque de otra manera existirá una mayor inequidad en la distribución de la riqueza.

Debemos partir de la implementación de políticas públicas que se focalicen en las finanzas públicas e iniciar desde el nivel municipal, es decir, que los municipios transiten por un proceso en el cual comiencen a promover la adquisición e incremento de recursos propios: Una primera forma sería a través del impuesto predial.

Esto lo remarcamos porque la vía que está siguiendo nuestro país es claramente neoliberal, donde las fuerzas del mercado se encuentran en libertad y nuestra población no en encuentra preparada. Como sociedad requerimos reeducar a los ciudadanos y darles los mecanismos para que se enfrenten y vivan en consonancia con las nuevas pautas dictadas por nuestros gobernantes. La tarea no es sencilla, pero requiere ser atendida a la brevedad posible, de no hacerse, los peligros serán más altos que el costo que actualmente estamos pagando: Entre ellos estarían los desórdenes sociales, desempleo, inflación y otros tantos. No debemos esperar a que aparezcan los primeros signos, sino que comencemos a atacar el problema, porque la solución tenemos que proporcionarla antes de que sea demasiado tarde.

---

[100] Esta situación en comprobada con el modelo econométrico analizado en el capítulo anterior, con relación a los ingresos, egresos y utilidad neta de las Afore.

3.2 Régimen de pensiones

De acuerdo con la reforma a la Ley, ahora el instituto tiene tres regímenes en los cuales se encuentran los trabajadores: 1) los trabajadores que se encuentran jubilados y pensionados de acuerdo a la Ley del ISSSTE previa a su reforma; 2) los trabajadores de la generación en transición, los cuales pueden decidir porque régimen optar; 3) los trabajadores que ingresaron al sistema de seguridad social a partir del 1 de abril de 2007.

En el caso de los trabajadores jubilados o pensionados por Gobierno Federal, sus derechos se encuentran salvaguardados de acuerdo al artículo décimo octavo transitorio:

> Décimo octavo.- Los jubilados, pensionados o sus familiares derechohabientes que, a la entrada en vigor de esta Ley, gocen de los beneficios que les otorga la Ley que se abroga, continuarán ejerciendo sus derechos en los términos y condiciones señalados en las disposiciones vigentes al momento de su otorgamiento.

Mientras que los trabajadores de la generación en transición tienen dos opciones: el régimen de reparto con una pensión otorgada por Gobierno Federal, o bien, pasarse a cotizar en una cuenta individual:

> Quinto.- Los trabajadores tienen derecho a optar por el régimen que se establece en el artículo décimo transitorio, o por la acreditación de Bonos de Pensión del ISSSTE en sus cuentas individuales.

Para los trabajadores que entraron al sistema a partir de la reforma a la Ley del ISSSTE, su régimen de cotización será con base en una cuenta individual, de igual manera, aquellos trabajadores que se reincorporen al servicio, después de la reforma, también empezarán a cotizar en una cuenta individual. Estos últimos se les genera un derecho de que al año de cotización se les acredite su Bono de Pensión por el periodo cotizado.

Un cambio que se introduce en la reforma a la Ley es que ahora los trabajadores que coticen hasta el 2009 se les mantiene el requisito de edad mínima jubilatoria de 49 años para las mujeres y 51 años en los hombres. La edad y tiempo de servicios en 55 años y al menos 15 años de cotización; así como la cesantía en edad avanzada en 60 años de edad y al menos 10 años de cotización. A partir de 2010 (hasta 2028), se genera un incremento de edad en cada uno de estos rubros:

1) A partir del 1 de enero de 2010, los trabajadores hombres que tengan 30 años o más de servicios y las mujeres que cumplan con 28 años o más, pueden solicitar su pensión por jubilación. En esta, por cada año se aumentarán dos años de edad, en 2028 la edad mínima requerida para las mujeres será de 58 años y los hombres 60;

Tabla No. 35: Edad mínima de jubilación hombres/mujeres.

Años	Edad mínima de jubilación Hombres	Edad mínima de jubilación Mujeres
2010-2011	51	49
2012-2013	52	50
2014-2015	53	51
2016-2017	54	52
2018-2019	55	53
2020-2021	56	54
2022-2023	57	55
2024-2025	58	56
2026-2027	59	57
2028 en adelante	60	58

FUENTE: Artículo décimo transitorio, f. II, inciso a). Ley del ISSSTE.

2) De igual manera, aumentará cada año dos años, hasta que en 2018 sea de 60 años la edad mínima y tiempo de servicios;

Tabla No. 36: Edad mínima y tiempo de servicios.

Años	Edad mínima y tiempo de servicios
2010-2011	56
2012-2013	57
2014-2015	58
2016-2017	59
2018 en adelante	60

FUENTE: Artículo décimo transitorio, f. II, inciso b). Ley del ISSSTE.

3) La cesantía en edad avanzada será incrementada cada año, dos años para que en 2018 sea de 65 años.

Tabla No. 37: Cesantía en edad avanzada.

Años	Edad mínima y tiempo de servicios
2010-2011	61
2012-2013	62
2014-2015	63
2016-2017	64
2018 en adelante	65

FUENTE: Artículo décimo transitorio, f. II, inciso b). Ley del ISSSTE.

3.2.1 Régimen de reparto

El régimen de reparto se fundamenta en el artículo décimo transitorio de la Ley del ISSSTE, el cual sólo será aplicable para aquellos que no opten por el Bono de Pensión del ISSSTE, los requisitos son los siguientes:

a) Los trabajores deben haber cotizado 30 años o más y las trabajadoras 28 o más, podrán obtener una pensión por jubilación equivalente al 100% del promedio del sueldo básico de su último año de servicio. Véase Tabla No. 35;

b) Los trabajadores que cumplan 55 años de edad y 15 años o más de cotización al instituto, podrán obtener una pensión de retiro por edad y tiempo de servicios equivalente a un porcentaje de su sueldo básico de su último año de servicios, correspondiente a:

15 años de servicio: 50%,

16 años de servicio: 52.5%,

17 años de servicio: 55%,

18 años de servicio: 57.5%,

19 años de servicio: 60%,

20 años de servicio: 62.5%,

21 años de servicio: 65%,

22 años de servicio: 67.5%,

23 años de servicio: 70%,

24 años de servicio: 72.5%,

25 años de servicio: 75%,

26 años de servicio: 80%,
27 años de servicio: 85%,
28 años de servicio: 90%,
29 años de servicio: 95%.

En este inciso aplica el incremento de la edad mínima y tiempo de servicios, de acuerdo a la Tabla No. 36.

c) Si los trabajadores se separan de manera voluntaria del servicio o quedan privados de trabajo después de haber cumplido los 60 años y cotizado mínimo 10 años al Instituto, tendrán derecho a una pensión de cesantía en edad avanzada, equivalente a un porcentaje del sueldo básico de su último año de servicio, conforme a lo siguiente:

60 años de edad y 10 años de servicio 40%,
61 años de edad y 10 años de servicio 42%,
62 años de edad y 10 años de servicio 44%,
63 años de edad y 10 años de servicio 46%,
64 años de edad y 10 años de servicio 48%,
65 o más años de edad y 10 años de servicio 50%.

En la pensión por cesantía en edad avanzada se aplicará la Tabla No. 37, referente al tema.

d) En caso de muerte del pensionado, de acuerdo al seguro por invalidez y vida se transmite este derecho a sus beneficiarios con un monto equivalente al 100% de lo que le hubiera correspondido al trabajador, debiendo haber cumplido al menos 15 años de cotización al Instituto;

e) El trabajador al cumplir los 65 años o más edad, tiene derecho a una pensión por vejez, pudiendo retirar sus recursos en una sola exhibición de su subcuenta del retiro SAR-ISSSTE [art. 89].

f) No compatibilidad de las pensiones. De acuerdo al artículo 147 de la Ley, existe una incompatibilidad de pensiones, es decir, el trabajador que se encuentre pensionado por retiro, cesantía en edad avanzada y vejez bajo la Ley del IMSS no podrá obtener una pensión igual bajo la Ley del ISSSTE, y viceversa. El derecho al cual pueden acceder es a incrementar el monto de su pensión.

3.3 Prestaciones de seguridad social

Estas prestaciones son para beneficio de los trabajadores, abarcan el bono de pensión, que como observaremos más adelante, puede obtenerlo el trabajador que prefirió adherirse al régimen de capitalización individual. Otras prestaciones son las subcuentas de la cuenta individual del ISSSTE que abordan varios rubros como la vivienda, el ahorro solidario, entre otras.

3.3.1 Bono de Pensión y SubCuentas de la Cuenta Individual ISSSTE

Los trabajadores de la generación en transición, de acuerdo al artículo Quinto Transitorio, de la Ley del ISSSTE, tienen el derecho de optar por el sistema de reparto o por la acreditación de Bonos de Pensión del ISSSTE en sus Cuentas Individuales. Este Bono es calculado por la Secretaría de Hacienda y Crédito Público y el ISSSTE, en el cual se considera el tiempo de cotización, el sueldo básico y el cálculo del Bono.

En los artículos transitorios, en el apartado correspondiente a los trabajadores que opten por el bono (art. décimo tercero-décimo séptimo), se establecen las condiciones, entre ellas tenemos que a partir de 2013, los trabajadores para tener derecho a un seguro de retiro previsto antes de cumplir las edades y tiempo de cotización, deben tener cumplidos por lo menos 51 años de edad, o haber cotizado al instituto durante 26 o más años.

En el art. Noveno Transitorio se determina el valor nominal de los Bonos de acuerdo a los años de servicio (al 31 de marzo de 2007) y edad del trabajador (al 31 de diciembre de 2007). El sueldo básico de cotización considerado es al 31 de de diciembre de 2006 y para los reingresos entre enero y marzo del 2007, el sueldo básico inicial.

Estos trabajadores manejan una cuenta individual que se conforma por el monto obtenido del Bono, el saldo SAR-ISSSTE y las futuras cuotas y aportaciones tripartitas. Esta cuenta individual a su vez se integra por las siguientes subcuentas:

- SAR-ISSSTE,
  - Retiro
  - Fondo de la vivienda
- Retiro, cesantía en edad avanzada y vejez,
  - Cuota del trabajador

- ○ Aportación de la entidad o dependencia
- ○ Cuota social
- ○ Bono de Pensión
- Fondo de la vivienda,
  - ○ Registro
  - ○ Aportaciones administradas por el FOVISSSTE
- Ahorro solidario,
  - ○ Ahorro del trabajador (hasta el 2% del salario básico)
  - ○ Aportación de la entidad o dependencia ($3.25 por cada peso ahorrado por el trabajador)
- Aportaciones voluntarias,
  - ○ Complementarias de retiro
  - ○ Ahorro a largo plazo

En el artículo vigésimo quinto, se establece que el PENSIONISSSTE administrará las cuentas individuales de los trabajadores afiliados o que se afilien dentro de los 3 años siguientes a su creación. Los trabajadores que tengan una cuenta individual pueden optar por permanecer en esta o afiliarse a PENSIONISSSTE. Al cumplirse estos 3 años, los trabajadores pueden solicitar su traspaso a otra cuenta individual y PENSIONISSSTE puede recibir traspasos de cuentas de trabajadores afiliados al IMSS o trabajadores independientes, de esta manera se garantiza la portabilidad.

3.4 Portabilidad de derechos entre IMSS e ISSSTE

En el artículo 76 de la Ley se plasma la portabilidad de los recursos, de esta manera los trabajadores que coticen en ambas instituciones o hayan cotizado, pueden actualmente acumular sus recursos en una cuenta individual. Este artículo aplica para los trabajadores en activo, que se encuentren aportando a una cuenta individual.

En el caso de la pensión, la Ley del ISSSTE considera un mínimo de 25 años cotizados reconocidos por el instituto. En el caso de trabajadores del IMSS que hubiesen transferidos al ISSSTE los derechos de sus semanas, tienen que sumar en total estos 25 años de cotización para recibir una pensión garantizada, la cual está enunciada en el artí. 144 de la Ley.

3.5 Sistema de Seguridad Social

Este nuevo sistema de seguridad social abre la oportunidad, en el artículo 79 de la Ley, que quienes estén pensionados por retiro, cesantía en edad avanzada o vejez puedan reincorporarse a laborar y sus recursos pueden ser depositados en PENSIONISSSTE o en otra administradora. De esta manera, anualmente se traslada el saldo para así aumentar su pensión, o bien, retirarlo en una sola exhibición.

En el artículo 149 de la Ley se establece que el ISSSTE puede celebrar convenios con otros institutos de seguridad social o entidades que operen sistemas de seguridad social para que de esta manera se garantice la portabilidad de recursos de los trabajadores.

El artículo 150 nos define que es la portabilidad, la cual consistirá en transferir derechos obtenidos en otros regímenes de seguridad social al sistema previsto en la presente ley. Un requisito es que se validan por 1 año cada 52 semanas de cotización, de esta manera se van considerando los años cotizados a las administradoras.

De acuerdo al artículo 92, aquellos empleados que tengan menores ingresos, el Estado les brinda una pensión garantizada de $3,034.20 monto que se actualizará anualmente en el mes de febrero conforme al cambio en el INPC.

CAPÍTULO 4

PANORAMA FUTURO DEL SISTEMA DE PENSIONES EN MÉXICO

Para conocer el panorama futuro del sistema pensionario en México debemos profundizar en las transformaciones políticas, económicas y sociales que ha sufrido nuestro país y así reconoceremos el escenario venidero. En este sentido, partimos de un análisis al interior de nuestra economía nacional, observaremos cuales fueron los resultados registrados por nuestra política económica, así como por las políticas laborales y salariales, que se encuentran asociadas con la seguridad social. Una vez obtenido este marco, analizaremos los resultados que actualmente registran las estadísticas nacionales de empleo y seguridad social, para pasar a examinar cómo ha impactado en la evolución del Ramo General 19 Aportaciones a la Seguridad Social. Finalmente, concluiremos con un breve análisis del sistema de pensiones tamaulipeco quian a fines de 2013 realizará una reforma a su ley de pensiones.

4.1 Crecimiento, Desarrollo Económico y Bienestar de la Población Mexicana.

La política económica implementada durante el periodo de 1940 a 1970 obtuvo resultados deficitarios: existió crecimiento, sin una distribución del ingreso económico. Este periodo se caracteriza por bajos niveles de bienestar en la población mexicana.

A inicios de la década de los setentas, el presidente Luis Echeverría Álvarez trata de generar un cambio y criticando las estrategias seguidas por el presidente Adolfo López Mateos con el *desarrollo estabilizador,* plantea un *desarrollo compartido*, pero las consecuencias se dejaron sentir en la década de los ochentas ante la grave crisis que vivimos

Durante los ochentas (1978-1981), se generó un crecimiento económico del PIB del 9.11% en promedio, esto como consecuencia del auge petrolero y la certificación de las reservas de Cantarell. El año de 1982, fue un año crítico, al igual que 1983 en donde se registró una caída en el crecimiento del PIB de -0.52% y -3.49%, respectivamente. Esta situación originó una crisis petrolera, fuga de capitales, una alta inflación del 99% y devaluación del 581%. En el periodo 1894-1985 se experimentó un crecimiento gradual del 2.8% en promedio, ante una disminución en la inflación en un 61%. Nuevamente en 1986, volvió a caer el crecimiento del PIB al aumentar la inflación en un 106%. Observamos que a pesar de los esfuerzos por generar un crecimiento sostenido de la economía nacional, nuestro país se vio inmerso en un constante endeudamiento externo con niveles inflacionarios superiores al 150% y devaluaciones constantes de nuestra moneda.

Durante los años siguientes, previos a la entrada del presidente Carlos Salinas de Gortari, nuestro país, ligeramente se reactivó y tuvo un incremento el PIB. Salinas, a partir de 1988 asume la presidencia y es en este momento cuando inició el proceso de reestructuración de las telecomunicaciones con la venta de empresas paraestatales, entre ellas Telmex y Aeroméxico.

Es en la década de los noventas cuando la política neoliberal apertura comercialmente nuestros mercados. En 1990, la tasa de crecimiento del PIB aumentó a 5.18%. Entre los sucesos vividos en este gobierno tenemos el regreso de la banca al sector privado, el aumento de las exportaciones, la inflación disminuyó a 8% anual, y en 1994 culmina el sexenio salinista con la firma del TLCAN entre los gobiernos de México, EE.UU. y Canadá.

Posteriormente, el presidente Ernesto Zedillo Ponce De León inició su gobierno con crisis económica e inflación de un 52%, registrándose en 1995 un retroceso en el crecimiento del PIB del -6.22%. La deuda externa acumulada en pago de Tesobonos fue por más de 26 mil millones de dólares, presentándose en el sexenio un crecimiento promedio del PIB del 3.2%.

En el siguiente sexenio, el presidente Fox asumió el gobierno y durante su mandato se registró un crecimiento del PIB en 2000 del 6.60%. En 2001, se registró una crisis desencadenada por el colapso internacional de las bolsas de valores ante el atentado terrorista del 9/11. Esta recesión registrada en EE.UU., poco a poco se propaga mundialmente debido a que las economías estamos inmersas en un proceso globalizador. En México, registramos una tasa de crecimiento del PIB de -0.17%., la tasa de crecimiento promedio del PIB durante el sexenio de Fox fue del 2.6% anual.

Finalmente, en el sexenio del presidente Felipe Calderón Hinojosa se tuvo una tasa de crecimiento promedio anual del PIB del 2.1%. En 2009 se registró una caída de la tasa de crecimiento del PIB, siendo ésta de -5.95%. En 2011 se manifiestó una desaceleración económica, con una tasa de crecimiento del PIB de 3.89%, producto de la crisis europea. Al cierre, en 2012, la tasa de crecimiento del PIB fue de 3.92%.

Gráfica No. 9: PIB anual 1980-2012 (Año base = 2003).

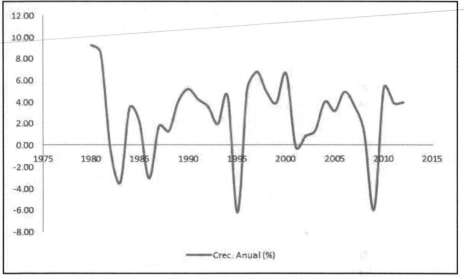

FUENTE: Elaboración propia con base en el Banco de Información Económica (BIE). INEGI.

Observemos el Gráfico No. 9, el cual modela la tendencia del PIB precisando los años en que se presentaron recesiones económicas como fueron la crisis de 1982 (-0.52%), 1986 (-3.08%), 1995 (-6.22%), 2001 (-0.17%) y 2009 (-5.95%).

La tendencia actual del PIB es un crecimiento en el corto plazo. El presidente Enrique Peña Nieto, como medida para incrementar la recaudación fiscal, el 31 de octubre aprobó la reforma hacendaria[101] que generó división entre los diputados de los distintos partidos que componen la cámara baja del Congreso de la Unión. Entre las medidas aprobadas por los legisladores se encuentran la unifación del IVA cobrado en los estados fronterizos, pasando de un 11 a un 16%; se crea un impuesto del 10% sobre

---

[101]   Para mayor información, el sitio web es www.reformahacendaria.gob.mx

las ganancias obtenidas en la bolsa de valores y sus dividendos; entre otras. Estos recursos económicos[102], de acuerdo al argumento esgrimido por la presidencia, serán destinados para cubrir los gastos que generen el pago de la pensión universal[103] y el seguro de desempleo.

4.2 Desafíos de la Política Laboral en México

La política económica tiene por objeto crear el encuadre propicio que garantice la creación, protección y promoción del empleo y salarios de los trabajadores mexicanos. La seguridad social es un derecho del cual gozan los trabajadores que laboran en el sector formal de la economía mexicana.

Entre los resultados obtenidos en la política laboral mexicana tenemos que el 19 de enero de 1943 se creó el Instituto Mexicano del Seguro Social (IMSS), el 6 de abril de 1943 se creó el Sindicato Nacional de Trabajadores del Seguro Social (SNTSS). En un principio sólo la cobertura era brindada al trabajador, fue hasta 1949 que se ampliaron los servicios del IMSS hacia los familiares de los trabajadores. Los salarios nominales se incrementaron, mas no así el salario real. Las agrupaciones patronales se encontraban sujetas al dominio del gobierno federal.

En 1954 se creó el Instituto Nacional de Vivienda (INV), que en 1970 se transformó en el Instituto Nacional para el Desarrollo de la Comunidad y de la Vivienda Popular (INDECO), el cual en 1981 desapareció. En el periodo de 1958-1964 se registró un aumento salarial promedio anual del 12%, en tanto que el incremento de precios alcanzó el 2.5%. La Dirección General de Pensiones Civiles y de Retiro, se conviertió en 1960 en el Instituto de Seguridad y Servicios Sociales de los Trabajadores del Estado

---

[102]   Fitch Ratings califica que la reforma hacendaria es neutral al crédito soberano de México, que resulta favorable porque la recaudación de la Ley de Ingresos 2014 se incrementará en un 1.4%, para pasar en 2018 a 2.9% del PIB. Fitch Ratings (2013) *Fitch: Reforma fiscal de México es neutral para el crédito soberano. Comunicado.* 1 de noviembre de 2013. México.

[103]   A partir de 2014, se otorgará pensión universal a las personas de más de 65 años que perciban ingresos igual o menores a 15 salarios minimos, que laboren dentro del sector de la economía formal y no cuenten con una pensión. Se fundamenta en el artículo 4 de la CPEUM. El monto mensual es de $1,092 pesos (aproximadamente US$84), que se actualizará conforme al INPC. De acuerdo con la ENESS (2009), en México hay 3,299,203 personas de 60 y más años sin seguridad social, lo cual representaría mensualmente una erogación de 3,603 mdp.

(ISSSTE). Posteriormente, en 1962 se reforma el artículo 123 para así poder implementar el reparto de utilidades a los trabajadores.

El 21 de abril de 1972 se creó el Instituto Nacional de Fomento a la Vivienda de los Trabajadores (INFONAVIT), para dar cumplimiento al derecho constitucional del mexicano de tener acceso a una vivienda. En esta misma fecha se creó el Fondo de la Vivienda para los Trabajadores.

En 1974, se creó el Comité Nacional Mixto de Protección al Salario (CONAMPROS). A partir del 1 de enero de 1976 se fijaron anualmente los salarios mínimos, anteriormente, desde 1934 a 1975 se fijaban bianualmente (se establecieron 25 salarios mínimos en ese periodo). En este mismo año se tipificó como delito federal el incumplimiento de pago del salario mínimo al trabajador.

El 2 de mayo de 1974 se creó el Fondo de Fomento y Garantía para el Consumo de los Trabajadores, actualmente denominado INFONACOT, para que el trabajador pudiera acceder a créditos para adquirir bienes de consumo duradero. El 10 de julio de 1975 se creó el Consejo Nacional para Promover la Cultura y Recreación de los Trabajadores.

En el periodo 1976 a 1982, el salario mínimo promedio anual tuvo un incremento del 20.5%, menor al incremento en los precios, lo que se reflejó en una caída del poder adquisitivo de la población en un 35%. Este deterioro de los salarios originó que en la población la mujer compaginara las labores del hogar con un empleo remunerado para poder sostener la economía familiar. Socialmente, se manifestó un crecimiento del desempleo y la economía informal.

En el sexenio 1982-1988, se estableció una política salarial recesiva dictada por organismos internacionales, entre ellos el Fondo Monetario Internacional (FMI) quien debido a los acuerdos crediticios firmados por nuestro país, nos obligamos a sujetarnos a su postura de topes salariales que vinieron a generar mayor pérdida del poder adquisitivo salarial del trabajador mexicano. Esta situación repercutió en la quiebra de empresas, despido masivo de trabajadores, entre otras cuestiones.

De acuerdo con cifras del Congreso del Trabajo, en 1982 la canasta básica familiar obrera representaba un 46.5% de su salario, para 1988 se incrementó en un 80%. Con esos niveles, ninguna familia podía considerar que su salario cubriera de manera satisfactoria, remuneradora, suficiente y justa, las necesidades del hogar, como estaba fundamentado en la Ley Federal del Trabajo.

En el sexenio 1988-1994, a pesar de que se instrumentó el Pacto para la Estabilidad y el Crecimiento Económico (PECE), no se lograron los resultados esperados, el crecimiento de la economía informal iba en auge, los incrementos salariales eran nulos y los trabajadores cada vez más se sumían en una situación económica deplorable.

Es en el sexenio 1994-2000 que, atendiendo a las normas internacionales establecidas se flexibiliza el trabajo, realizándose reformas a la Ley Federal del Trabajo. En el sexenio 2000-2006, no se logró la esperada creación de empleos, se presentó un fenómeno laboral: el subempleo. La población recurre al sector del trabajo informal, al auto empleo y a trabajos eventuales, con la finalidad de poder subsistir porque los incrementos del salario nominal frente a la inflación no son suficientes, generándose una caída del salario real.

En el sexenio 2006-2012, el presidente, denominándose él mismo como el "presidente del empleo", no alcanzó las metas esperadas en materia de generación de empleos. La economía actualmente está pasando por un proceso de estancamiento generalizado en los puestos de trabajo y un incremento en la tasa de ocupación del empleo informal. Entre las recomendaciones de la OIT es que los gobiernos nacionales deben hacer frente a esta situación e incentivar la creación de puestos de trabajo.

Tabla No. 38: Indicadores de empleo en México (1995-2010).

Indicadores	2000	2001	2002	2003	2004	2005	2006	2007	2008	2009	2010
1. Población											
Total	98,946,420	100,191,599	101,345,999	102,390,479	103,364,441	104,294,222	105,187,051	106,129,910	107,012,819	107,873,024	108,710,824
14 años y más	68,027,319	69,428,275	70,943,479	71,963,669	73,326,034	74,093,527	75,164,132	76,474,349	77,750,619	79,312,758	80,088,711
2. Población de 14 años y más											
2.1. Población económicamente activa	39,325,442	39,800,112	40,094,511	41,280,968	41,970,528	43,232,383	44,447,032	45,621,685	45,178,213	47,041,909	46,292,056
Población ocupada	38,410,024	38,680,553	39,013,991	39,812,347	40,401,660	41,880,780	42,846,141	44,005,604	43,255,617	44,535,314	43,809,329
Población desocupada	915,418	1,119,559	1,080,520	1,468,621	1,568,868	1,351,603	1,600,891	1,616,081	1,922,596	2,506,595	2,482,727
2.2. Población no económicamente activa	28,701,877	29,628,163	30,848,968	30,682,701	31,355,506	30,861,144	30,717,100	30,852,664	32,572,406	32,270,849	33,796,655
Población disponible	3,525,622	3,447,472	3,448,875	4,063,687	4,013,693	4,539,985	4,933,003	5,142,926	5,343,724	5,858,118	6,063,707
Población no disponible	25,176,255	26,180,691	27,400,093	26,619,014	27,341,813	26,321,159	25,784,097	25,709,738	27,228,682	26,412,731	27,732,948
3. Población ocupada por:											
3.2. Sector de actividad económica	38,410,024	38,680,553	39,013,991	39,812,347	40,401,660	41,880,780	42,846,141	44,005,604	43,255,617	44,535,314	43,809,329
Primario	6,877,746	6,905,757	6,866,703	6,515,880	6,336,865	6,156,527	6,042,851	5,969,489	5,866,706	6,114,192	5,938,828
Agricultura, ganadería, silvicultura, caza y pesca	6,877,146	6,905,757	6,866,703	6,515,880	6,336,865	6,156,527	6,042,851	5,969,489	5,866,706	6,114,192	5,938,828
Secundario	10,718,719	10,281,644	10,339,584	10,478,848	10,428,072	10,620,037	11,002,412	11,160,649	10,644,290	10,411,502	10,457,469
Industria extractiva y de la electricidad	299,296	315,020	292,664	297,648	342,913	339,197	374,781	375,629	396,601	381,873	328,880
Industria manufacturera	7,507,475	6,921,131	6,825,740	6,983,592	6,900,977	6,918,433	7,181,533	7,212,679	6,752,240	6,679,905	6,760,014
Construcción	2,911,948	3,045,493	3,221,180	3,197,608	3,184,182	3,362,407	3,446,098	3,572,341	3,495,449	3,349,724	3,368,575
Terciario	20,808,331	21,489,590	21,802,682	22,811,542	23,631,173	24,791,835	25,481,547	26,511,734	26,400,218	27,695,616	27,116,496
Comercio	6,827,734	7,063,396	7,198,451	7,756,406	7,888,604	8,268,513	8,506,297	8,780,748	8,505,280	9,075,559	8,599,844
Restaurantes y servicios de alojamiento	1,879,252	1,957,816	2,080,154	2,183,958	2,271,661	2,453,351	2,521,338	2,726,848	2,762,554	3,022,539	2,874,216
Transportes, comunicaciones, correo y almacenamie	1,896,098	1,868,387	1,919,205	1,957,495	2,021,232	2,146,573	2,183,514	2,124,872	2,214,206	2,265,222	2,172,509
Servicios profesionales, financieros y corporativos	1,574,132	1,671,671	1,623,493	1,605,397	1,747,797	2,266,286	2,381,022	2,644,155	2,632,624	2,757,330	2,814,829
Servicios sociales	2,967,319	3,037,204	3,107,678	3,277,907	3,373,720	3,397,195	3,488,407	3,601,075	3,685,466	3,710,314	3,711,846
Servicios diversos	3,770,744	3,962,516	3,979,612	4,091,980	4,316,779	4,223,513	4,355,480	4,458,998	4,412,385	4,660,177	4,678,215
Gobierno y organismos internacionales	1,892,581	1,928,600	1,894,089	1,938,399	2,011,380	2,036,404	2,045,489	2,175,038	2,187,703	2,204,475	2,265,037
No especificado	5,828	3,562	5,022	6,077	5,550	312,381	319,331	363,732	344,403	314,004	296,536
3.3. Nivel de ingresos	38,410,024	38,680,553	39,013,991	39,812,347	40,401,660	41,880,780	42,846,141	44,005,604	43,255,617	44,535,314	43,809,329
Hasta un salario mínimo	5,808,078	5,809,835	5,336,682	5,510,352	5,338,564	5,763,754	5,589,264	5,590,864	5,126,961	5,960,486	5,434,406
Más de 1 hasta 2 salarios mínimos	10,028,230	9,843,901	8,865,539	9,277,865	8,872,222	9,103,934	8,715,293	8,834,225	8,588,913	9,976,511	9,955,998
Más de 2 hasta 3 salarios mínimos	7,220,121	7,317,777	8,789,167	8,101,839	8,882,387	8,330,315	9,318,066	9,263,821	10,063,685	8,909,670	9,386,313
Más de 3 hasta 5 salarios mínimos	5,976,813	6,288,921	6,447,084	6,949,646	7,206,068	7,996,068	7,733,039	8,209,902	7,335,687	7,586,649	7,656,697
Más de 5 salarios mínimos	4,443,678	4,291,863	4,733,668	4,382,689	4,598,328	4,545,624	5,118,624	5,053,442	4,792,704	4,175,929	3,750,638
No recibe ingresos	3,800,022	3,790,546	3,695,249	3,868,390	3,575,800	3,914,286	3,839,993	4,018,268	3,768,916	3,951,620	3,682,022
No especificado	1,133,082	1,337,710	1,146,602	1,721,566	1,927,385	2,226,799	2,531,862	3,035,082	3,578,751	3,974,449	3,943,255
4. Tasas											
4.1. Tasa de desocupación	2.3	2.8	2.7	3.6	3.7	3.1	3.6	3.5	4.3	5.3	5.4
4.2. Tasa de ocupación parcial y desocupación	7.1	7.4	7.2	8.9	9.1	8.9	9.7	10.6	10.4	12.2	11.2
4.3. Tasa de ocupación en el sector informal	26.9	27.7	28.3	28.9	28.7	28.4	26.6	27.3	27	28.3	27.2

FUENTE: Elaboración propia con base en la Encuesta Nacional de Ocupación y Empleo (2000-2010). INEGI.

Estas acciones instrumentadas por nuestros gobernantes, en décadas anteriores, han ocasionado la situación actual que enfrenta el empleo en México. Para analizar este tema, en la tabla anterior observamos una serie de variables de análisis del empleo que caracterizan su evolución durante el periodo 2000-2010.

Las variables consideradas en la tabla son relativas a la población, Población Económicamente Activa (PEA), Población No Económicamente Activa (PNEA), Población Ocupada (por sector de actividad y nivel de ingresos) y las tasas de desocupación; ocupación parcial y desocupación; y la de ocupación en el sector informal.

Los resultados obtenidos durante el periodo 2000-2010 son los siguientes: 1) La *población total* tuvo una tasa de crecimiento del 9.9%, siendo su tasa de crecimiento promedio anual del 1%; 2) En 2000, la *población de 14 años y más* representó el 68.75% de la población total; en 2010 fue de un 73.67%. Esta variable registró una tasa de crecimiento del 17.73%; 3) Dentro de la *población de 14 años y más*, la *PEA* registró una tasa de crecimiento del 17.72%, la *PNEA* aumentó en una tasa de crecimiento del 17.75%; en el 2000, la composición de la *población ocupada por sector de actividad* se conformaba por un 17.9% en el sector primario, 27.9% en el secundario, 54.18% en el terciario y 0.02% no especificado. En 2010, el *sector de actividad económica* se conformó por un 13.56% en el sector primario, 23.87% en el secundario, 61.89% en el terciario y 0.68% no especificado; 4) En 2000, la población ocupada presenta un nivel en donde el 15.12% recibe *hasta un salario mínimo*, 26.11% *más de 1 y hasta 2 salarios mínimos*, 18.79% *más de 2 y hasta 3 salarios mínimos*, 15.56% *más de 3 y hasta 5 salarios mínimos*, 11.57% *más de 5 salarios mínimos*, 9.89% *no reciben ingresos*, 2.96% *no especificado*. Para 2010, la población ocupada presenta un nivel en donde el 12.4% recibe *hasta un salario mínimo*, 22.73% *más de 1 y hasta 2 salarios mínimos*, 21.43% *más de 2 y hasta 3 salarios mínimos*, 17.48% *más de 3 y hasta 5 salarios mínimos*, 8.56% *más de 5 salarios mínimos*, 8.4% *no reciben ingresos*, 9% *no especificado*; 5) la tasa de desocupación[104] se incrementó, pasó en 2000 del 2.3% a 5.4% en 2010, la tasa de ocupación parcial y desocupación[105], también aumentó, en 2000 fue de 7.1% y en 2010 de 11.2%, la tasa de

---

[104] PEA que está sin empleo, pero está buscando entrar a trabajar.
[105] Es el porcentaje de la PEA que está desocupada, más la ocupada que trabajó menos de 15 horas en la semana de levantamiento de la ENOE.

ocupación en el sector informal[106] creció, en 2000 era de 26.9% y en 2010 de 27.2%.

Las políticas demográficas impactaron registrando una disminución en la tasa de crecimiento poblacional, lo que se refleja en un menor número de nacimientos registrados anualmente. En este contexto, parte del proceso que se presenta es un constante aumento de la tasa de crecimiento de la población de 14 años y más que se encuentra en edad de trabajar.

El empleo no se ha visto favorecido en esta década, si comparamos la tasa de crecimiento de la PEA y la PNEA, tenemos que se ha incrementado en mayor medida la PNEA, cuando lo esperado es que PEA fuera la que estuviera con un mayor número de población activa en la economía mexicana.

En relación a la población ocupada por sectores de actividad, se manifiesta un crecimiento en el sector terciario. Esta población ocupada, se ha incrementado dentro del rango de los que perciben más de 2 y hasta 3 salarios mínimos, así como los que no están especificados.

4.3 Sistema de Pensiones Federales IMSS e ISSSTE (2000-2009)

Los sistemas de pensiones federales, en especial, al IMSS e ISSSTE, en 2009 se conformaron por el 36.2% de la PEA nacional. En la actualidad, ambos esquemas son de contribución definida debido a las reformas a sus leyes de 1995 y 2007. Analicemos la Tabla No. 39.

En 2000, se registró un 41.57% de la población total afiliada a algún sistema de seguridad social, para 2004 se incrementó a un 43.97% y en 2009 fue del 59.49%.

La derechohabiencia puede ser brindada por: 1) instituciones públicas[107] y 2) instituciones privadas[108]. En 2009, de la población derechohabiente, el 98.5% recibe seguridad social a través de las instituciones públicas. En las instituciones públicas, en esta fecha, el IMSS brindó cobertura al 79.86% de

---

[106]   Porcentaje de la población ocupada que trabaja para una unidad económica no agropecuaria que opera a partir de los recursos del hogar, pero sin constituirse como empresa, de modo que los ingresos, materiales y equipos utilizados no son independientes y/o distinguibles de los del propio hogar.

[107]   En las instituciones públicas tenemos al IMSS, ISSSTE, SPSS-SSA [Sistema de Protección Social en Salud a cargo de la Secretaría de Salud (Seguro Popular y Seguro Médico para una Nueva Generación)] y otras (PEMEX, SEDENA, SEMAR, institutos de seguridad social estatales y otros del sector público.

[108]   Incluye afiliados por cuenta propia.

la población con derechohabiencia pública, el ISSSTE al 14.58% y otras el 5.56%.

En relación a la población mexicana de 12 años y más, tenemos que la PEA constituye un 55.89% en 2000, 55.95% en 2004 y 58.23% del total. De la PEA, tenemos que en el 2000 sólo el 43.76% tiene derechohabiencia, en 2004 el 45.77% y en 2009 el 33.82%. Este último dato nos muestra una reducción drástica del número de trabajadores en el sector formal de la economía recibiendo derechohabiencia.

Por lo anterior, resulta necesario observar qué sucede con la PNEA, ¿qué porcentaje sí tiene derechohabiencia? En este sentido, tenemos que en el 2000, la PNEA representaba el 44.12% de la población total de 12 años y más. De este porcentaje, el 32.42% tiene derechohabiencia; en 2004, la PNEA se conformó por el 44.05% de la población total de 12 años y más, de la cual el 44.89% tuvo derechohabiencia; para 2009, la PNEA era el 41.77% de la población total de 12 años y más, en donde el 60.88% fue derechohabiente.

Tabla No. 39: Indicadores de seguridad social (2000-2009).

Indicadores	2000	2004	2009
Población total	97,583,280	104,320,237	107,477,719
Con derechohabiencia	40,561,582	45,872,886	63,935,370
Instituciones públicas	39,451,556	44,778,851	62,944,830
IMSS	31,507,790	34,153,481	34,545,220
ISSSTE	5,753,168	7,478,467	6,057,647
SPSS-SSA			18,910,718
Otras	2,190,598	3,146,903	3,431,245
Instituciones privadas	1,110,026	1,094,035	990,540
Total Tipo de derechohabienc	40,561,582	45,872,886	63,935,370
Trabajador o asegurado titular	14,394,011	15,249,431	22,811,802
Pensionado o jubilado	1,780,852	2,406,344	3,038,714
Beneficiario	23,736,548	24,555,330	36,550,769
Estudiante	ND	1,174,780	1,333,133
Otro tipo	650,171	2,487,001	200,952
Población de 12 años y más	71,310,691	78,396,414	78,566,404
PEA total	39,855,155	43,859,073	45,748,108
PEA Derechohabientes	17,440,598	20,074,012	26,569,774
PNEA total	31,455,536	34,537,341	32,818,296
PNEA Derechohabientes	23,120,984	15,503,765	19,979,523
Sin derechohabiencia	57,021,698	58,447,351	43,479,016
No especificado			63,333

FUENTE: Elaboración propia con base en la Encuesta Nacional de Empleo y Seguridad Social (2000,2004, 2009). INEGI.
Nota: SPSS-SSA: Sistema de Protección Social en Salud a cargo de la Secretaría de Salud (Seguro Popular y Seguro Médico para una Nueva Generación).

Esta situación nos comprueba que actualmente la política laboral en México se encuentra desarticulada de la política de seguridad social. Uno de los principales resultados esperados era que el crecimiento de la PEA se correspondiera con un aumento en la PEA derechohabiente, lo cual no resultó así. Al analizar la PNEA, obtuvimos que la tasa de crecimiento de la PNEA con derechohabiencia 2004-2009 fue del 28.87%, es decir una tasa de crecimiento anual del 5.77%. Esta situación se debe a que gobierno para salvaguardar a la población que no se encontraba afiliada a algún sistema de seguridad social[109] les brindó los servicios del SPSS-SSA.

4.4 Evolución del Impacto del Ramo General 19 (1980-2012)

Otro elemento que impacta a la economía mexicana es el manejo del gasto público en el Presupuesto de Egresos de la Federación (PEF). Las transferencias gubernamentales por concepto del *Ramo General 19* se destinan para la realización de pagos del gobierno federal al IMSS, ISSSTE, ISSFAM, a las Afores, con lo cual se financian las prestaciones económicas y sociales que principalmente son producto del pago comprometido con las generaciones en transición de las leyes de seguridad social antes de las reformas[110].

Los argumentos esgrimidos como parte de la exposición de motivos de las reformas de seguridad social giraban en torno a que el traspaso de los trabajadores hacia cuentas individuales administradas por las Afores, generarían que el trabajador tuviera un mayor control de sus aportaciones, garantizando que al final de su vida laboral éste recibiera lo efectivamente aportado. Con la creación del SAR y de las cuentas individuales se generaría un fondo de recursos económicos que impulsarían a la economía debido a que en el largo plazo su monto se incrementaría paulatinamente hasta presentar un porcentaje importante con respecto al PIB; dichos fondos serían a futuro una importante fuente de ahorro interno[111] en nuestro país; aunado a que el sistema pensionario se conformaría cada vez con una

---

[109] Esta población es aquélla que o no trabaja o labora en el sector informal de la economía, por tanto, no puede acceder a los servicios de seguridad social.

[110] La generación en transición es aquella previa a las reformas de las leyes de seguridad social, éstas se encuentran bajo un esquema de beneficio definido.

[111] De acuerdo a datos de AIOS, en diciembre de 2010, México destinó sus fondos administrados en las cuentas individuales a inversión en deuda gubernamental (58.9%), instituciones financieras (2.7%), instituciones no financieras (17.5%), acciones (8.6%) y emisores extranjeros (12.4%).

mayor proporción de la PEA formal. Al analizar los resultados observados a lo largo de 32 años tenemos que las metas esperadas no se cumplieron.

Desde las reformas a las leyes de seguridad social, en 1995, el Ramo 19 representó el 2.62% del PEF y en 2007 fue del 4.07% del PEF. Este costo financiero se ha acentuado a lo largo del tiempo, tenemos que en 1981 representó el 0.81% del PEF, y actualmente en 2012, fue del 9.95%[112]. A este dato, debemos agregar que en 2010, retomando lo mencionado en los apartados anteriores, la PNEA se incrementó con una tasa de crecimiento del 17.75% y la tasa de ocupación de población en el sector informal fue del 27.2%. Por tanto, la eficiencia financiera que generarían las reformas a las leyes no generó los efectos deseados en la economía mexicana.

Tabla No. 40: Presupuesto de Egresos de la Federación: Gasto Neto Total y Ramo 19 de Aportaciones a Seguridad Social (1980-2012).

Año	Gasto Neto Total	Ramo 19	%
1980	1,450,900,000		
1981	2,340,100,000		
1982	4,368,300,000	35,200,000	0.81
1983	7,309,400,000	38,800,000	0.53
1984	11,328,200,000	78,300,000	0.69
1985	18,063,900,000	138,500,000	0.77
1986	33,652,200,000	238,200,000	0.71
1987	84,947,300,000	833,500,000	0.98
1988	152,292,900,000	1,849,100,000	1.21
1989	171,333,300,000	2,583,800,000	1.51
1990	212,672,100,000	3,672,500,000	1.73
1991	231,121,600,000	4,951,200,000	2.14
1992	258,813,000,000	6,712,800,000	2.59
1993	286,283,200,000	7,553,900,000	2.64
1994	327,609,200,000	9,019,800,000	2.75
1995	429,724,700,000	11,255,400,000	2.62
1996	587,421,700,000	17,019,300,000	2.90
1997	755,815,900,000	30,647,000,000	4.05
1998	830,486,900,000	54,624,832,100	6.58
1999	1,030,265,300,000	69,855,268,300	6.78
2000	1,195,313,400,000	81,644,000,363	6.83
2001	1,361,866,500,000	94,023,600,400	6.90
2002	1,463,334,300,000	100,670,385,600	6.88
2003	1,524,845,700,000	114,365,390,700	7.50
2004	1,650,505,100,000	127,265,200,000	7.71
2005	1,818,441,700,000	147,679,372,070	8.12
2006	2,000,072,400,000	150,549,155,135	7.53
2007	2,260,412,500,000	91,994,400,000	4.07
2008	2,569,450,200,000	190,178,700,000	7.40
2009	3,045,478,600,000	226,142,493,531	7.43
2010	3,176,332,000,000	296,997,690,878	9.35
2011	3,438,895,500,000	325,045,665,290	9.45
2012	3,706,922,200,000	368,687,759,820	9.95

FUENTE: Elaboración propia con base en información del DOF.

---

[112] Véase la Tabla No. 40.

Esta erogación incremental del Ramo 19, en estos momentos no es sustentable. Si consideramos las proyecciones de la población de la Tabla No. 41, tenemos que la tasa de crecimiento de la población del 2010-2050 será de un 12.42%. Las estimaciones al año 2050 muestran que nuestra población se conformará en gran medida por población adulta (de 45 años y más), lo cual se verá acentuado por una disminución en la tasa de natalidad (11.1%). La tasa de mortalidad aumentará (9.8%), siendo una de las principales causas las enfermedades crónico-degenerativas[113]. Otra cuestión que tendrá peso sobre los sistemas de pensiones es el incremento de la esperanza de vida de los individuos que en 2050 será de 82 años, para el caso de los hombres será de 80 y para las mujeres 89 años.

Tabla No. 41: Proyecciones demográficas de México (1990-2050).

Indicador	1990	2000	2010	2020	2030	2040	2050
Población a mitad de año	83,971,014	98,438,557	108,396,211	115,762,289	120,928,075	122,936,136	121,855,703
Hombres	41,839,942	48,722,412	53,229,849	56,453,709	58,624,028	59,284,702	58,520,261
Mujeres	42,131,072	49,716,145	55,166,362	59,308,580	62,304,047	63,651,434	63,335,442
Nacimientos	2,422,242	2,411,271	1,926,148	1,814,975	1,639,650	1,463,895	1,347,882
Defunciones	469,632	479,833	536,683	649,102	799,449	994,271	1,200,005
Crecimiento natural	1,952,610	1,931,438	1,389,465	1,165,873	840,201	469,624	147,877
Crecimiento social total	-337,846	-625,235	-555,066	-522,580	-472,495	-431,923	-393,321
Crecimiento total	1,614,764	1,306,203	834,399	643,293	367,706	37,701	-245,444
Tasa bruta de natalidad*	28.8	24.5	17.8	15.7	13.6	11.9	11.1
Tasa bruta de mortalidad*	5.6	4.9	5.0	5.6	6.6	8.1	9.8
Tasa de crecimiento natural**	2.3	2.0	1.3	1.0	0.7	0.4	0.1
Tasa de crecimiento social total**	-0.40	-0.64	-0.51	-0.45	-0.39	-0.35	-0.32
Tasa de crecimiento total**	1.92	1.33	0.77	0.56	0.30	0.03	-0.20
Tasa global de fecundidad	3.43	2.77	2.05	1.91	1.87	1.85	1.85
Esperanza de vida total	70.6	73.9	75.4	77.1	78.8	80.4	81.9
Esperanza de vida hombres	67.7	71.3	73.1	74.8	76.6	78.3	79.9
Esperanza de vida mujeres	73.5	76.5	77.8	79.4	81.0	82.6	83.9
Tasa de mortalidad infantil*	39.2	19.4	14.2	10.0	7.0	4.8	3.2

FUENTE: Elaboración propia con base en información de la publicación "Indicadores Demográficos Básicos 1990-2030". CONAPO.
*Por mil.
**Por cien.

Ante esta situación, gobierno federal deberá considerar en la definición de sus políticas laborales y en las políticas públicas de seguridad social, el impacto del bono demográfico y el aumento de las expectativas de vida,

---

[113]   De acuerdo al Estudio Nacional de Salud y Envejecimiento en México (ENASEM) [abarca el periodo 2001-2012], nos afectan principalmente 3 padecimientos: hipertensión arterial, diabetes y artritis. En menor medida las afecciones pulmonares, infartos, embolias y cáncer.

debido a que en el mediano y largo plazo el continuar erogando recursos públicos para sostener un sistema de pensiones que se encuentra financieramente débil, repercutirá en las finanzas públicas federales. Esta recomendación también debe ser generalizada para los institutos de seguridad social de las entidades federativas[114].

4.5 Sistema de Pensiones en el Estado de Tamaulipas

4.5.1 Situación Demográfica

Tamaulipas[115] se encuentra conformado por 43 municipios en donde se localizan 7,344 localidades. De acuerdo con datos del INEGI, del Censo de Población y Vivienda 2010, tenemos que Tamaulipas se integra por 7,299 localidades rurales y 45 localidades urbanas[116]. Las ciudades que presentan un mayor número de habitantes son: Reynosa (608,891 habs.)[117], Matamoros (489,193 habs.), Nuevo Laredo (384,033 habs.), Ciudad Victoria (321,953 habs.), Tampico (297,554 habs.) y Altamira (212,001 habs.).

En 2010, la población estatal era de 3 millones 268 mil 554 habitantes, de los cuales el 49.44% son hombres y el 50.56% mujeres. Se observa que los asentamientos humanos son principalmente urbanos (87.8% de la población radica en localidades urbanas y el resto en localidades rurales),

Tamaulipas sigue la dinámica demográfica de la población mundial: se van observando los signos de un claro envejecimiento poblacional. La *tasa de crecimiento total*[118] de Tamaulipas en 2010 fue de 1.14%, siendo superior

---

114   Recordemos que en los reportes de Fitch Ratings que presentamos anteriormente, cuando la calificadora analizó las finanzas públicas estatales, hacía notar la debilidad financiera de sus institutos de seguridad social debido a que las reformas a sus leyes de pensiones fueron paramétricas y en la mayor parte de los casos, no consideraron la situación demográfica y económica futura a que se enfrentarían las entidades federativas.

115   Se incluye el caso de Tamaulipas porque la reforma a su ley de pensiones va a realizarla a fines de 2013, es por ello que próximamente estará formando parte del grupo entidades federativas que han reformado su normatividad.

116   INEGI establece que una localidad urbana es la que tiene una población de 2,500 y más habitantes y la localidad urbana es la que presenta un menor número poblacional.

117   Cifras obtenidas del Censo de Población y Vivienda 2010 (INEGI).

118   La tasa de crecimiento total indica el porcentaje en que se incrementao disminuye la población de un año a otro.

a la media nacional que fue del 0.77%[119]. La *tasa de crecimiento natural*[120] fue de 1.22%, siendo un poco menor que la media nacional que fue del 1.28%. Mientras que la *tasa de crecimiento social*[121] total fue de -0.08%, siendo menor que el promedio nacional que fue de -0.51%.

Al analizar históricamente la dinámica de la población tamaulipeca, se observa que está sujeta a las políticas públicas de población, articulados en las prioridades económicas, políticas y sociales de nuestro país. Esto es identificado en el Gráfico No. 10 que presenta la evolución de la población total y la tasa de crecimiento de Tamaulipas en el periodo de 1910-2010.

Gráfica No. 10: Población total del Estado de Tamaulipas y tasa de crecimiento. Periodo 1910-2010.

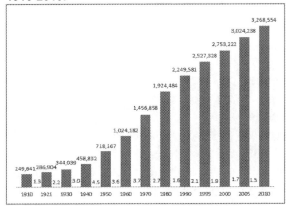

FUENTE: Elaboración propia con base a datos del Censo de Población y Vivienda 1910 al 2010 (INEGI).

De 1910 a 1960, la tasa promedio de crecimiento de la población fue de 3.1%, es a partir de 1970 que se presenta una disminución, producto de políticas poblacionales antinatalistas orientadas a la planificación familiar. En la actualidad, una de las principales problemáticas a resolver es el embarazo en los adolescentes.

De acuerdo con datos del INEGI, en 2010, la estructura de la población tamaulipeca muestra que la población dependiente por vejez (de 65 y más años) es de 195 mil 331 habitantes, es decir un 6.17% de la población total. Esta población se encuentra conformada por un 46.43% de hombres y un 53.57% mujeres.

---

[119]   Calculos obtenidos de acuerdo a CONAPO (2013).
[120]   La tasa de crecimiento natural es la diferencia entre el número de nacimientos menos defunciones, para así conocer si hubo mayor número de nacimientos que muertes.
[121]   La tasa de crecimiento social es la diferencia entre el número de inmigrantes menos el número de emigrantes de una población. Cuando se obtiene un saldo negativo estamos frente a un fenómeno de expulsión de la población, en tanto que si es positivo, tenemos un fenómeno de atracción de la población.

Este dato es importante porque refleja el número de habitantes que está en edad de pensionarse y jubilarse, lo cual impacta directamente en el costo de los sistemas de seguridad social en Tamaulipas.

Gráfica No. 11: Pirámide poblacional. Tamaulipas 2010.

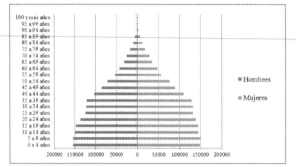

FUENTE: Elaboración propia con base a datos del Censo de Población y Vivienda 2010 (INEGI).

La pirámide poblacional es progresiva debido a que las tasas de natalidad y mortalidad son altas y el crecimiento demográfico es acelerado. La tendencia futura es que se convertirá en una pirámide en forma de campana o estacionaria porque mostrará el envejecimiento poblacional.

En relación con el envejecimiento poblacional, si analizamos las pirámides de edad por décadas tenemos que: En 1990 la edad mediana de la población era de 20 años, para 2000 fue de 24 años y, actualmente en 2010 es de 27 años.

De acuerdo con información de CONAPO, Tamaulipas para el 2020 tendrá un total de 3 millones 565 mil 224 habitantes; en 2030 serán 3 millones 824 mil 91 habitantes, lo cual implica que en 20 años tendrá un incremento poblacional de más de 500 mil habitantes.

Es por ello que se deben considerar medidas previsoras para que a futuro se le pueda proporcionar a los ciudadanos que sean adultos mayores las condiciones necesarias para que se puedan desarrollar de manera plena, de acuerdo con todas sus capacidades. En el aspecto económico, relativo a las pensiones y la próxima reforma a su ley, la propuesta debe garantizar el pago de aquellos trabajadores que a futuro recibirán una jubilación y pensión por parte de la Unidad de Previsión y Seguridad Social del Estado de Tamaulipas (UPYSSET).

4.5.2 UPYSSET

La UPYSSET nace en 1947, a partir del Decreto No. 173 que establece la Ley que crea la Caja de Ahorro y Préstamos de los Funcionarios y Empleados del Gobierno del Estado de Tamaulipas.

En 1960, se transforma en la Oficina de Pensiones. Posteriormente, en 1974, se convierte en el Departamento de Previsión Social y Pensiones para los Trabajadores del Estado y Personal Federalizado, siendo una oficina de la Dirección de Recursos Humanos de Gobierno del Estado.

El 1 de febrero de 1984, se expide el Decreto del Ejecutivo Estatal mediante el cual se crea la Unidad de Previsión y Seguridad Social del Estado de Tamaulipas, bajo la denominación de U.P.Y.S.S.E.T. como órgano desconcentrado y dependiente de la Secretaría de Servicios Administrativos.

Sistema de pensiones

De acuerdo a la Ley de la UPYSSET, esta institución es la encargada de otorgar la seguridad social a los trabajadores del Estado de Tamaulipas, siendo sujetos de este beneficio aquellos que laboren para los poderes del Estado, organismos paraestatales de la administración pública estatal, servidores públicos, así como aquellos familiares y dependientes económicos de quienes se encuentren afiliados a la institución.

Debido al carácter social que tiene UPYSSET, entre los beneficios otorgados se encuentran las pensiones por jubilación; por retiro en edad avanzada y tiempo de servicios; por muerte; por riesgos profesionales; por cesantía en edad avanzada; indemnización global; préstamos a corto plazo y especiales; préstamos a mediano plazo; préstamos hipotecarios para adquirir una vivienda, para construir, reparar, ampliar, o mejorar la actual, así como para el pago de pasivos por los conceptos anteriores; para construir una casa-habitación; servicios médicos de enfermedades y maternidad, medicina preventiva, rehabilitación física y mental, aparatos de prótesis y ortopedia; servicios de atención para el desarrollo infantil; servicios de integración a jubilados y pensionados; promociones culturales, turísticas, deportivas y de recreación; servicios funerarios; otorgamiento de becas para servidores públicos e hijos; venta de productos básicos y de consumo para el hogar; seguro por causa de muerte; y seguro de retiro.

En el instituto aportan los servidores públicos el 6% de su sueldo mensual. En caso de que el trabajador labore en dos o más empleos, aportará el 6% sobre el total de sueldos percibidos. Gobierno del Estado de Tamaulipas, mensualmente aporta el 10% sobre los sueldos de sus servidores.

El trabajador tiene derecho a obtener una jubilación al cumplir 30 años o más de servicios, con igual tiempo de cotización al instituto, siendo hombre, si es mujer a los 25 años. Este requisito le da derecho a percibir el pago de una cantidad equivalente al 100% de su sueldo regulador pomedio, es decir, el disfrutado en el último año de prestación de servicios.

Otro beneficio que se les otorga a jubilados y pensionados, es una gratificación anual (aguinaldo) que se les pagará un 50% el 15 de mayo y el restante a más tardar el 15 de diciembre.

Para recibir la pensión de retiro y tiempo de servicios, el trabajador debe haber cumplido 55 años de edad y 15 años de servicio como mínimo e igual tiempo de aportaciones al instituto. En el artículo 50 de la Ley se establece el tabulador para el cálculo de la pensión del trabajador de acuerdo al tiempo de contribuciones y su sexo, tal como se presenta a continuación.

En la Tabla No. 42, observamos como los años de contribución de los trabajadores activos hombres van desde los 15 hasta los 30 años, en donde gradualmente va incrementándose su pensión, es a partir de los 23 años de cotización que los incrementos en su monto para pensionarse son en un porcentaje mayor, pasa de un 70% a un 100% a los 30 años de contribuciones.

En esta misma tabla, al considerar el caso de las trabajadoras activas tenemos que a diferencia del hombre, ellas pueden pensionarse con el 100% al contar con 25 años de contribuciones al instituto.

Tabla No. 42: Años de contribución hombre/mujer para el cálculo de la pensión correspondiente.

Años de contribución	Hombres	Mujeres
15	50%	50%
16	52.50%	52.50%
17	55%	55%
18	57.50%	57.50%
19	60%	60%
20	62.50%	62.50%
21	65%	70%
22	67.50%	77.50%
23	70%	85.50%
24	72.50%	92.50%
25	75%	100%
26	80%	
27	85%	
28	90%	
29	95%	
30	100%	

FUENTE: Ley de UPYSSET.

La pensión por cesantía en edad avanzada la percibe el trabajador al cumplir los 60 años y haber cotizado como mínimo 10 años al instituto.

Esta pensión se calcula de acuerdo al sueldo regulador y los porcentajes se especifican en la siguiente tabla.

Tabla No. 43: Edad del trabajador y años de contribución hombre/mujer para el cálculo de la pensión correspondiente.

Edad	Años de contribución	Hombres	Mujeres
60 años	10	40	40
61 años	10	42	42
62 años	10	44	44
63 años	10	46	46
64 años	10	48	48
65 años	10	50	50

FUENTE: Ley de UPYSSET.

Un trabajador que sufra algún accidente o enfermedad a que esté expuesto, por motivos de su empleo, puede obtener una pensión por riesgos profesionales. Dentro de esta categoría se consideran las lesiones orgánicas, perturbaciones funcionales inmediatas o posteriores, la muerte como producto del ejercicio o resultado de la realización de su trabajo.

Para ello, un médico especialista designado por UPYSSET analizará el caso. Si el trabajador resulta inconforme con la calificación, se podrá solicitar la intervención de un perito técnico o profesional para que brinde su dictamen. En este caso, si todavía existe inconformidad por parte del trabajador, posterior al resultado emitido por el perito, de acuerdo al artículo 61 de la Ley, se establece que la UPYSSET propondrá una terna de especialistas con notable prestigio profesional para que el trabajador elija a uno de ellos. En este momento, el resultado que obtenga el trabajador, es inapelable.

A un trabajador que sufra un accidente de trabajo le son otorgadas las prestaciones de: a) diagnóstico, asistencia médica, quirúrgica y farmacéutica; b) servicio de hospitalización; c) aparatos de prótesis y ortopedia; y d) rehabilitación. Lo anterior es con el afán de que el trabajador tenga toda la atención posible ante un percance sufrido durante el desempeño de su trabajo.

Estos beneficios de seguridad social se otorgan con la finalidad de que los trabajadores del Estado puedan realizar sus actividades laborales con la firme seguridad de que en todo momento se les están garantizando sus derechos.

Entrevista realizada a la C.P. Lourdes Benavides Hinojosa

La UPYSSET se encuentra registrada como Institución Miembro de la Conferencia Interamericana de Seguridad Social (CISS)[122], su Directora General, la C.P. Lourdes Benavides Hinojosa, mediante una entrevista a profundidad nos proporcionó un panorama de la seguridad social brindada por la institución a los trabajadores tamaulipecos.

La C.P. Hinojosa nos menciona que la seguridad social en Tamaulipas es importante para sus derechohabientes. Actualmente, la reforma a su ley es con la finalidad de garantizar la existencia de un régimen sano financieramente y bien estructurado.

La UPYSSET como institución, se creó con el objetivo de brindar seguridad social a los trabajdores de Gobierno del Estado. En sus inicios, la UPYSSET sentó las bases en los trabajadores para fomentarles una cultura del ahorro, en donde ellos aportaran una parte de su salario y de igual manera lo realizaran sus patrones, para que de esta manera se constituyera un fondo pensionario.

La principal prestación económica que brinda la UPYSSET son las pensiones de los trabajadores que alcanzan este derecho. Entre otros servicios se tienen que la UPYSSET otorga préstamos a tasas de interés menores que las cobradas por el mercado; así como el servicio médico en hospitales del sector salud del Estado de Tamaulipas, así como del ISSSTE.

Como parte de las campañas para garantizar la salud de los tamaulipecos, la UPYSSET a través del Programa de Medicina Preventiva, brinda el servicio de visitas a las dependencias públicas a través de unidades móviles, en donde participan doctores, enfermeras, nutriólogos, quienes realizan auscultaciones a los servidores públicos, tomándoles muestras de triglicéridos, colesterol, alta presión, glucosa, así como también exámenes a las damas de mamografía, papanicolau, entre otros.

En relación con la situación financiera actual del sistema de pensiones, la UPYSSET eroga anualmente 700 mdp para el pago de 5 mil 450 jubilados y pensionados, es por ello que, menciona su Directora, se deben valorar las reservas económicas considerando al universo de derechohabientes que son atendidos y observar, de acuerdo a sus edades y tiempo laborado,

---

[122] La CISS es un organismo internacional técnico y especializado que tiene como función principal mejorar la seguridad social en los países americanos. México, geográficamente se encuentra en la subregión V que abarca a nuestro país y el Caribe latino. En México, son miembros el IMSS, ISSSTE, ISSSTELEON, el IPEJAL, ISSSTEZAC, ISSEG, ISSEMYM, UPYSSET, Afore XXI Banorte y la ANIESS.

para ver hasta dónde alcanza a cubrir el fondo pensionario. De acuerdo con los últimos estudios actuariales, realizados el año anterior, la suficiencia financiera prevista de la UPYSSET se encuentra garantizada hasta el 2019[123].

Al analizar la relación trabajadores activos con respecto a pensionados, se tiene que son 40 mil aportantes y 5 mil 450 pensionados, esto significa una relación sana, sin embargo, anualmente pesa cada vez más el pago de la nómina de pensionados, ya que las aportaciones de los trabajadores y patrones no son suficientes para cubrir las pensiones.

Para contrarrestar esta situación, la UPYSSET está estableciendo un diálogo con los sindicatos para poder reformar la Ley en este año e incluir los cambios necesarios que propicien la solvencia financiera de las pensiones y jubilaciones. Esta reforma resulta necesaria porque cuando se creó la Ley de UPYSSET el escenario era distinto: la expectiva de vida era menor, se previeron aportaciones de un 10% sobre el salario del patrón y un 6% en el del trabajador. Las damas debían laborar 25 años, mientras los hombres 30 años, en la actualidad, no es suficiente. Se está considerando realizar reformas paramétricas que contemplen aumentar los años laborados y las aportaciones de los trabajadores.

Este diálogo establecido con los líderes sindicales ha resultado bastante fructífero porque ellos se encuentran plenamente conscientes de que estos cambios son necesarios. Se les han presentado explicaciones financieras matemáticas que muestran la realidad financiera.

---

[123] Fitch Ratings, en su calificación establece que la suficiencia financiera es garantizada hasta el 2018. FITCH RATINGS (2013) *Estado de Tamaulipas. Reporte de calificación.* Finanzas públicas. 6 de febrero de 2013. México, p. 6.

CONCLUSIONES Y RECOMENDACIONES

Conclusiones

El objeto de estudio de esta investigación fue la insostenibilidad financiera de los sistemas de pensiones en América Latina y, para llegar a ello consideramos pertinente realizar un análisis de política comparada en sistemas pensionarios latinoamericanos y de entidades federativas de nuestro país, con la finalidad de conocer a fondo la situación actual que viven otras instituciones encargadas de la seguridad social. También estimamos necesario analizar el sistema de pensiones del IMSS, observar su desenvolvimiento, que hasta la fecha presenta insostenibilidad financiera, aún con la reforma realizada en 1995 para darle la esperada viabilidad. Incluimos un análisis de la reforma a la Ley del ISSSTE que tampoco generó una suficiencia financiera de su sistema de pensiones. Para cerrar en la aprobación de la Ley de la Pensión Universal.

Dentro de la temática del sistema pensionario en México es necesario tener en cuenta, de manera inicial, los objetivos por los que fueron creados sus instituciones y la naturaleza de cada una de ellas.

Las pensiones constituyen el reconocimiento económico a los trabajadores que desempeñaron funciones para el gobierno durante su vida productiva. El trabajador para hacerse acreedor a este derecho tiene como obligación haber efectuado cuotas y aportaciones que son destinadas a la conformación de un fondo pensionario para que cuando se jubile, una vez que haya cumplido los requisitos de antigüedad y edad que marca la normatividad, pueda hacer uso de sus recursos.

En estos momentos la situación tiende hacia la búsqueda de una solución financiera que otorgue sostenibilidad a los sistemas pensionarios del IMSS, ISSSTE, así como de los institutos de seguridad social de las entidades federativas, en los casos que son presentados, pero observamos que esta situación ocurre de igual manera a nivel internacional. No es una situación aislada la que estamos viviendo; el problema radica en la falta de planeación y organización de los sistemas pensionarios y por consiguiente se requiere realizar reformas a sus normatividades.

Esta situación que se vive es producto del proceso globalizador, del cambio demográfico, el detrimento en la calidad de vida, en las políticas económicas, laborales y salariales que no han considerado un escenario a largo plazo. Estas circunstancias, aunadas a la existencia de una precarización del trabajo, de la existencia de desempleo, informalidad y subempleo, generan que cada vez sea un menor número de trabajadores los que se incorporen a la seguridad social.

Es deprimente observar que cada vez un mayor número de trabajadores se encuentra engrosando el sector de la economía informal, que son aquellos que no obtendrán una jubilación ni pensión, pero que debido a su nivel de vida, a la escasa preparación académica, tienen que conformarse con empleos que no les otorgan seguridad social. Es por ello que se elevó a rango constitucional la provisión de la pensión universal, con fundamento en el artículo 4 de la CPEUM. Una de las aristas más frágiles que se observa a la Ley de la Pensión Universal es que realmente pueda contar con los recursos necesarios para garantizar el pago a las personas mayores de 65 años que no cuentan con seguridad social.

Para poder contrarrestar esta situación económica inestable, se requiere hacer conciencia en todos y cada uno de los trabajadores que deben insertarse en la economía formal, y para alcanzar este objetivo, México debe atender a las recomendaciones de organismos internacionales como la OIT. Estamos conscientes que una población envejecida sin seguridad social genera un círculo vicioso de marginación, con una tasa creciente de población adulta que no podrá valerse por si misma una vez que concluya su etapa productiva.

También conlleva a un aumento de la pobreza, y en el caso de estos adultos mayores de 65 años, requerirán de programas médicos especiales para su atención y, existe un incremento en los impuestos a los precios de los alimentos de primera necesidad y en los medicamentos, por tanto, esta situación crea un foco rojo en la economía internacional, nacional y estatal.

1.- En el caso del IMSS su problemática radica en que cada año aumenta el número de pensionados, disminuyen los fondos pensionarios, es menor la inversión en infraestructura, equipamiento médico, compra de medicamentos, es decir, las obligaciones con la población pensionada van en detrimento de la calidad de la atención, construcción y mejora médica para los derechohabientes activos que sufren las restricciones económicas impuestas al IMSS y dado que el incremento poblacional es progresivo genera menor calidad de vida del trabajador y sus dependientes económicos.

2.- Las decisiones a tomar en la materia son necesarias en la medida en que cada vez es mayor la carga fiscal sobre el gobierno federal, lo que provoca menor inversión en diversos ramos presupuestales. Es urgente buscar una solución capaz de garantizar que los que actualmente están pensionados y los que a futuro se pensionen, puedan tener la confianza de que sus jubilaciones y pensiones les serán otorgadas sin ningún contratiempo. La población que sufre las consecuencias de la falta de previsión financiera es la que se encuentra en el sistema pensionario anterior a la reforma a la Ley del IMSS del año de 1995, que anteriormente cotizaba para el instituto. Para obtener una suficiencia financiera se realizó la reforma a la Ley del Seguro Social y ahora la población trabajadora incorporada a partir del 1 de enero de 1997 se encuentra sujeta a la nueva ley y por consiguiente sus contribuciones van a una cuenta individualizada manejada por una Afore, e incluso pueden llegar a destinar aportaciones a las Siefore del sistema pensionario.

3.- De momento, en este proceso las administradoras están de frente en una guerra de comisiones, buscando dar mayor rentabilidad al trabajador activo para que éste destine sus fondos a Afores con los mejores rendimientos. El trabajador es quien decide cómo manejar sus recursos y debe buscar que su pensión futura le sea suficiente para afrontar sus gastos. El éxito financiero de las Afores se comprueba ante sus utilidades generadas.

4.- En la actualidad resulta necesaria la revisión y evaluación de los fondos pensionarios destinados a trabajadores del sistema pensionario anterior. ¿Qué va a pasar con ellos una vez que no existan los recursos suficientes para otorgarles su pensión? Recordemos el análisis del Ramo 19 Aportaciones de Seguridad Social. Se requiere tener la templanza y el conocimiento multidisciplinario de diversos temas relacionados con el sistema de pensiones debido a que la solución debe ser inmediata. No se puede dejar pasar más tiempo y causar un problema mayor porque se ocasionaría un caos y desconfianza en las instituciones encargadas del proceso, se requiere mantener a la población derechohabiente y pensionaria informada, lo mismo a los derechohabientes del nuevo sistema. Debe haber una cultura del conocimiento de cómo están invirtiendo sus fondos y aproximadamente de cuánto es lo que dispondrán. También debe fomentarse el conocimiento de cuáles son los mecanismos que poseen para hacer válidos sus derechos, ya que se ha observado que los trabajadores desconocen estos temas lo cual no favorece la identificación y solución del problema. Si están enterados se puede llegar a acuerdos y buscar soluciones, posiblemente no serán favorables para todos los interesados, pero si para la gran mayoría, la clave está en provocar el deseo de conocer, de saber qué está pasando con la seguridad social en México.

5.- Si nos detenemos en la revisión del resultado de la hipótesis de la que partimos, comprobamos que se cumple la insostenibilidad financiera del IMSS (y a futuro será también el caso del ISSSTE), porque persiste ésta en la medida en que las reformas implementadas se orientaron hacia el logro de resultados a largo plazo, por tanto, esas reformas no tuvieron en cuenta los rubros deficitarios de corto plazo. Tampoco consideraron medidas de corto plazo, debido a la resistencia de los grupos de interés que se iban a ver afectados por las mismas (partidos políticos, sindicatos y patrones).

6.- La hipótesis anterior es verdadera, pues continúa la insostenibilidad financiera del instituto; mediante la reforma a la Ley del IMSS, los recursos pensionarios se dividieron en dos poblaciones: La del sistema pensionario anterior y la del nuevo sistema. En el primero, se encuentra un gran número de trabajadores próximos a pensionarse, los cuales se encuentran ante la incertidumbre de qué ha pasado con sus pensiones: Son trabajadores que contribuyeron durante más de dos décadas al instituto y tienen todo el derecho de manifestar sus reclamos. Cuando se realizó la reforma a la Ley del IMSS fue para dar sostenibilidad al nuevo sistema. De esta separación de fondos, ahora el instituto solo tiene que vigilar y contribuir con recursos invirtiéndolos en las Afores y Siefores. Los grupos de interés en el tema no quisieron legislar sobre las pensiones de la generación en transición, porque les habría impactado la reforma, pero el problema ha persistido y se ha agravado con el paso del tiempo. La solución sólo podrá vislumbrarse en la medida en que se logren los acuerdos, pero tiene que ser a la brevedad posible, no puede pasar más tiempo. Deben considerarse tanto las bases económicas como las financieras para que el desarrollo del país sea incluyente, con finanzas públicas sanas; sólo así podríamos tener un México con crecimiento, con una menor deuda pública interna y externa, y no como se está realizando al otorgar subsidios a la población, con recursos provenientes de fondos federales o del aumento de los impuestos.

Utilizamos como metodología la teoría de la elección racional debido a que el enfoque del documento se basa en la explicación de la problemática mediante la comprensión del comportamiento de los individuos. A través de la racionalidad podemos explicar el por qué se tomaron determinadas decisiones que al parecer no han sido tan racionales, pero al observarlas en conjunto tienen un patrón eminentemente racional.

7.- Finalmente, en el caso del ISSSTE el proceso de reforma a su ley muestra incipientemente claros signos de un comportamiento semejante al sucedido por la Ley del IMSS, por lo mismo no hay que caer en vicios similares a los ocurridos en el pasado, es necesario detenernos, decidir y planear correctamente la dirección que deseamos tome nuestro país para beneficio de todos los mexicanos, no guiarnos por intereses de grupos privilegiados que sólo desean conservar y enriquecer sus bolsillos.

Recomendaciones

Entre los puntos que es necesario mencionar como prioritarios, se encuentran las siguientes propuestas:

1.- Al revisar las estadísticas de la ENESS (2009) observamos que un 41% de la PEA no cuenta con derechohabiencia; este dato es alarmante porque esta población, por tanto, se encuentra laborando dentro de la economía informal. Por ello, resulta necesaria la implementación de mecanismos para crear e incorporar a esta población a la economía formal.

2.- En el Estado de Resultados del IMSS los rubros deficitarios son los ramos de aseguramiento por enfermedad y maternidad de asegurados y pensionados y el ramo de seguro para la familia, por tanto se deben auspiciar recursos para estos servicios que implican la atención integral de los trabajadores y pensionados del Instituto, ahora la salud se encuentra en situación de no poder continuar brindándose si no se revierte la problemática.

3.- Se podrían establecer, dentro de las reformas a la seguridad social, el incluir bien estructuradas, escalas de pago de pensiones y pensiones tope para poder garantizar que los trabajadores que se pensionen alcancen a obtener una pensión y los que la están percibiendo puedan continuar obteniendo este beneficio. Para ello, resulta necesario la elaboración de estudios actuariales que proporcionen estos indicadores.

4.- Aguirre Farías (2012) sugiere que al reformar los sistemas estatales de pensiones en México es necesario considerar una valuación actuarial estandarizada (p. 44). Su despacho actuarial realizó una propuesta metodológica de las valuaciones actuariales mediante el método de primas óptimas de liquidez o de reservas controladas. Esta metodología tiene por objetivo conocer cuánto deben aportar los trabajadores y la duración de las reservas de sus institutos de seguridad social.

5.- Estimar la pertinencia de implementar, dentro de las políticas públicas de salud de la población mexicana, y en otros países, programas preventivos de salud para que los ciudadanos cuenten con la atención de equipos de personal médico especializado e instalaciones que tengan por objetivo disminuir el número de casos de aquellas enfermedades que tengan registradas como las de mayor recurrencia en la población de mayores de 60 años. De esta manera, con el paso del tiempo, el gasto público destinado a atención médica para los pacientes que sufran estas enfermedades disminuirá y, los recursos que se ahorren podrán destinarse para eficientar las instalaciones y equipo de los sectores de salud, para beneficio de la población.

6.- Es necesario que se incluya en la planeación, proyectos que consideren a los ciudadanos que se encuentran en el rango de edad de 60 años y más y se visualice que deben contar con los espacios acordes a su nuevo estilo de vida, por ejemplo, viviendas que tengan la recamara en el primer piso y con puertas más amplias (que prevean que un paciente con andadera o silla de ruedas pueda pasar de una habitación a otra en la casa); espacios públicos como parques en donde puedan caminar, hacer ejercicio; estancias diurnas, para que cuando sus familiares salgan a trabajar tengan una opción segura en donde puedan llevar al adulto mayor y éste socialice con otros individuos, recibiendo los cuidados necesarios.

7.- La insuficiencia financiera de los institutos de pensiones que se encuentran en crisis, es posible que no se solucione en el corto plazo, es por ello que se deben establecer políticas económicas y políticas laborales que le otorguen la opción al trabajador mayor de 60 años, de así él decidirlo, de continuar laborando en un trabajo que sea acorde con sus capacidades físicas. Una persona que toda su vida se ha desempeñado dentro de una trayectoria laboral de 30 años o más, posee una gran experiencia que puede ser transmitida a las nuevas generaciones de trabajadores. Estos individuos podrían brindar capacitaciones, asesorías, con la finalidad de profesionalizar a los recursos humanos. El beneficio para el país es que mejoraría la gestión en la administración pública, así como en el sector productivo nacional. Para el individuo, es un hecho, científicamente probado, que una persona que padece un transtorno mental como el alzheimer o es propensa a padecerlo a medida que avanza su edad, por el hecho de realizar actividades cognitivas como el leer, aprender idiomas, relacionarse con la gente, entre otras, puede disminuir los síntomas y mejorar la calidad de vida de los pacientes.

ANEXO ESTADÍSTICO

Tabla No. 2: Sistemas de Pensiones en América Latina

	Argentina	Bolivia	Chile	Colombia	Costa Rica	El Salvador	México	Perú	República Dominicana	Uruguay
Fecha de surgimiento de los sistemas	1994	1997	1981	1993	2000	1998	1997	1993	2001	1996
Supervisor	Administración Nacional de la Seguridad Social (ANSES)	Autoridad de Fiscalización y Control de Pensiones y Seguros APS	Ministerio del Trabajo y Previsión Social	Superintendencia Financiera de Colombia	Superintendencia de Pensiones de Costa Rica	Superintendencia del Sistema Financiero	Comisión Nacional del Sistema de Ahorro para el Retiro (CONSAR)	Superintendencia de Banca, Seguros y AFP	Superintendencia de Pensiones	Banco Central del Uruguay y Banco de Previs. on Social
Jefe Superior	Diego Bossio, Director Ejecutivo, ANSES	Iván Orlando Rojas Yonguas, Director Ejecutivo, APS	Juan Carlos Jobet Eluchars, Ministro, MINTRAB	Gerardo Hernández Correo, Superintendente Financiero de Colombia	Edgardo Robles Cordero, Superintendente, SUPEN	Lic. Víctor Ramírez, Superintendente, SSF	Carlos Ramírez Fuentes, Presidente, CONSAR	Daniel Schydlowsky Rosenberg, Superintendente de Banca y Seguros y AFP	Joaquín Gerónimo, Superintendente de Pensiones, SIPEN	Mario Bergara, Presidente, Banco Central del Uruguay
Normatividad Vigente	_Ley 26.425 (9 Dic. 2008)	_Ley No. 065 _Ley de 10 de 2010	_Ley No. 20.255 de 2008 _D.L. No. 3500 de 1980, actualizado a julio de 2012	_Decreto No. 604, 1 de abril del 2013, que reglamenta el acceso e inicio de operación del servicio social complementario de Beneficios Periódicos (BEPS)	_Ley Régimen Privado de Pensiones Complementarias No. 7523. Última Reforma 18 de Feb. 2000 _Ley de Protección al Trabajador No. 7983	_Decreto No. 927 _Ley del Sistema de ahorro para Pensiones (30 de Abril de 2012)	_Ley de los Sist. de Ahorro para el retiro (23 de mayo de 1996) _Ley del Seguro Social (21 de diciembre de 1995) _Ley del Instituto de Seguridad y Servicios Sociales de los Trabajadores del Estado (31 de marzo de 2007)	_Decreto Ley No. 1990 _Ley No. 20530	_Ley 87-01 que crea el Sistema Dominicano de Seguridad Social (9 de mayo de 2001) _Ley No. 188-07	_Ley 16.713 Seguridad Social (3 de septiembre de 1995) _Ley 18.395. Beneficios jubilatorios (24 de octubre de 2008)
Régimen	Sistema Solidario de reparto	Capitalización Invidual [1]	Sistema integrado de pensiones contributivas y no contributivas	Reparto y capitalización individual	Reparto y capitalización individual	Reparto y capitalización individual	Reparto y capitalización individual	Reparto y capitalización individual	Capitalización Invidual	Reparto y capitalización individual
Sistema antiguo/sistema nuevo	Nuevo sustituyó al antiguo	Nuevo sustituyó al antiguo	Antiguo coexiste permanentemente con nuevo, hasta desaparecer	Antiguo coexiste permanentemente con nuevo	Antiguo coexiste permanentemente con nuevo	Antiguo coexiste permanentemente con nuevo	Antiguo coexiste permanentemente con nuevo	Antiguo coexiste permanentemente con nuevo	Nuevo sustituyó al antiguo	Antiguo coexiste permanentemente con nuevo
Traspaso a nuevo sistema para afiliados	Obligatorio	Obligatorio	Voluntario	Voluntario	Voluntario	Voluntario	Voluntario	Voluntario	Obligatorio	Voluntario
Naturaleza de Administrador	Estatal	Administradoras privadas y estatales	Administradoras privadas y estatales	Administradoras privadas y estatales	Administradoras privadas y estatales	Solo administradoras privadas	Administradoras privadas y estatales	Solo administradoras privadas	Solo administradoras privadas	Administradoras privadas y estatales
Requisitos para obtener la jubilación	30 Años de Servicio. En el caso de los hombres con 65 años cumplidos y en las mujeres, 60 años.	a) Si tienen aportes que garanticen su pensión por vejez, en los hombres 55 años e en las mujeres, 50 años. b) 58 años independientemente del monto acumulado	65 años de edad cumplidos, en el caso de los hombres y 60 en las mujeres	En Régimen de Prima Media (RPM), cumplir 55 años si es mujer y 60 años, si es hombre. En 2014 aumenta la edad a 62 años en el caso de los hombres y 57 años en las mujeres	65 años	60 años para los hombres y 55 años para las mujeres	65 años	60 años hombres y 55 años mujeres	60 años y haber cotizado 30 años	60 años, mínimo 30 años de servicios con cotización efect va, para trabajadores con cese o causal posterior al 1 de julio de 2009. Si fue anterior a esta fecha, el requisito es de 60 años de edad y 35 años de servicio
Beneficios	Prestaciones por jubilación: Prestación Básica Universal (PBU), Prestación Compensatoria (PC) y Prestación Adicional por Permanencia (PAP)	RC: prestación de vejez, invalidez, por muerte y gastos funerarios; RS: pensión solidaria de vejez, por muerte y vejez; RNC gastos funerarios. PNC renta dignidad y gastos funerarios	Vejez, invalidez y sobrevivencia	Vejez, invalidez, sobrevivencia, indemnización sustit va, auxilio funerario y régimen de transición	Vejez, invalidez y muerte	Vejez, invalidez, sobrevivencia y muerte	Vejez, cesantía en edad avanzada, sobrevivencia, invalidez, vejez anticipada, ayuda por desempleo y matrimonio	Vejez, invalidez, sobrevivencia, vejez anticipada, gastos de sepelio	Vejez, invalidez, sobrevivencia, seguro familiar de salud y seguro de riesgos	Vejez, invalidez y sobrevivencia

FUENTE: Elaboración propia.

(1) Régimen Contributivo (RC); Régimen Semicontributivo (RS); Régimen No Contributivo (RNC).

Tabla No. 16

ESTADO DE INGRESOS Y GASTOS POR RAMO DE SEGURO. 1998 (1)

CONCEPTO	RIESGOS DE TRABAJO	ENFERMEDAD Y MATERNIDAD		ENFERMEDAD Y MATERNIDAD	INVALIDEZ Y VIDA	GUARDERIAS Y PRESTACIONES SOCIALES	SEGURO PARA LA FAMILIA	TOTAL	%EN RELACION AL TOTAL DE INGRESOS
		ASEGURADOS	PENSIONADOS						
INGRESOS									
Cuotas Obrero Patronales	7 505 941	32 707 242	5 224 923	37 932 165	9 637 415	3 735 607	407 805	59 218 933	67.57
Contribución y Transferencias del Estado		16 937 287	180 201	17 117 488	468 730		310 552	17 896 770	20.42
Suman las Cuotas	7 505 941	49 644 529	5 405 124	55 049 653	10 106 145	3 735 607	718 357	77 115 703	87.99
Otros Ingresos (*)	577 723	2 510 138	400 314	2 910 452	7 034 593	(24 872)	31 388	10 529 284	12.01
TOTAL INGRESOS	8 083 664	52 154 667	5 805 438	57 960 105	17 140 738	3 710 735	749 745	87 644 987	100.00
GASTOS									
Servicios de Personal	1 355 778	30 042 897	2 950 872	32 993 769	2 273 318	1 466 330	328 905	38 418 100	49.66
Consumos	319 563	9 224 838	905 183	10 130 021	73 120	118 410	99 564	10 740 678	13.88
Mantenimiento					1 128 907			1 128 907	1.46
Servicios Generales (*)	250 647	5 389 727	779 142	6 168 869	975 367	1 377 855	60 740	8 833 478	11.42
Prestaciones Económicas	1 783 388	2 444 655		2 444 655	10 960 533			15 188 576	19.63
Sumas Aseguradas	847 086			6 911 440		7 758 526	10.03		
Régimen de Jubilaciones y Pensiones IMSS		3 931 129		3 931 129					
Subsidios y Ayudas	936 302	2 444 655		2 444 655	117 964			3 498 921	4.52
SUMA A GASTO CORRIENTE:	3 709 376	47 102 117	4 635 197	51 737 314	15 411 245	2 962 595	489 209	74 309 739	96.05
OTROS									
Intereses financieros	855	5 487	3 515	9 002	(29 694)	(2 817)	14	(22 640)	(0.03)
Ajustes e incobrabilidades	78 920	275 106	102 619	377 725	93 134	38 193		587 972	0.76
Depreciaciones y amortizaciones					1 426 194			1 426 194	1.84
Reversión de cuotas	41 667	1 021 686		1 021 686	1 131			1 064 484	1.38
SUMA DE OTROS	121 442	1 302 279	106 134	1 408 413	1 490 765	35 376	14	3 056 010	3.95
TOTAL DE GASTOS	3 830 818	48 404 396	4 741 331	53 145 727	16 902 010	2 997 971	489 223	77 365 749	88.27
EXCEDENTE INGRESOS/GASTOS:	4 252 846	3 750 271	1 064 107	4 814 378	238 728	712 764	260 522	10 279 238	11.73
Aportación por aplicación Boletín D-3 RJP	156 733	3 723 677		3 723 677	279 479	268 203	37 110	4 465 202	5.09
EXCEDENTE NETO INGRESOS/GASTOS:	4 096 113	26 594	1 064 107	1 090 701	(40 761)	444 561	223 412	5 814 036	6.63

(1) Cifras en Miles de Pesos.

(*) Incluye los importes por concepto de Gasto Administrativo por uso de Bienes.

Fuente: Coordinación de Presupuesto, Contabilidad y Evaluación Financiera.

JUANA ISABEL VERA LÓPEZ

Tabla No. 17

ESTADO DE INGRESOS Y GASTOS POR RAMO DE SEGURO. 1999 (1)

CONCEPTO	RIESGOS DE TRABAJO	ENFERMEDAD Y MATERNIDAD	INVALIDEZ Y VIDA	GUARDERIAS Y PRESTACIONES SOCIALES	SEGURO PARA LA FAMILIA	TOTAL	%EN RELACION AL TOTAL DE INGRESOS
INGRESOS							
Cuotas Obrero Patronales	9 769 457	47 508 691	10 964 349	4 749 402	507 889	72 899 788	67.00
Contribución y Transferencias del Estado		21 000 040	579 701		364 235	21 943 976	20.17
Suman las Cuotas	9 769 457	68 508 731	11 544 050	4 749 402	872 124	94 843 764	87.16
Otros Ingresos (*)	1 630 074	1 592 877	10 147 599	571 642	25 371	13 967 563	12.84
TOTAL INGRESOS	10 799 531	70 101 608	21 691 649	5 321 044	897 495	108 811 327	100.00
GASTOS							
Servicios de Personal	1 897 747	41 335 287	2 467 930	2 480 597	705 514	48 887 075	49.88
Consumos	458 184	12 886 050	118 090	163 143	223 357	13 848 824	14.13
Mantenimiento		1 577 198		1 577 198	161		
Servicios Generales (*)	338 904	7 744 021	1 132 218	1 925 533	113 670	11 254 346	11.48
Prestaciones Económicas	2 713 986	3 129 671	13 111 866	0	0	18 955 523	19.34
Sumas Aseguradas	1 539 729		7 693 605		9 233 334	9 42	
Régimen de Jubilaciones y Pensiones IMSS		5 321 026		5 321 026	543		
Subsidios y Ayudas	1 174 257	3 129 671	97 235		4 401 163	4 49	
SUMA GASTO CORRIENTE	5 408 821	65 095 029	18 407 302	4 569 273	1 042 541	94 522 966	96.45
OTROS							
Intereses financieros	2 595	36 304	13 803	2 201	321	55 224	0.06
Ajustes e incobrabilidades	92 051	444 663	106 387	45 848		688 949	0.70
Depreciaciones y amortizaciones	0	0	1 592 211		1 592 211	162	
Reversión de cuotas	39 788	1 107 457				1 147 248	1.17
SUMA DE OTROS	134 434	1 588 424	172 401	48 052	321	3 483 632	3.55
TOTAL DE GASTOS	5 543 255	66 683 453	20 119 703	4 617 325	1 042 862	98 006 598	90.07
EXCEDENTE INGRESOS/GASTOS:	5 256 276	3 418 155	1 571 946	703 719	(145 367)	10 804 729	9.93
COSTO LABORAL	233 354	5 090 378	314 154	305 110	86 829	6 029 825	5.54
RESULTADOS DE EJERCICIOS ANTERIORES		0		0			
EXCEDENTE NETO INGRESOS/GASTOS:	5 022 922	(1 672 223)	1 257 792	398 609	(232 196)	4 774 904	4.39

(1) Cifras en Miles de Pesos.

(*) Incluye los importes por concepto de Gasto Administrativo por uso de Bienes.

Fuente: Coordinación de Presupuesto, Contabilidad y Evaluación Financiera.

Tabla No. 18

ESTADO DE INGRESOS Y GASTOS POR RAMO DE SEGURO. 2000 (1)

CONCEPTO	RIESGOS DE TRABAJO	ENFERMEDAD Y MATERNIDAD ASEGURADOS	ENFERMEDAD Y MATERNIDAD PENSIONADOS	ENFERMEDAD Y MATERNIDAD	INVALIDEZ Y VIDA	GUARDERIAS Y PRESTACIONES SOCIALES	SEGURO PARA LA FAMILIA	TOTAL	%EN RELACION AL TOTAL DE INGRESOS
INGRESOS									
Cuotas Obrero Patronales	11 589 024	49 860 535	7 965 133	57 825 668	13 334 012	5 845 609	594 838	89 189 151	73.16
Contribución y Transferencias del Estado		24 760 764	441 216	25 201 980	714 540		410 376	26 326 896	21.59
Suman las Cuotas	11 589 024	74 621 299	8 406 349	83 027 648	14 048 552	5 845 609	1 005 214	115 516 047	94.75
Otros Ingresos	1 801 758	1 938 904	311 039	2 249 943	1 586 422	750 335	10 760	6 399 218	5.25
TOTAL INGRESOS	13 390 782	76 560 203	8 717 388	85 277 591	15 634 974	6 595 944	1 015 974	121 915 265	100.00
GASTOS									
Servicios de Personal	3 469 008	42 412 464	5 854 651	48 267 115	2 868 008	3 014 007	857 000	58 475 138	47.96
Consumos	786 019	12 713 551	1 712 780	14 426 331	190 003	190 004	275 007	15 867 364	13.02
Mantenimiento	150 817	821 107	201 465	1 022 572	61 180	167 891	19 919	1 422 379	1.17
Servicios Generales	207 403	2 371 925	243 546	2 615 471	870 004	1 338 246	40 308	5 071 432	4.16
Prestaciones Económicas	3 640 683	8 728 181	670 772	9 398 953	9 604 493	346 320	98 472	23 088 921	18.94
Sumas Aseguradas	1 772 777				9 248 099		11 020 876		9.04
Régimen de Jubilaciones y Pensiones IMSS	398 163	4 853 318	670 772	5 524 090	334 270	344 948	98 082	6 699 543	5.5
Subsidios y Ayudas	1 469 753	3 874 863		3 874 863	22 124	1 372	390	5 368 502	4.4
SUMA A GASTO CORRIENTE	8 253 930	67 047 228	8 683 214	75 730 442	13 593 688	5 056 468	1 290 706	103 925 234	85.24
OTROS									
Intereses financieros	3 514	37 923	9 226	47 149	3 211	2 957	834	57 665	0.05
Ajustes e incobrabilidades	119 018	389 064	145 127	534 191	127 779	55 778		836 706	0.69
Depreciaciones y amortizaciones		312 287		312 287	2 622 955	863		2 936 105	2.41
Traslado de depreciaciones	230 414	1 249 969		1 249 969	(1 766 451)	255 636	30 432		
Reversión de cuotas	41 205	1 193 913		1 193 913				1 235 118	1.01
SUMA DE OTROS	394 151	3 183 156	154 353	3 337 509	987 434	315 234	31 266	5 065 594	4.16
TOTAL DE GASTOS	8 648 081	70 230 384	8 837 567	79 067 951	14 581 122	5 371 702	1 321 972	108 990 828	89.4
EXCEDENTE INGRESOS/GASTOS:	4 742 701	6 329 819	(120 179)	6 209 640	1 053 852	1 224 242	(305 998)	12 924 437	10.6
COSTO LABORAL	503 756	6 158 974	850 190	7 009 164	416 481	437 683	124 450	8 491 534	6.97
RESULTADOS DE EJERCICIOS ANTERIORES									
EXCEDENTE NETO INGRESOS/GASTOS:	4 238 945	170 845	(970 369)	(799 524)	637 371	786 559	(430 448)	4 432 903	3.64

(1) Cifras en Miles de Pesos.

Fuente: Coordinación de Presupuesto, Contabilidad y Evaluación Financiera.

Tabla No. 19

ESTADO DE INGRESOS Y GASTOS POR RAMO DE SEGURO. 2001 (1)

CONCEPTO	RIESGOS DE TRABAJO	ENFERMEDAD Y MATERNIDAD ASEGURADOS	ENFERMEDAD Y MATERNIDAD PENSIONADOS	ENFERMEDAD Y MATERNIDAD	INVALIDEZ Y VIDA	GUARDERIAS Y PRESTACIONES SOCIALES	SEGURO PARA LA FAMILIA	TOTAL	%EN RELACION AL TOTAL DE INGRESOS
INGRESOS									
Cuotas Obrero Patronales	12 753	52 877	9 567	62 444	14 998	6 553	580	97 328	73.43
Contribución y Transferencias del Estado		26 447	194	26 641	799		379	27 819	20.99
Suman las Cuotas	12 753	79 324	9 761	89 085	15 797	6 553	959	125 147	94.41
Otros Ingresos	1544	3 206	188	3 394	1587	873	7	7 405	5.59
TOTAL INGRESOS	14 297	82 530	9 949	92 479	17 384	7 426	966	132 552	100
GASTOS									
Servicios de Personal	3 988	48 740	6 749	55 489	3 297	3 454	985	67 213	50.71
Consumos	806	13 035	1762	14 797	194	195	282	16 274	12.28
Mantenimiento	191	1036	257	1293	77	212	25	1798	1.36
Servicios Generales	248	2 858	289	3 147	1013	1548	48	6 004	4.53
Prestaciones Económicas	4 203	10 592	874	11 466	11857	449	127	28 102	21.2
Sumas Aseguradas	2 132			11335				13 467	10.16
Régimen de Jubilaciones y Pensiones IMSS	515	6 290	871	7 161	425	447	127	8 675	6.54
Subsidios y Ayudas	1556	4 302	3	4 305	97	2		5 960	4.5
SUMA GASTO CORRIENTE	9 436	76 261	9 931	86 192	16 438	5 858	1467	119 391	90.07
OTROS									
Intereses financieros	7	57	7	64	9	4	1	85	0.06
Ajustes e incobrabilidades	126	488	88	576	145	62		909	0.69
Depreciaciones y amortizaciones		762		762	1687	6		2 455	1.85
Traslado de depreciaciones	190	269	254	523	-943	205	25		
Reversión de cuotas	44	1155		1155				1199	0.9
SUMA DE OTROS	367	2 731	349	3 080	898	277	26	4 648	3.51
TOTAL DE GASTOS	9 803	78 992	10 280	89 272	17 336	6 135	1493	124 039	93.58
EXCEDENTE INGRESOS/GASTOS:	4 494	3 538	-331	3 207	48	1 291	-527	8 513	6.42
COSTO LABORAL	503	6 145	851	6 996	416	436	125	8 476	6.39
RESULTADOS DE EJERCICIOS ANTERIORES									
EXCEDENTE NETO INGRESOS/GASTOS:	3 991	(2 607)	(1 182)	(3 789)	-368	855	-652	37	0.03

(1) Cifras en Millones de Pesos.

Fuente: Coordinación de Presupuesto, Contabilidad y Evaluación Financiera, Balanza "H".

Tabla No. 20

ESTADO DE INGRESOS Y GASTOS POR RAMO DE SEGURO. 2002 (1)

CONCEPTO	RIESGOS DE TRABAJO	ENFERMEDAD Y MATERNIDAD ASEGURADOS	PENSIONADOS	ENFERMEDAD Y MATERNIDAD	INVALIDEZ Y VIDA	GUARDERIAS Y PRESTACIONES SOCIALES	SEGURO PARA LA FAMILIA	TOTAL	%EN RELACION AL TOTAL DE INGRESOS
INGRESOS									
Cuotas Obrero Patronales	13 568 493	56 383 424	10 229 276	66 612 700	16 309 281	7 078 351	603 998	104 172 823	74.30
Contribución y Transferencias del Estado		28 449 015	194 000	28 643 015	868 883		404 892	29 916 790	21.34
Suman las Cuotas	13 568 493	84 832 439	10 423 276	95 255 715	17 178 164	7 078 351	1 008 890	134 089 613	95.63
Otros Ingresos	1 321 470	2 516 369	123 396	2 639 765	1 484 507	656 262	21 991	6 123 995	4.37
TOTAL INGRESOS	14 889 963	87 348 808	10 546 672	97 895 480	18 662 671	7 734 613	1 030 881	140 213 608	100
GASTOS									
Servicios de Personal	4 273 019	52 204 463	7 231 737	59 436 200	3 532 724	3 712 562	1 055 626	72 010 131	51.36
Consumos	845 102	13 663 529	1 847 198	15 510 727	204 285	219 617	295 679	17 075 410	12.18
Mantenimiento	139 960	760 557	188 403	948 960	56 777	155 805	18 485	1 319 987	0.94
Servicios Generales	204 809	2 334 334	239 074	2 573 408	853 848	3 700 511	39 889	7 372 465	5.26
Prestaciones Económicas	3 312 716	12 496 266	1 095 036	13 591 302	6 629 291	562 160	159 844	24 255 313	17.3
Sumas Aseguradas	1 045 802				5 924 947			6 970 749	4.97
Régimen de Jubilaciones y Pensiones IMSS	647 024	7 907 539	1 095 036	9 002 575	534 928	562 160	159 844	10 906 531	7.78
Subsidios y Ayudas	1 619 890	4 588 727		4 588 727	169 416			6 378 033	4.55
SUMA GASTO CORRIENTE	8 775 606	81 459 149	10 601 448	92 060 597	11 276 925	8 350 655	1 569 523	122 033 306	87.03
OTROS									
Intereses financieros									
Ajustes e incobrabilidades	127 710	434 732	85 031	519 763	137 698	61 160	(1 564)	844 767	0.60
Depreciaciones y amortizaciones		902 621		902 621	1 794 543	7 967		2 705 131	1.93
Transferencia interseguros	210 298	240 451	281 326	521 777	(985 936)	226 007	27 854		
Reversión de cuotas	39 862	1 107 117		1 107 117				1 146 979	0.82
SUMA DE OTROS	377 870	2 684 921	366 357	3 051 278	946 305	295 134	26 290	4 696 877	3.35
TOTAL DE GASTOS	9 153 476	84 144 070	10 967 805	95 111 875	12 223 230	8 645 789	1 595 813	126 730 183	90.38
EXCEDENTE INGRESOS/GASTOS:	5 736 487	3 204 738	(421 133)	2 783 605	6 439 441	(911 176)	(564 932)	13 483 425	9.62
COSTO LABORAL	690 818	8 442 754	1 169 153	9 611 907	571 134	600 209	170 663	11 644 731	8.30
PROVISION DE LA RESERVA PARA GASTOS	105 000	1 287 424	177 576	1 465 000	87 000	92 000	27 000	1 776 000	1.27
RESULTADOS DE EJERCICIOS ANTERIORES									
EXCEDENTE NETO INGRESOS/GASTOS:	4 940 669	(6 525 440)	(1 767 862)	(8 293 302)	5 781 307	(1 603 385)	(762 595)	62 694	0.04

(1) Cifras en Miles de Pesos.

Fuente: Coordinación de Presupuesto, Contabilidad y Evaluación Financiera. Balanza "H".

Tabla No. 21

ESTADO DE INGRESOS Y GASTOS POR RAMO DE SEGURO. 2003 (1)

CONCEPTO	RIESGOS DE TRABAJO	ENFERMEDAD Y MATERNIDAD ASEGURADOS	PENSIONADOS	ENFERMEDAD Y MATERNIDAD	INVALIDEZ Y VIDA	GUARDERIAS Y PRESTACIONES SOCIALES	SEGURO PARA LA FAMILIA	TOTAL	%EN RELACION AL TOTAL DE INGRESOS
INGRESOS									
Cuotas Obrero Patronales	14 760	57 556	10 884	68 440	17 622	7 524	538	108 884	72.10
Contribución y Transferencias del Estado		30 134	194	30 328	722		806	31 856	21.10
Suman las Cuotas	14 760	87 690	11 078	98 768	18 344	7 524	1 344	140 740	93.10
Otros Ingresos	2 166	3 842	267	4 109	3 224	827	37	10 363	6.90
TOTAL INGRESOS	16 926	91 532	11 345	102 877	21 568	8 351	1 381	151 103	100.00
GASTOS									
Servicios de Personal	4 578	56 031	7 746	63 777	3 969	3 977	945	77 246	51.10
Consumos	933	15 052	2 035	17 087	278	241	267	18 806	12.40
Mantenimiento	177	959	238	1 197	76	197	19	1 666	1.10
Servicios Generales	325	3 687	375	4 062	1 380	4 495	49	10 311	6.80
Prestaciones Económicas	2 812	12 823	1 119	13 942	3 782	574	136	21 246	14.10
Sumas Aseguradas	618			2 317		2 935	19		
Régimen de Jubilaciones y Pensiones IM SS	661	8 090	1 119	9 209	530	574	136	1 110	7.40
Subsidios y Ayudas	1 533	4 733		4 733	935		7 201	4.8	
SUMA GASTO CORRIENTE	8 825	88 552	11 153	100 065	9 485	9 484	1 416	129 275	85.60
OTROS									
Ajustes e Incobrabilidades	136	492	92	584	150	65		935	0.60
Depreciaciones y Amortizaciones		1 060		1 060	1 165	17		2 232	1.50
Transferencia de depreciaciones	237	228	317	545	(1 061)	247	32		
Reversión de Cuotas	45	1 083		1 083		1 128	0.7		
SUMA DE OTROS	418	2 863	409	3 272	244	329	32	4 295	2.80
TOTAL DE GASTOS	9 243	91 415	11 922	103 337	9 729	9 813	1 448	133 570	88.40
EXCEDENTE INGRESOS/GASTOS:	7 683	117	-577	-460	11 839	(1 462)	-67	17 533	11.60
COSTO LABORAL	867	10 600	1 467	12 067	718	753	214	14 619	9.70
PROVISION DE LA RESERVA PARA GASTOS	358	1 135	378	1 513	591	218	56	2 736	1.80
RESULTADOS DE EJERCICIOS ANTERIORES									
EXCEDENTE NETO INGRESOS/GASTOS:	6 458	(11 618)	(2 422)	(14 040)	10 530	(2 433)	-337	178	0.10

(1) Cifras en Millones de Pesos.

Fuente: Coordinación de Presupuesto, Contabilidad y Evaluación Financiera. Balanza "H".

Tabla No. 22

ESTADO DE INGRESOS Y GASTOS POR RAMO DE SEGURO. 2004 (1)

CONCEPTO	RIESGOS DE TRABAJO	ENFERMEDAD Y MATERNIDAD ASEGURADOS	ENFERMEDAD Y MATERNIDAD PENSIONADOS	ENFERMEDAD Y MATERNIDAD	INVALIDEZ Y VIDA	GUARDERIAS Y PRESTACIONES SOCIALES	SEGURO PARA LA FAMILIA	TOTAL	% EN RELACION AL TOTAL DE INGRESOS
INGRESOS									
Cuotas Obrero Patronales	16318838	64771587	11790573	76562160	19645788	8286835	551147	121364768	74.3
Contribución y Transferencias del Estado		33521392	202342	33723734	1008012		833605	35565351	21.8
Suman las Cuotas	16318838	98292979	11992915	110285894	20653800	8286835	1384752	156930119	96.1
Otros Ingresos	2068876	726197	24782	750979	3041072	568041	11813	6440781	3.9
TOTAL INGRESOS	18387714	99019176	12017697	111036873	23694872	8854876	1396565	163370900	100.0
GASTOS									
Servicios de Personal	4546758	56047713	7933695	63981408	4503500	4069713	503369	77604748	47.5
Consumos	1088421	17599385	2377215	19976600	478103	284167	165675	21992966	13.5
Mantenimiento	221684	1205459	297607	1503066	109794	246785	12738	2094067	1.3
Servicios Generales	353781	4161561	406563	4568124	973227	5272741	31127	11199000	6.9
Prestaciones Económicas	3769305	15970696	1362887	17333583	5212944	697694	677729	27691255	16.9
Sumas Aseguradas	721796				3827178			4548974	2.8
Régimen de Jubilaciones y Pensiones IMSS	1126419	9808321	1362887	11171208	1354058	697694	677729	15027108	9.2
Subsidios y Ayudas	1921090	6162375		6162375	31708			8115173	5.0
SUMA GASTO CORRIENTE:	9979949	94984814	12377967	107362781	11277568	10571100	1396638	140582036	86.1
OTROS									
Ajustes e Incobrabilidades	177463	714967	121252	836219	215594	91689	1409	1322374	0.8
Depreciaciones y Amortizaciones		1112032		1112032	1796280	18184		2926496	1.8
Transferencia de depreciaciones	263758	396692	353198	749890	-1323108	274579	34881		0.0
Reversión de Cuotas	55243	1075045		1075045				1130288	0.7
SUMA DE OTROS	496464	3298736	474450	3773186	688766	384452	36290	5379158	3.3
TOTAL DE GASTOS	10476413	98283550	12852417	111135967	11966334	10955552	1426928	145961194	89.3
EXCEDENTE INGRESOS/GASTOS:	7911301	735626	-834720	-99094	11728538	-2100676	-30363	17409706	10.7
COSTO LABORAL	1018507	12442406	1728899	14171305	842050	884918	251617	17168397	10.5
PROVISION DE LA RESERVA PARA GASTOS									
RESULTADOS DE EJERCICIOS ANTERIORES									
EXCEDENTE NETO INGRESOS/GASTOS:	6892794	-11706780	-2563619	-14270399	10886488	-2985594	-281980	241309	0.1

(1) Cifras en Millones de Pesos.

Fuente: Coordinación de Presupuesto, Contabilidad y Evaluación Financiera. Balanza "H".

Tabla No. 23

ESTADO DE INGRESOS Y GASTOS POR RAMO DE SEGURO, 2005(1)

CONCEPTO	RIESGOS DE TRABAJO	ENFERMEDAD Y MATERNIDAD		ENFERMEDAD Y MATERNIDAD	INVALIDEZ Y VIDA	GUARDERÍA Y PRESTACIONES SOCIALES	SEGURO PARA LA FAMILIA	TOTAL	% EN RELACIÓN AL TOTAL DE INGRESOS
		ASEGURADOS	PENSIONADOS						
INGRESOS									
Cuotas Obrero Patronales	17287093	68494460	12917800	81067260	21358056	9007753	595681	129316843	72.8
Contribución y Transferencias del Estado	3740136	3740136	12917800	3740136	1124278	9007753	925523	39459937	22.2
Suman las Cuotas	17287093	105669596	12917800	118477396	22482334	9007753	1521204	168776780	95.0
Otros Ingresos	3239612	925254	272365	1197619	4180108	289829	35424	8942592	5.0
TOTAL INGRESOS	20526705	106484850	13190165	119675015	26662442	9297582	1556628	177718372	100.0
GASTOS									
Servicios de Personal	3791287	55639322	16378770	7698092	527946	2926964	2397034	81161323	45.7
Consumos	914179	14557972	4840946	19398918	3951	140801	712491	21170340	11.9
Mantenimiento	87064	1625373	485003	2010376	2225	138567	72234	2310486	1.3
Servicios Generales	472283	8528027	2843811	11378838	37627	4673353	425806	16980907	9.6
Prestaciones Económicas	2560204	6499618	422539	6922157	19048321	55956	61975	28648615	16.1
Sumas Aseguradas	748380				3288913			4037293	2.3
Régimen de Jubilaciones y Pensiones IMSS	88572	1394699	422539	1617238	15496706	65943	61975	17530434	9.9
Subsidios y Ayudas	1723252	5104919		5104919	262702	-9985		7080888	4.0
SUMA GASTO CORRIENTE	7825017	86250312	24970169	111122381	19620070	7935663	3669540	150277671	84.6
OTROS									
Ajustes e Incobrabilidades	211745	971834	222441	1194275	242679	125210	11074	1784983	1.0
Depreciaciones y Amortizaciones	-17	4986304		4986304	-3120461	58381		1924207	1.1
Transferencia Interseguros	88942	-3501888	266841	-3235047	3087405	22729	35971		
Reversión de Cuotas	63603	991614		991614	209623	206320	47045	1055217	0.6
SUMA DE OTROS	364273	3447864	489282	3937146	209623	206320	47045	4765407	2.7
TOTAL DE GASTOS	8189290	89698176	25460351	115159527	19829693	8141983	3716585	155036078	87.2
EXCEDENTE INGRESOS/GASTOS	12337415	16786674	-12270186	4516488	6832749	1155699	-2159957	22682294	12.8
COSTO LABORAL	1059163	15147139	4450704	19597843	180569	998365	653057	22481797	12.7
PROVISIÓN DE RESERVA PARA GASTOS									
RESULTADOS DE EJERCICIOS ANTERIORES									
EXCEDENTE NETO INGRESOS/GASTOS:	11285452	1639535	-16720890	-15081355	6652180	157234	-2813014	200497	0.1

(1) Cifras en Miles de Pesos

Fuente: Coordinación de Contabilidad y Trámite de Erogaciones, con integración de cifras de la Coordinación de Presupuesto e Información Programática.

Tabla No. 24

ESTADO DE INGRESOS Y GASTOS POR RAMO DE SEGURO. 2006(1)

CONCEPTO	RIESGOS DE TRABAJO	ENFERMEDAD Y MATERNIDAD ASEGURADOS	ENFERMEDAD Y MATERNIDAD PENSIONADOS	ENFERMEDAD Y MATERNIDAD	INVALIDEZ Y VIDA	GUARDERIA Y PRESTACIONES SOCIALES	SEGURO PARA LA FAMILIA	TOTAL	% EN RELACION AL TOTAL DE INGRESOS
INGRESOS									
Cuotas Obrero Patronales	17533098	67965420	13758038	81723458	22701586	9502871	571231	132082244	73.3
Contribución y Transferencias del Estado		32967088	742034	33709122	1215594		978806	35907522	19.9
Suman las Cuotas	17533098	100932508	14500072	115432580	23921180	9502871	1550037	167989766	93.2
Otros Ingresos	3078951	3533943	1013024	4546967	4002071	427805	142166	12197660	6.8
TOTAL INGRESOS	20612049	104466451	15513096	119979547	27923251	9980376	1692203	180187426	100.0
GASTOS									
Servicios de Personal	4155601	59704706	17786752	77592218	626010	3083855	2614941	88082625	51.3
Consumos	977283	14691442	4989949	19681391	7950	146968	733131	21540723	12.5
Mantenimiento	91311	1555472	506610	2062082	2608	147615	75305	2378921	1.4
Servicios Generales	531111	9322435	3284787	12607222	44966	5411673	495865	19090837	11.1
Prestaciones Económicas	4279916	18200436	3752973	21953408	7300764	608475	549961	34692524	20.2
Sumas Aseguradas	830971				2932693			3763664	2.2
Régimen de Jubilaciones y Pensiones IMSS	1432046	12435188	3751772	16186960	3418186	608290	549785	22195267	12.9
Subsidios y Ayudas	2016899	5765248	1201	5766448	949885	185	176	8733595	5.1
SUMA GASTO CORRIENTE	10039222	103474491	30421831	133896321	7982298	9398596	4469203	165785630	96.5
OTROS									
Ajustes e Incobrabilidades	264273	1480540	382570	1863110	271310	183994	32186	2614873	1.5
Depreciaciones y Amortizaciones		1523230		1523230	75675	26791	31868	2301596	1.3
Transferencia Interseguros	242275	-410834	324251	-86583	-440357	252697			
Reversión de Cuotas	66127	974342	706821	974342	582528	463482	6454	1040469	0.6
SUMA DE OTROS	572675	3567278	3128652	4274099	582528	463482	6454	5956938	3.5
TOTAL DE GASTOS	10611897	107041769	31128652	138170420	8564826	9862068	4533357	171742568	95.3
EXCEDENTE INGRESOS/GASTOS	10000152	-2575318	-15615556	-18190873	19358425	118308	-2841154	8444858	4.7
COSTO LABORAL	378043	5526343	1608381	7134724	61260	368275	231252	8173554	4.5
PROVISIÓN DE RESERVA PARA GASTOS									
RESULTADOS DE EJERCICIOS ANTERIORES									
EXCEDENTE NETO INGRESOS/GASTOS:	9622109	-8101661	-17223937	-25325597	19297165	-249967	-3072406	271304	0.2

(1) Cifras en Miles de Pesos

Fuente: Coordinación de Contabilidad y Trámite de Erogaciones, con integración de cifras de la Coordinación de Presupuesto e Información Programática

Tabla No. 25

ESTADO DE INGRESOS Y GASTOS POR RAMO DE SEGURO. 2007(1)

CONCEPTO	RIESGOS DE TRABAJO	ENFERMEDAD Y MATERNIDAD ASEGURADOS	PENSIONADOS	ENFERMEDAD Y MATERNIDAD	INVALIDEZ Y VIDA	GUARDERIA Y PRESTACIONES SOCIALES	SEGURO PARA LA FAMILIA	TOTAL	% EN RELACION AL TOTAL DE INGRESOS
INGRESOS									
Cuotas Obrero Patronales	19405563	7292653	16454107	88375760	25486149	10673236	637518	144577826	71.0
Contribución y Transferencias del Estado		3991283	823565	40738848	1361386		1067425	43167658	21.2
Suman las Cuotas	19405563	112836936	16277671	129114607	26847535	10673236	1704942	181745484	92.1
Otros Ingresos	3309588	3239879	407419	3647298	6936247	426524	48502	14369160	7.1
Aportación de los Trabajadores al Fondo de Jubilación	78862	1098969	329929	1428189	1565	5759	48021	1628106	0.8
TOTAL INGRESOS	22793613	117175784	17014310	134190095	33799297	11157279	1802466	203742750	100.0
GASTOS									
Servicios de Personal	4445173	64062409	19301316	83363726	638639	3210106	2819142	94477326	46.4
Consumos	1038067	15744890	585431	20930320	7961	153531	759862	22889742	11.2
Mantenimiento	103349	1674666	536990	2211656	2496	154375	79526	2551401	1.3
Servicios Generales	510014	9054642	3179817	12234459	237243	5974644	479342	19435701	9.5
Prestaciones Económicas	4803345	23313619	5024476	23338095	4823787	834064	733913	39533204	19.4
Sumas Aseguradas	1447421				4582852			6030273	3.0
Régimen de Jubilaciones y Pensiones IMSS	1157001	16687550	5030181	21717731	164700	834745	734602	24608779	12.1
Subsidios y Ayudas	2988923	6626068	-5705	6620364	76235	-681	-690	8894151	4.4
SUMA GASTO CORRIENTE	10900487	113850225	33228030	147078255	570125	10326720	4817784	178887373	87.8
OTROS									
Ajustes e Incobrabilidades	239670	840317	180401	1020178	299930	12670		1687087	0.8
Intereses Financieros	832	12845	4049	16894	-43	609	596	18888	0.0
Depreciaciones y Amortizaciones		1724372		1724372	746032	29797		2500201	1.2
Transferencia de Depreciaciones	264640	-288118	354183	66065	-63470	265846	34919	0	0.0
Reversión de Cuotas	60550	802617		802617				863168	0.4
SUMA DE OTROS	565692	3092033	538633	3630666	414449	423022	3565	5069344	2.5
TOTAL DE GASTOS	11466179	116942258	33766663	150708921	6124575	10749742	4907299	183956676	90.3
EXCEDENTE INGRESOS/GASTOS	11327434	233526	-16752353	-16518827	27674723	407537	-3104833	19786034	9.7
COSTO LABORAL	984486	13058192	3861406	16919598	178987	940772	559469	18963313	9.6
EXCEDENTE NETO INGRESOS/GASTOS:	10342948	-12824666	-20613759	-33438425	27495735	-533234	-3664303	202721	0.1

(1) Cifras en Miles de Pesos

Fuente: Coordinación de Contabilidad y Trámite de Erogaciones, con integración de cifras de la Coordinación de Presupuesto e Información Programática.

Tabla No. 26

ESTADO DE INGRESOS Y GASTOS POR RAMO DE SEGURO. 2008(1)

CONCEPTO	RIESGOS DE TRABAJO	ENFERMEDAD Y MATERNIDAD ASEGURADOS	ENFERMEDAD Y MATERNIDAD PENSIONADOS	ENFERMEDAD Y MATERNIDAD	INVALIDEZ Y VIDA	GUARDERÍA Y PRESTACIONES SOCIALES	SEGURO PARA LA FAMILIA	TOTAL	% EN RELACIÓN AL TOTAL DE INGRESOS
INGRESOS									
Cuotas Obrero Patronales	21433773	76056402	16720427	92778829	27655618	11534700	672963	154073883	71.0
Contribución y Transferencias del Estado		42672075	892437	43564452	1478990		702779	45746221	21.1
Sumas las Cuotas	21433773	118728477	17612864	136341341	29134608	11534700	1375682	199820104	92.1
Otros Ingresos	4554486	2906271	413098	3319369	7125696	444201	49767	15493519	7.1
Aportación de los Trabajadores al Fondo de Jubilación	79003	1136901	343146	1480047	12094	55296	49924	1676364	0.8
TOTAL INGRESOS	26067262	122771649	18369108	141140757	36272398	12034197	1475373	216989987	100.0
GASTOS									
Servicios de Personal	4643504	66870313	20171107	87041420	667837	3260582	2937466	98550809	45.4
Consumos	1201906	19304005	6421327	25725332	8518	166816	946142	28048714	12.9
Mantenimiento	102885	1680723	545981	2226704	2668	177926	80915	2591098	1.2
Servicios Generales	414788	6861386	2188302	9049688	243931	6866922	325517	16899846	7.8
Prestaciones Económicas	548251	26496876	5860679	32357555	5611027	948008	853436	45251277	20.9
Sumas Aseguradas	1684865				5403886			7088751	3.3
Régimen de Jubilaciones y Pensiones IMSS	1350771	19430721	5860688		196546	948009	853437	28640172	13.2
Subsidios y Ayudas	2445615	7066155	-9	7066146	10595	-1	-1	9522354	4.4
SUMA GASTO CORRIENTE	18144334	121213303	35687396	156400699	6533981	11419254	5143476	191341744	88.2
OTROS									
Ajustes e incobrabilidades	25012	885796	195677	1081473	325964	137496	2	1800947	0.8
Intereses Financieros	4340	69705	21913	91618	124	6508	3224	105814	0.1
Depreciaciones y Amortizaciones	212210	1300192	284013	1421073	524868	20391	28001	1845451	0.9
Transferencia de Depreciaciones		-282322			-455923	214021			0.0
Reversión de Cuotas	82294	824066		824066				906360	0.4
SUMA DE OTROS	554856	2797437	501603	3299040	395033	378416	31227	4658572	2.2
TOTAL DE GASTOS	12399190	124010740	35688999	159699739	29343384	11797670	5174703	196000316	90.3
EXCEDENTE INGRESOS/GASTOS	13668072	-1239091	-1739891	-18558982	6929014	236527	-3699330	20989671	9.7
COSTO LABORAL	630444	8792570	2628503	11421073	108910	553275	381785	13095487	6.0
EXCEDENTE NETO INGRESOS/GASTOS:	9495690	-10031661	-19983736	-30016597	26143247	-316748	-4081116	7868607	0.1

(1) Cifras en Miles de Pesos

Fuente: Coordinación de Contabilidad y Trámite de Erogaciones, con integración de cifras de la Coordinación de Presupuesto e Información Programática.

Tabla No. 27

ESTADO DE INGRESOS Y GASTOS POR RAMO DE SEGURO. 2009(1)

CONCEPTO	RIESGOS DE TRABAJO	ENFERMEDAD Y MATERNIDAD ASEGURADOS	ENFERMEDAD Y MATERNIDAD PENSIONADOS	ENFERMEDAD Y MATERNIDAD	INVALIDEZ Y VIDA	GUARDERIA Y PRESTACIONES SOCIALES	SEGURO PARA LA FAMILIA	TOTAL	% EN RELACION AL TOTAL DE INGRESOS
INGRESOS									
Cuotas Obrero Patronales	21092682	74736761	16875747	93612508	27849920	16110948	932574	155098632	68.3
Contribución y Transferencias del Estado		45587044	899587	44486631	1489927		943416	46919974	20.7
Suman las Cuotas	21092682	120323805	17775334	138099139	29339847	16110948	1875990	202018606	89.0
Otros Ingresos	4521054	10847307	907581	11754888	6294829	544545	123318	23238634	10.2
Aportación de los Trabajadores al Fondo de Jubilación	80723	1168337	355124	1519861	11019	53007	51353	1715963	0.8
TOTAL INGRESOS	25694459	132339449	19034439	151373888	35645695	12208500	2050661	226973203	100.0
GASTOS									
Servicios de Personal	5026167	72809970	21938859	94749856	679810	3333603	3204335	106993771	47.1
Consumos	1335602	21903201	7769836	29073037	11701	182276	1056938	31659454	14.0
Mantenimiento	117621	1855008	601427	2486435	2799	273762	88895	2969513	1.3
Servicios Generales	448420	7065377	2261177	9326554	282578	7232669	336692	17626913	7.8
Prestaciones Económicas	5744483	29796446	6734118	36530564	5937217	1023452	983786	50219502	22.1
Sumas Aseguradas	1094872				5057170			6152042	2.7
Régimen de Jubilaciones y Pensiones IMSS	1543408	22349395	6734118	29083513	209969	1023452	983786	32844128	14.5
Subsidios y Ayudas	3106203	7447051		7447051	670080			11223334	4.9
SUMA GASTO CORRIENTE	12672193	133461029	38705417	172166446	6941104	12045763	5670647	209469153	92.3
OTROS									
Ajustes e Incobrabilidades	254529	888351	195924	1084275	327331	137909	-81	1803963	0.8
Intereses Financieros	4985	78640	24456	103096	147	6507	6587	118322	0.1
Depreciaciones y Amortizaciones	103652	1368874	138724	1251544	494262	20751	13678	1883887	0.8
Transferencia de Depreciaciones		-207386	13724	-68662	-145355	96687	13678		0.0
Reversión de Cuotas	103300	793754		793754				897054	0.4
SUMA DE OTROS	466466	2922233	358104	3281337	676385	261854	17164	4703226	2.1
TOTAL DE GASTOS	13138659	136383262	39064521	175447783	7590489	12307617	5687832	214172379	94.4
EXCEDENTE INGRESOS/GASTOS	12555600	-4043813	-20030082	-24073895	28055206	-99117	-3637170	12800824	5.6
COSTO LABORAL	302794	4241268	1259956	5501224	54621	281574	185098	6325311	2.8
	5295965			30892				6275144	2.8
EXCEDENTE NETO INGRESOS/GASTOS:	**6961041**	**-8285081**	**-21320930**	**-29360601**	**27048298**	**-380691**	**-3822268**	**200369**	**0.1**

(1) Cifras en Miles de Pesos

Fuente: Coordinación de Contabilidad y Trámite de Erogaciones, con integración de cifras de la Coordinación de Presupuesto e Información Programática.

Tabla No. 28

ESTADO DE INGRESOS Y GASTOS POR RAMO DE SEGURO. 2010(1)

CONCEPTO	RIESGOS DE TRABAJO	ENFERMEDAD Y MATERNIDAD ASEGURADOS	ENFERMEDAD Y MATERNIDAD PENSIONADOS	ENFERMEDAD Y MATERNIDAD	INVALIDEZ Y VIDA	GUARDERÍA Y PRESTACIONES SOCIALES	SEGURO PARA LA FAMILIA	TOTAL	% EN RELACIÓN AL TOTAL DE INGRESOS
INGRESOS									
Cuotas Obrero Patronales	23010353	86895890	18173350	105069239	30122841	12536922	978746	177181101	68.3
Contribución y Transferencias del Estado		4787082	969064	48166146	1605549		918245	50689940	20.2
Suman las Cuotas	23010353	134092972	19142414	163235386	31728389	12536922	1896991	222408041	88.4
Productos de Inversión y Otros Ingresos	4967994	12451402	3756938	16208339	6525453	868099	542922	29112808	11.6
TOTAL INGRESOS	27978348	146544373	22899352	169443725	38253842	13405021	2439913	255620849	100.0
GASTOS									
Servicios de Personal	5497854	79865948	24075662	103940699	716949	3560854	3512578	117228934	46.6
Consumos	1627852	24770889	8464451	33175340	12232	197207	1244257	36256888	14.4
Mantenimiento	131203	2144572	688787	2833359	3051	241508	101853	3310974	1.3
Servicios Generales	515466	7432090	2360866	9792956	314650	7005970	350385	17979427	7.2
Prestaciones Económicas	6550070	32832757	7491430	40324187	8588761	1107921	1093129	57669068	22.9
Sumas Aseguradas	1369083				7706488			9075571	3.6
Régimen de Jubilaciones y Pensiones IMSS	1711367	24849005	7491430	32340435	224301	1107921	1093129	36477163	14.5
Subsidios y Ayudas	3035665	7983752		7983752	14748			11034165	4.4
SUMA GASTO CORRIENTE	14327445	149985456	43081086	190066542	9635643	12113460	6302201	232445292	92.4
OTROS									
Ajustes e Incobrabilidades	273762	1018201	227793	1245993	350612	151668	2563	2024598	0.8
Intereses Financieros	163013	132609	41880	174489	613789	12008	6142	969440	0.4
Depreciaciones y Amortizaciones		1611537		1611537	327243	23113		1961894	0.8
Transferencia de Depreciaciones	202592	-467718	271142	-196576	-235675	203227	26732		
Reversión de Cuotas	89271	841526		841526				930797	0.4
SUMA DE OTROS	728638	3136155	540814	3676969	1055669	390016	35437	5886730	2.3
TOTAL DE GASTOS	15056083	150121611	43621901	193743511	10691312	12503477	6337638	238332021	94.8
EXCEDENTE INGRESOS/GASTOS	12922264	-3571237	-20722549	-24299786	27562531	901544	-3897725	13188828	5.2
COSTO LABORAL	330920	4664702	1390313	6055014	52818	281305	202841	6922899	2.8
Provisión de la Reserva para Gastos	3102474	2818	28178	28178	3007692			6138344	2.4
EXCEDENTE NETO INGRESOS/GASTOS:	9488871	-8241939	-22141040	-30382979	24502021	620239	-4100566	127585	0.1

(1) Cifras en Miles de Pesos

Fuente: Coordinación de Contabilidad y Trámite de Erogaciones , con integración de cifras de la Coordinación de Presupuesto e Información Programática.

Tabla No. 29

ESTADO DE INGRESOS Y GASTOS POR RAMO DE SEGURO, 2011(1)

CONCEPTO	RIESGOS DE TRABAJO	ENFERMEDAD Y MATERNIDAD ASEGURADOS	PENSIONADOS	ENFERMEDAD Y MATERNIDAD	INVALIDEZ Y VIDA	GUARDERÍA Y PRESTACIONES SOCIALES	SEGURO PARA LA FAMILIA	TOTAL	% EN RELACIÓN AL TOTAL DE INGRESOS
INGRESOS									
Cuotas Obrero Patronales	25935711	94599976	1977861	114337838	32884792	13658170	1000536	187854046	68.4
Contribución y Transferencias del Estado	25935711	5104891	1057335	52106226	1752862	13658170	843148	54702235	19.9
Suman las Cuotas	25935711	145648867	20829196	166478064	34637654	13658170	1843683	242563282	88.3
Productos de Inversión y Otros Ingresos	3722247	16364145	4835470	21199614	5692269	1327741	703616	32122486	11.7
TOTAL INGRESOS	29657957	162013012	25664666	187677678	39806923	14985911	2547299	274675768	100.0
GASTOS									
Servicios de Personal	5967215	85730465	25976337	117706802	724302	3734872	3790396	259235587	45.8
Consumos	1673009	26965071	9058746	36023817	13589	183614	1335942	39229971	14.3
Mantenimiento	131081	2149342	696232	2845573	2682	199023	103160	3281159	1.2
Servicios Generales	595470	8452117	2734925	11187042	353685	7843770	405544	20385111	7.4
Prestaciones Económicas	7296047	37003825	8629232	45633057	8004359	1241678	1259371	63444511	23.1
Sumas Aseguradas	1468050				7044058			8521107	3.1
Régimen de Jubilaciones y Pensiones IMSS	1938378	28479289	8629232	37108521	242540	1241678	1259371	41835488	15.2
Subsidios y Ayudas	3429278	8524536	8629232	8524536	14108			19967923	4.4
SUMA GASTO CORRIENTE	15662822	160300820	47095471	207396291	9108617	13202956	6894012	252264698	91.8
OTROS									
Ajustes e Incobrabilidades	31819	509413	284880	5414293	381846	179140	8300	6288198	2.3
Intereses Financieros	269995	270259	85102	355361	86674	24319	12495	748843	0.3
Depreciaciones y Amortizaciones	344652	2907833		2907833	949625	35257		3892716	1.4
Transferencia de Depreciaciones	344652	-667854	461270	-206585	-526397	342853	45477		0.0
Reversión de Cuotas	85182	917549		917549	89748	574369	66272	1002731	0.4
SUMA DE OTROS	1011847	8557200	831251	9388451				11932487	4.3
TOTAL DE GASTOS	16674469	168858019	47926723	216784742	10000364	13777326	6960284	264197185	96.2
EXCEDENTE INGRESOS/GASTOS	12983488	-6845008	-22262056	-29107064	29806559	1208566	-4412985	10478683	3.8
COSTO LABORAL	153009	2400829	728776	3129605	-30	128639	106730	3517953	1.3
Provisión de la Reserva para Gastos	-20974393	61970115	29373	6999488	-3436549			6663546	2.4
EXCEDENTE NETO INGRESOS/GASTOS:	33804872	-71215951	-23020205	-94236156	64168137	1079946	-4519715	297085	0.1

(1) Cifras en Miles de Pesos

Fuente: Coordinación de Contabilidad y Trámite de Erogaciones, con integración de cifras de la Coordinación de Presupuesto e Información Programática.

Tabla No. 30

ESTADO DE INGRESOS Y GASTOS POR RAMO DE SEGURO, 2012(1)

CONCEPTO	RIESGOS DE TRABAJO	ENFERMEDAD Y MATERNIDAD ASEGURADOS	ENFERMEDAD Y MATERNIDAD PENSIONADOS	ENFERMEDAD Y MATERNIDAD	INVALIDEZ Y VIDA	GUARDERIA Y PRESTACIONES SOCIALES	SEGURO PARA LA FAMILIA	TOTAL	% EN RELACION AL TOTAL DE INGRESOS
INGRESOS									
Cuotas Obrero Patronales	28624037	103274322	21727436	125001758	36105852	14976747	1003248	205711642	68.3
Contribución y Transferencias del Estado		56934048	1161287	57095335	1926011		835438	59856784	19.9
Suman las Cuotas	28624037	159208370	22888723	182097094	38031863	14976747	1838686	265568427	88.1
Productos de Inversión y Otros Ingresos	1421826	3552282	45424	3597705	4117275	4480	2208	9143493	3.0
TOTAL INGRESOS	31186808	179722546	28201452	207923998	42986094	16654881	2607348	301359129	100.0
GASTOS									
Servicios de Personal	6430966	92062364	27915989	119978353	784671	3964090	4068815	135226896	44.9
Consumos	1817983	29522233	10044823	39567056	14278	199239	1483660	43082216	14.3
Mantenimiento	159507	2634550	839083	3473633	3234	323379	124125	4083678	1.4
Servicios Generales	628624	9564550	3127354	12721425	172958	8335457	462190	22320594	7.4
Prestaciones Económicas	868949	41306135	9729906	50036041	7952743	1384064	1418040	69959837	23.2
Sumas Aseguradas	1893122				6791885			8685006	2.9
Régimen de Jubilaciones y Pensiones IMSS	2245247	32088970	9729906	41818875	279243	1384064	1418040	88964344	29.5
Subsidios y Ayudas	4030581	9217766		9217766	881615			14429361	4.7
SUMA GASTO CORRIENTE	17206029	175119354	56857765	226776509	8927884	14206028	756770	274673220	91.1
OTROS									
Ajustes e Incobrabilidades	336525	3958841	265311	4224152	418642	182331	2082	5163732	1.7
Intereses Financieros	143800	318189	98549	416738	131667	24600	14454	731261	0.2
Depreciaciones y Amortizaciones	9721	3166544	20264	3186808	694984	57064	2990	3945567	1.3
Transferencia de Depreciaciones	399903	-885327	535214	-350113	-485255	382697	52768		0.0
Reversión de Cuotas	85940	986402		986402				1072343	0.4
SUMA DE OTROS	969890	7544649	919338	8463987	760039	646692	72294	10912902	3.6
TOTAL DE GASTOS	18175918	182664003	57576493	235240496	9687924	14852721	7629064	285586122	94.8
EXCEDENTE INGRESOS/GASTOS	1300890	-2944456	-24375041	-27316498	33298170	1802160	-5021716	15773006	5.2
COSTO LABORAL	459467	6200039	1848914	8050953	92244	348236	268981	9219881	3.1
Provisión de la Reserva para Gastos	246978	5381336	30375	5411711	600180			6258869	2.1
EXCEDENTE NETO INGRESOS/GASTOS:	12304444	-14524832	-26254330	-40779162	32605746	1453924	-5290696	294256	0.1

(1) Cifras en Miles de Pesos

Fuente: Coordinación de Contabilidad y Trámite de Erogaciones.

Tabla No. 31: Afiliados, comisiones, rendimientos, SAR '92 y situación financiera de las Afore y Siefore (1998-2006).

Año	PIB	TINT	PO	TRAB	CF	CS	IRN	DSR	DSV	RSR	RSV	SARR	SARV	ACTA	PASA	CAPCONTA	PASMCAPA	INGRA
1998/01	1352714.449	37.7379	38.585.118	11606224.118	0.0143	0.0555	0.0480	5.298.401	22.299.824	9.796.999	7.393.720	15.187.732.610	22.520.513.435	0.0000	0.0000	0.0000	0.0000	0.0000
1998/02	1375281.191	35.7741	38.658.762	12.409.956	0.0143	0.0555	0.0480	9.150.960	22.299.824	9.796.999	20.441.895	14.799.351.830	21944.611.745	0.0000	0.0000	0.0000	0.0000	0.0000
1998/03	1336.160.368	33.8104	38.732.406	13.079.016	0.0143	0.0555	0.0480	13.002.239	22.299.824	9.796.999	13.046.175	8.538.793.752	22.400.132.637	0.0000	0.0000	0.0000	0.0000	0.0000
1998/04	1414.095.195	31.8466	38.806.050	13.663.471	0.0143	0.0555	0.0480	19.990.637	36.851.129	18.573.750	20.952.908	7.745.084.624	11.100.434.965	3.294.346.846	252.345.688	3.042.001.156	3.294.346.846	1996.679.324
1999/01	1383.101442	27.9190	38.879.693	14.070.225	0.0154	0.0293	0.0126	11.631.154	23.061.375	15.763.138	18.030.636	7.745.084.624	10.692.296.155	3.434.146.147	351.796.980	3.865.216.074	4.217.015.054	2.443.540.500
1999/02	1423.723.658	19.7447	38.953.337	14.472.606	0.0154	0.0293	0.0126	3.655.022	14.813.337	14.826.831	17.347.293	7.271.769.402	10.178.111.094	3.573.946.095	451.248.272	4.688.434.941	5.139.683.263	2.900.401675
1999/03	1396.064.500	19.7827	39.090.542	14.871.455	0.0154	0.0293	0.0126	4.566.898	20.101.768	13.014.568	16.134.596	6.729.183.547	9.498.025.389	3.853.545.344	650.150.855	6.334.868.826	6.985.019.681	3.814.124.026
1999/04	1490.938.981	16.5366	39.227.746	15.428.069	0.0154	0.0293	0.0126	4.719.921	35.109.361	12.008.810	14.214.995	6.516.530.398	9.254.677.605	7.246.017.003	820.036.333	6.425.980.675	7.246.017.008	7.359.472.116
2000/01	1485.875.565	16.0555	39.364.951	15.878.226	0.0155	0.0580	0.0667	2.066.301	36.601.175	11.116.491	15.149.668	6.325.008.672	8.960.908.691	10.302.563.172	1332.203.486	9.189.651.154	10.302.563.172	1731.036.430
2000/02	1528.547.082	14.5161	39.502.155	16.384.196	0.0155	0.0580	0.0667	1588.516	22.158.196	7.770.356	6.200833507	6.352.936.540	9.042.038.082	10.562.397.623	1332.203.486	9.230.194.137	10.562.397.623	3.716.727.820
2000/03	1494.670.760	14.7895	39.474.653	16.989.391	0.0155	0.0580	0.0667	2.910.161	20.830.487	32.360.100	1154.4417	6.364.338.057	9.139.314.182	11.500.342.547	1521.524.649	9.978.817.889	11.500.342.538	6.294.335.152
2000/04	1560.970.760	17.0520	39.695.452	17.629.743	0.0155	0.0580	0.0667	1974.582	18.582.453	12.154.882	13202.795	6.249.747.102	9.027.444.729	11.783.805.278	1698.240.239	10.085.565.034	11.783.805.173	8.524.339.091
2001/01	155.495.861	8.7363	39.516.881	18.227.946	0.0171	0.0389	0.0849	645.257	15.497.328	17.654.014	31113.877	626.185.2391	9011.074886	11.414.019.281	2.104.602.572	9.289.416.706	11.414.019.278	2.012.582.612
2001/02	1532.924.945	12.0135	39.385.505	21.026.348	0.0171	0.0389	0.0849	1.286.344	17.237.373	3.322.269	3770885.4	624181.2790	9240.370865	10.565.899.825	1844.125.662	8.721.774.163	11.723.370.283	4.493.08.115
2001/03	1478.472.975	8.4138	39.982.411	26.105.549	0.0171	0.0389	0.0849	906.467	14.645.839	11.808.048	1343.1003	624899.1424	92892.1452	1163.724.903	2.306.899.671	8.856.825.23	1163.724.902	7.277.034.154
2001/04	1544.095.574	7.2749	40.007.978	26.468.983	0.0171	0.0389	0.0849	2.036.013	15.265.246	14.176.491	1549668	6200813507	92141.2757	1.723.370.283	2.296.743.566	9.426.626.178	1.723.370.283	9.769.493.391
2002/01	1485.773.088	7.4710	40.001.528	26.618.288	0.0795	0.0313	0.0795	233.819	8.619.039	33.762.530	1154.4417	6.119.434.683	9.063.598.389	11.698.925.443	2.348.241.273	9.350.684.151	11.698.925.434	1952.010.640
2002/02	1565.513.141	6.5077	40.301.994	27.229.975	0.0795	0.0313	0.0795	453.280	9.152.893	10.495.994	13202795	6.206.070.583	9.944.314.075	10.928.491.556	2.108.782.109	8.909.709.442	10.928.491.552	4.229.21141
2002/03	1505.922.506	6.7854	40.580.819	31.205.391	0.0795	0.0313	0.0795	484.632	7.091.733	9.598.497	11893022	6.058.070.583	8.645.885.452	11.831.260.812	2.311.625.817	9.519.634.934	11.831.260.826	6.924.730.611
2002/04	1576.459.827	7.2075	40.338.043	29.124.114	0.0795	0.0245	0.0795	102.631	6.985.726	1137.1477	10972409	5.528.052.502	8.157.795.419	2.172.568.837	2.354.659.115	9.817.909.718	2.172.568.833	8.157.917.723
2003/01	1522.530.857	8.5692	40.658.039	32.561.882	0.0559	0.0245	0.0788	1599.591	758.628	2.906.133	0.0000	7.962.540.406	2.196.800.015	2.196.800.015	1964.996.083	8.969.588.025	1166.388.039	2.016.667.115
2003/02	1567.135.828	5.8226	40.633.197	30.033.766	0.0559	0.0245	0.0788	0.0000	546.734	2.781.138	0.0000	8.197.614.290	8.197.614.290	1.528.666.242	1964.996.083	8.563.670.159	1.528.666.242	4.523.096.193
2003/03	1524.712.532	4.9178	41.402.594	30.625.372	0.0559	0.0245	0.0788	0.0000	826.778	6.052.322	0.0000	8.116.051.764	8.116.051.764	1.796.008.194	2.245.781.270	9.550.226.923	1.796.008.194	7.440.618.901
2003/04	1612.842.935	5.2376	41.397.037	31.205.391	0.0559	0.0245	0.0788	0.0000	316.734	0.0000	0.0000	7.956.985.694	7.956.985.694	2.105.831.347	2.014.176.835	9.997.879.297	2.103.710.593	9.732.691.838
2004/01	1580.004.260	5.5743	41.590.234	31.607.972	0.0209	0.0209	0.0695	0.0000	139.606	0.0000	0.0000	7.727.949.883	12.128.890.460	12.128.890.460	2.014.176.835	10.114.713.625	12.128.890.460	2.089.537.645
2004/02	1627.989.644	6.0713	42.306.063	32.116.768	0.0209	0.0209	0.0695	0.0000	97.243	0.0000	0.0000	7.787.410.489	12.426.555.962	12.426.555.962	1709.042.416	10.295.255.090	2.004.297.507	4.368.034.706
2004/03	1593.959.870	6.7700	42.344.597	32.561.882	0.0209	0.0209	0.0695	0.0000	164.249	0.0000	0.0000	7.747.641.007	12.426.555.962	12.426.555.962	2.084.434.533	10.342.124.129	2.426.555.962	7.155.206.384
2004/04	1692.214.605	7.9059	42.033.306	32.113.814	0.0209	0.0209	0.0695	0.0000	164.249	0.0000	0.0000	7.575.906.691	12.521.527.102	12.521.527.102	1994.023.906	10.527.503.226	12.521.527.102	3.952.950.395
2005/01	1621.807.306	8.8216	41.064.349	33.485.238	0.0156	0.0282	0.0689	0.0000	114.860	0.0000	0.0000	7.498.398.046	12.485.689.614	12.485.689.614	1837.999.597	10.647.690.015	12.485.689.614	2.011.423.869
2005/02	1685.643.461	9.3411	41.320.802	34.016.545	0.0156	0.0282	0.0689	0.0000	146.390	0.0000	0.0000	7.883.955.715	12.562.431.346	12.562.431.346	2.037.669.206	10.524.762.140	2.562.431.346	4.572.938.517
2005/03	1651.282.479	9.2385	42.007.609	34.475.383	0.0156	0.0282	0.0689	0.0000	141902	0.0000	0.0000	7.980.419.610	12.139.790.766	12.139.790.766	2.100.332.580	11.029.458.195	12.139.790.766	7.598.146.788
2005/04	1742.223.999	8.5972	42.503.540	35.057.041	0.0156	0.0282	0.0689	0.0000	219.322	0.0000	0.0000	7.886.689.163	12.462.703.362	12.462.703.362	2.295.308.064	1167.395.297	12.462.703.362	10.119.427.324
2006/01	1713.792.525	7.5698	42.966.317	35.508.376	0.0156	0.0262	0.0681	0.0000	676.616	0.0000	0.0000	7.784.448.776	12.294.465.435	12.294.465.435	2.749.540.019	9.544.925.345	12.294.465.435	2.050.095.452

FUENTE: Elaboración propia con datos de la Consar.

*Porcentaje del SBC: o que se obtiene de dividir entre 6.5% la aportación obrero patronal y estatal del seguro de Retiro, Cesantía en edad avanzada y Vejez (sin cuota social).

**Indicador de Rendimiento Neto Real: Es el rendimiento real acumulado que podrá ganar un trabajador si los rendimientos obtenidos por cada Siefore y las comisiones autorizadas se mantienen constantes por un periodo de 24 años, por lo que únicamente expresa la rentabilidad actual proyectada en el tiempo. Este indicador variará dependiendo de los rendimientos de las Siefores o por una modificación de las comisiones de las Afores.

Nota No. 1: El primer trimestre de cada año corresponde a información relativa a los meses de enero, febrero y marzo; el segundo trimestre, considera los datos de los meses de abril, mayo y junio; en tanto que el tercer trimestre, toma en cuenta la información de los meses de julio, agosto y septiembre; finalmente, el cuarto trimestre, considera información relativa a los meses de octubre, noviembre y diciembre.

Nota No. 2: Los valores faltantes fueron obtenidos mediante extrapolación.

Nota No. 3: Únicamente fueron consideradas las variables que presentaban una serie continua de datos, esto es con la finalidad de poder realizar el cálculo del modelo econométrico.

Nota No. 4: La tasa de interés gubernamental corresponde a datos obtenidos del Banco de México.

EGREA	UTILNETA	ACTS	PASS	CAPCONTS	PASmCAPS	INGRS	EGRES	UTILNETS	ACTSAV	PASSAV	CAPCSAV	PmCSAV	INGSAV	EGRESAV	UTNSAV
0.0000	0.0000	0.0000	0.0000	0.0000	0.0000	0.0000	0.0000	0.0000	0.0000	0.0000	0.0000	0.0000	0.0000	0.0000	0.0000
0.0000	0.0000	0.0000	0.0000	0.0000	0.0000	0.0000	0.0000	0.0000	0.0000	0.0000	0.0000	0.0000	0.0000	0.0000	0.0000
0.0000	0.0000	0.0000	0.0000	0.0000	0.0000	0.0000	0.0000	0.0000	0.0000	0.0000	0.0000	0.0000	0.0000	0.0000	0.0000
1,745,192.309	2,1,088.594	0.0000	0.0000	0.0000	0.0000	0.0000	0.0000	0.0000	0.0000	0.0000	0.0000	0.0000	0.0000	0.0000	0.0000
1,924,784.226	339,527.460	0.0000	0.0000	0.0000	0.0000	0.0000	0.0000	0.0000	0.0000	0.0000	0.0000	0.0000	0.0000	0.0000	0.0000
2,104,376.226	557,966.326	0.0000	0.0000	0.0000	0.0000	0.0000	0.0000	0.0000	0.0000	0.0000	0.0000	0.0000	0.0000	0.0000	0.0000
2,463,560.142	994,844.057	58,522,372.097	12,775.246	58,475,450.843	58,522,371.819	37,677,989.36	33,103.52,17	4,574,468.190	0.0000	0.0000	0.0000	0.0000	0.0000	0.0000	0.0000
4,738,367.292	1,872,059.885	73,273,743.981	288,604.896	72,985,138.993	73,273,743.889	93,542,118.468	81,868,975.863	11,673,142.605	0.0000	0.0000	0.0000	0.0000	0.0000	0.0000	0.0000
874,316.298	603,234.207	117,720,642.547	395,742.738	117,324,899.835	117,720,642.573	24,499,462.362	21,373,329.473	3,126,132.889	0.0000	0.0000	0.0000	0.0000	0.0000	0.0000	0.0000
2,193,212.024	1,075,724.25	126,522,173.309	422,107.770	126,100,065.595	126,522,173.307	68,594,119.506	60,041,364.12	8,552,755.385	0.0000	0.0000	0.0000	0.0000	0.0000	0.0000	0.0000
3,584,509.980	1,844,232.342	139,743,953.700	500,037.931	139,243,915.768	139,743,953.700	107,136,572.326	93,846,965.88	13,289,606.445	0.0000	0.0000	0.0000	0.0000	0.0000	0.0000	0.0000
5,260,001.694	2,683,514.392	150,405,812.930	849,106.217	149,556,706.714	150,405,812.932	140,097,943.255	121,899,793.539	18,198,149.716	0.0000	0.0000	0.0000	0.0000	0.0000	0.0000	0.0000
1,002,947.330	685,186.953	154,598,402.411	1,499,545.296	153,098,857.110	154,598,402.405	37,360,623.409	33,455,554.469	3,905,068.941	0.0000	0.0000	0.0000	0.0000	0.0000	0.0000	0.0000
2,465,277.267	1,295,786.477	152,358,367.101	1,488,743.179	150,869,623.379	152,358,367.098	99,374,924.300	88,766,053.088	10,608,871.212	25,070	0.0000	11,1365,589	156,923,577	1,663,035,264	1,655,333,932	7,702,813
3,950,025.676	2,150,765.363	204,506,566.896	1,871,744.614	202,634,822.270	204,506,566,884	196,415,586.785	179,221,073.354	17,194,513.431	231,681,293	16,569,935	215,311,357	231,681,292	2,531,503,901	2,516,953,641	14,550,260
5,490,707.013	2,745,922.056	152,791,580.725	1,377,004.252	155,481,790.575	221,377,185.489	217,221,043.661	270,472,530.103	88,819,504.625	284,267,209	54,396	215,212,818	284,267,214	3,657,657,160	3,633,426,877	24,230,283
831,072.081	760,924.362	234,371,157.165	1,262,900.408	233,054,256.755	234,371,157.163	68,162,742.079	63,781,548.866	4,401,193.213	346,701,591	21,533,278	325,168,316	346,701,594	652,895,397	648,916,027	3,979,370
2,076,243.087	1,412,363.730	247,834,005.300	3,074,235.578	244,759,769.727	247,834,005.304	156,467,763.114	156,998,040.743	10,469,722.371	338,906,013	24,177,610	314,728,403	338,906,013	1,467,581,654	1,456,281,658	11,276,955
3,290,421.632	2,391,141.557	259,320,025.827	2,390,340.948	256,929,684.878	259,320,025.826	263,696,344.809	248,112,570.857	15,583,773.952	354,601,467	63,170,221	291,431,248	354,601,469	3,878,914,279	3,861,758,848	17,155,431
4,484,207.440	4,250,367.051	267,744,979.586	1,570,444.007	266,174,535.576	267,744,979.583	350,544,512.380	330,256,773.790	20,287,738.590	300,646,419	19,591,199	281,055,222	300,646,421	5,041,821,268	5,019,150,131	22,671,137
836,681.684	811,932.916	279,244,255.838	2,239,715.682	277,004,540.156	279,244,255.838	77,380,129.473	73,054,808.400	4,325,321073	324,612,238	55,072,943	269,539,294	324,612,238	1,301,328,553	1,296,567,027	4,761,526
2,006,768.594	1,662,393.468	299,565,157.808	2,320,911.300	297,244,246.508	299,565,157.808	196,173,849.763	175,231,579.833	11,482,269.930	313,823,738	53,785,881	260,037,858	313,823,738	1,838,849,657	1,828,088,70	10,760,956
3,284,635.224	2,730,054.056	317,407,671.494	3,18,285,322.000	317,407,671.494	317,407,671.494	322,496,945.396	303,302,830.832	19,193,514,534	228,032,544	44,196	228,032,544	228,076,730	2,410,401,103	2,394,862,294	15,538,809
4,572,734.764	3,411,931.024	319,000,851.667	746,856.321	319,259,995.346	319,006,851.667	429,386,278.610	404,474,659.709	24,911,618.901	219,143,529	43,643	219,099,886	219,143,529	3,108,358,018	3,089,657,803	18,700,225
916,314.574	779,566.596	329,322,986.238	3,487,334.612	325,835,651.626	329,322,986.238	84,661,022.238	80,631,212.717	4,029,809.521	55,657,986	10,996	55,646,991	55,657,986	272,698,306	270,924,429	1,773,876
2,235,370.294	1,375,123.093	332,127,947.576	2,880,230.749	329,247,716.826	332,127,947.576	206,930,307.957	197,854,806.554	9,075,501.403	55,680,956	11,544	55,669,412	55,680,956	272,698,306	413,174,740	2,739,887
3,664,612.290	2,319,271.012	349,237,583.306	9,041,401.965	340,196,181.341	349,237,583.306	306,658,720.692	293,016,815.697	13,641,904.995	63,914,231	10,659,959	63,914,231	74,574,190	41,454,626	771,070,733	1,705,985
9,317,10.270	754,031.942	324,645,773.870	9,593,120.694	316,052,653.175	324,645,773.870	111,936,473.897	107,383,144.440	4,553,329.457	152,965,519	6,591,027	146,374,491	152,965,519	275,073,945	273,367,960	5,312,323
2,439,696.400	1,467,329.524	232,742,904.279	15,257,287.290	226,020,049.338	228,245,442.175	107,051,072.373	103,160,280.262	22,579,929.836	152,091,547	2,019,666	150,071,882	152,091,547	909,064,267	903,751,945	4,587,802
4,123,431.975	2,396,989.554	129,389,775.572	18,452,177.720	115,679,668.428	15,221,835.391	27,714,779.854	139,026,659.018	119,979,417.139	60,040,966	6,787,175	53,253,791	60,040,966	1,383,393,535	1,375,065,242	8,328,293
5,991,684.254	2,818,044.071	15,221,835.391	12,946,697.802	14,490,295.767	15,221,835.391	43,116,065.235	41,885,597.714	1,231,007.522	95,754,445	4,867,002	90,887,443	95,754,445	1,606,297,501	1,606,297,501	11,302,544
1,266,447.573	568,807.252	395,838,401.682	12,946,697.802	382,891,703.92	395,838,401.723	123,827,896,878	116,955,917.313	6,871,979.565	247,985,813	4,722,420	243,263,394	247,985,813	231,543,320	228,971,722	2,571,479

Tabla No. 32: Utilidad Neta, Ingresos y Egresos de las Afores (1998-2012)

Año	INGRA	EGREA	UTILNETA
1998/04	0.0	0.0	0.0
1999/01	0.0	0.0	0.0
1999/02	0.0	0.0	0.0
1999/03	18,623,254.4	13,765,721.2	4,857,533.2
1999/04	35,967,144.1	26,818,030.3	9,149,113.8
2000/01	8,424,092.3	5,488,451.8	2,935,640.5
2000/02	18,040,042.1	13,109,977.5	4,930,064.6
2000/03	30,420,101.9	21,487,136.0	8,932,965.9
2000/04	41,606,992.0	31,022,551.4	10,584,440.6
2001/01	9,744,057.3	6,426,677.5	3,317,379.8
2001/02	21,737,373.8	15,468,402.8	6,268,971.0
2001/03	35,090,320.8	24,719,193.6	10,371,127.2
2001/04	47,729,727.2	34,314,531.4	13,415,195.7
2002/01	9,585,031.3	5,848,635.8	3,736,395.5
2002/02	20,478,147.9	13,639,380.4	6,838,767.4
2002/03	33,409,105.2	21,872,786.4	11,536,318.8
2002/04	45,101,794.6	29,934,972.8	15,166,821.8
2003/01	9,801,385.4	5,859,146.8	3,942,238.6
2003/02	22,094,715.1	13,974,129.2	8,120,585.9
2003/03	35,868,522.7	22,707,923.1	13,160,599.5
2003/04	47,939,089.5	31,138,297.8	16,800,791.6
2004/01	10,224,000.4	6,409,621.1	3,814,379.3
2004/02	21,144,492.9	14,487,888.2	6,656,604.7
2004/03	34,603,069.2	23,386,915.4	11,216,153.8
2004/04	47,010,065.7	32,839,031.2	14,171,034.5
2005/01	10,134,852.7	6,267,469.4	3,867,383.3
2005/02	22,462,374.7	15,254,819.8	7,207,554.8
2005/03	36,544,994.2	25,016,111.5	11,528,882.7
2005/04	49,389,445.5	35,711,920.7	13,677,524.7
2006/01	9,939,673.3	7,181,870.9	2,757,802.5
2006/02	20,659,472.4	16,524,373.9	4,135,098.5
2006/03	33,619,589.7	26,954,643.1	6,664,946.6
2006/04	46,593,937.2	38,793,582.3	7,800,354.9
2007/01	8,541,264.2	7,102,102.2	1,439,162.0
2007/02	19,885,055.6	16,870,287.9	3,014,767.6
2007/03	31,818,767.8	26,894,675.1	4,924,092.7
2007/04	44,013,164.6	37,509,309.3	6,503,855.3
2008/01	8,529,451.6	6,615,565.6	1,913,886.0
2008/02	19,235,061.7	15,958,384.1	3,276,677.7
2008/03	29,992,698.5	25,476,952.5	4,515,746.0
2008/04	41,295,831.1	36,062,772.8	5,233,058.3
2009/01	8,127,230.9	6,560,188.3	1,567,042.6
2009/02	21,413,083.4	16,554,577.9	4,858,505.6
2009/03	34,996,507.9	26,647,655.7	8,348,852.2
2009/04	49,400,200.7	36,888,806.8	12,511,393.9
2010/01	9,138,173.0	6,474,778.0	2,663,395.0
2010/02	24,123,497.6	16,877,130.4	7,246,367.2
2010/03	40,621,879.8	27,936,529.6	12,685,350.2
2010/04	55,934,122.4	38,599,925.3	17,334,196.8
2011/01	8,362,003.4	6,024,895.6	2,337,107.9
2011/02	24,013,799.2	15,357,465.9	8,656,333.4
2011/03	39,842,720.4	25,581,079.1	14,261,641.9
2011/04	53,528,938.7	34,288,173.1	19,240,765.6
2012/01	10,176,755.6	6,444,471.9	3,732,283.7
2012/02	26,388,189.3	16,676,235.2	9,711,954.0
2012/03	44,320,155.8	27,051,628.9	17,268,526.9
2012/04	61,301,404.0	38,244,934.7	23,056,469.3

FUENTE: Consar.

INDICE DE SIGLAS

ACTA: Total Activo Afore
ACTS: Total Activo Siefore
ACTSAV: Total Activo Siefore Ahorro Voluntario
AIOS: Asociación Internacional de Organismos de Supervisión de Fondos de Pensiones.
Afore: Administradora de Fondos de Ahorro para el Retiro
AFAP: Administradoras de Fondos de Ahorro Previsional
AFIP: Administración Federal de Ingresos Públicos
AFJP: Administradora de Fondos de Jubilaciones y Pensiones
AFP: Administradora de Fondos de Pensiones
AIOS: Asociación Internacional de Organismos de Supervisión de Fondos de Pensiones.
ANSES: Administración Nacional de Seguridad Social
AR: Modelo Autoregresivo de Rezagos Distribuidos
Bancomer: Banco de Comercio
Banamex: Banco Nacional de México
BM: Banco Mundial
Banxico: Banco de México
BEPS: Beneficios Económicos Periódicos
Bonosol: Bono solidario
BPS: Banco de Previsión Social
Canacintra: Cámara Nacional de la Industria de Transformación
CAPCONTA: Total Capital Contable Afore
CAPCONTAS: Total Capital Contable Siefore
CAPCSAV: Total Capital Contable Siefore Ahorro Voluntario
CCE: Consejo Coordinador Empresarial
CCSS: Caja Costarricense de Seguro Social
CF: Comisión/Flujo

CFI: Corporación Financiera Internacional
CIDE: Centro de Investigación y Docencia Económicas
CNBV: Comisión Nacional Bancaria y de Valores
Concamin: Confederación de Cámaras Industriales
Concanaco: Confederacion de Camaras Nacionales de Comercio, Servicios y Turismo
CONSAR: Comisión Nacional del Sistema de Ahorro para el Retiro
CPEUM: Constitución Política de los Estados Unidos Mexicanos
CS: Comisión/Saldo
Curp: Clave Única de Registro de Población
Dipete: Dirección de Pensiones de los Trabajadores de la Educación
DOF: Diario Oficial de la Federación
DSR: Depósito en la Subcuenta de Retiro IMSS
DSV: Depósito en la Subcuenta de Vivienda
EFE: Estado de Flujo de Efectivo
EGREA: Total Egresos Afore
EGRES: Total Egresos Siefore
EGRESAV: Total Egresos Siefore Ahorro Voluntario
ENSES: Encuesta Nacional de Empleo y Seguridad Social
ER: Estado de Resultados
ESF: Estado de Situación Financiera o balance general
FARP: Fideicomiso de Apoyo para la Reestructura de Pensiones
FCC: Fondo de Capitalización Colectiva
FCE: Fondo de cultura Económica
FLACSO: Facultad Latinoamericana de Ciencias Sociales
FMI: Fondo Monetario Internacional
FOCOM's: Fondos Complementarios
FOPEBA: Fondos de Pensiones Básicas
GMP: Gastos Médicos a Pensionados
IMEF: Instituto Mexicano de Ejecutivos en Finanzas
INPC: Índice Nacional de Precios al Consumidor
INPM: Índice Nacional de Precios a los Medicamentos
IMSS: Instituto Mexicano del Seguro Social
INEGI: Instituto Nacional de Geografía, Estadística e Informática
Infonavit: Instituto del Fondo Nacional de Vivienda para los Trabajadores
INGRA: Total Ingresos Afore
INGRS: Total Ingresos Siefore
INGSAV: Total Ingresos Siefore Ahorro Voluntario
INPEP: Instituto Nacional de Pensiones de los Empleados Públicos

IPC: Índice de Precios al Consumidor
IPE: Instituto de Pensiones del Estado
IRN: Indicador de Rendimiento Neto Real
Isseg: Instituto de Seguridad Social del Estado de Guanajuato
Issemym: Instituto de Seguridad Social del Estado de México y Municipios
Issspea: Instituto de Seguridad y Servicios Sociales de los Servidores Públicos del Estado de Aguascalientes
ISSSTE: Instituto de Seguridad y Servicios Sociales de los Trabajadores del Estado
Isssteleon: Instituto de Seguridad y Servicios Sociales de los Trabajadores del Estado de Nuevo León
Isssteson: Instituto de Seguridad y Servicios Sociales de los Trabajadores del Estado de Sonora
IVCM: Seguro de Invalidez, Vejez, Cesantía y Muerte
ONP: Oficina de Normalización Previsional
OPC: Operadoras de Planes de Pensiones Complementarios
PAN: Partido Acción Nacional
PASA: Total Pasivo Afore
PASSAV: Total Pasivo Siefore Ahorro Voluntario
PASMCAPA: Pasivo más Capital Contable Afore
PASMCAPS: Pasivo más Capital Contable Siefore
PEA: Población Económicamente Activa
Pemex: Petróleos Mexicanos
PIB: Producto Interno Bruto
PMCSAV: Pasivo más Capital Siefore Ahorro Voluntario
PO: Población Ocupada
PRD: Partido de la Revolución Democrática
PRI: Partido Revolucionario Institucional
PASS: Total Pasivo Siefore
PT: Partido del Trabajo
RAIS: Régimen de Ahorro Individual con Solidaridad
RCV: Seguro de retiro
RJP: Régimen de Jubilados y Pensionados
RPM: Régimen de Prima Media
RSR: Retiro en la Subcuenta de Retiro IMSS
RSV: Retiro en la Subcuenta de Vivienda
SAP: Sistema de Ahorro de Pensiones
SAR: Sistema de Ahorro para el Retiro
SARR: Fondos SAR '92 Retiro

SARV: Fondos SAR '92 Infonavit
SBC: Salario Base de Cotización
SBS: Superitendencia de Banca y Seguros
SDN: Secretaría de la Defensa Nacional
SEM: Seguro de Enfermedades y Maternidad
SGPS: Seguro de Guarderías y Prestaciones Sociales
Siefore: Sociedad de inversión especializada en fondos para el retiro
SIJP: Sistema Integrado de Jubilaciones y Pensiones
SIREFI: Sistema de Regulación Financiera
SIV: Seguro de Invalidez y Vida
SM: Secretaría de Marina
SNP: Sistema Nacional de Pensiones
SNTSS: Sindicato Nacional de Trabajadores del Seguro Social
SP: Superitendencia de Pensiones
SPP: Sistemas de Pensiones Público
SPS: Sistema de Pensiones Solidarias
SRCV: Seguro de Retiro, Cesantía en Edad Avanzada y Vejez
SRT: Seguro de Riesgos de Trabajo
SSO: Seguro Social Obligatorio de Largo Plazo
SUSS: Sistema Único de Seguridad Social
TINT: Tasa de Interés Gubernamental
TRAB: Trabajadores Registrados
UNAM: Universidad Nacional Autónoma de México
UPISSS: Unidad de Pensiones del Instituto Salvadoreño del Seguro Social
US: United States of America
UTILNETA: Utilidad Neta Afore
UTILNETS: Utilidad Neta Siefore
UTNSAV: Utilidad Neta Siefore Ahorro Voluntario

BIBLIOGRAFIA

AGUIRRE FARÍAS, Francisco Miguel (2012) *Pensiones... ¿y con qué?*, Fineo, México.

AIOS Boletín Estadístico AIOS. *Los regímenes de capitalización individual en América Latina*, Número 24, Diciembre de 2010.

ALMAZÁN Alaniz, Pablo Roberto (2004) *Metodología de la interpretación y de la integración jurídica, aplicadas al derecho del trabajo y al de la seguridad social*, Editorial Porrúa, México.

ANDRADE Sánchez, Eduardo (2002) *Introducción a la Ciencia Política*, Colección Textos Jurídicos Universitarios, Segunda Edición, Oxford University Press, México.

ANSES (2013) *PIP – Programa de Inclusión Previsional.* Citado el día 9 de julio de 2013 disponible en http://www.anses.gob.ar/jubilados-pensionados/pip-programa-inclusiln-previsional-30

BERISTÁIN Iturbide, Javier (2000) *La Reforma al Sistema de Ahorro para el Retiro y el Desarrollo Económico* en *Las Políticas Sociales de México al fin del Milenio Descentralización, Diseño y Gestión.* Rolando Cordera y Alicia Ziccardi (coordinadores). Coordinación de Humanidades, Facultad de Economía, Instituto de Investigaciones Sociales. Miguel Ángel Porrúa, Grupo Editorial. México.

BONADONA Cossío, Alberto (2003) *Género y sistemas de pensiones en Bolivia*, Unidad Mujer y Desarrollo. Proyecto CEPTAL/Gobierno de los Países Bajos "Impacto de género de la reforma de pensiones en América Latina", Naciones Unidas, CEPAL, Febrero de 2003, Chile.

BORJÓN NIETO, José J., (2002), *Caos, orden y desorden – en el sistema monetario y financiero internacional*, Plaza y Valdés, México.

CAJIGA Estrada, Gerardo (2000) *Las Reformas a los Sistemas de Pensiones en América Latina* Beristáin Iturbide, Javier (2000) *La Reforma al Sistema de Ahorro para el Retiro y el Desarrollo Económico* en *Las Políticas Sociales de México al fin del Milenio Descentralización, Diseño y Gestión*. Rolando Cordera y Alicia Ziccardi (coordinadores). Coordinación de Humanidades, Facultad de Economía, Instituto de Investigaciones Sociales. Miguel Ángel Porrúa, Grupo Editorial. México.

CARDOZO Brum, Myriam (2000) *Políticas de Formación de los Directivos Estatales de Salud* en *Las Políticas Sociales de México al fin del Milenio Descentralización, Diseño y Gestión*. Rolando Cordera y Alicia Ziccardi (coordinadores). Coordinación de Humanidades, Facultad de Economía, Instituto de Investigaciones Sociales. Miguel Ángel Porrúa, Grupo Editorial. México.

CARO, Nelly (2005) *Las Razones de la Sin Razón. Reflexiones acerca de la Sexualidad Adolescente a partir de Entrevistas a Mujeres Jóvenes de la Ciudad de México*. Programa Interdisciplinario de Estudios de la Mujer. El Colegio de México, A. C., México.

COMISIÓN DE SEGURIDAD SOCIAL (2006) *Sistemas de Pensiones Estatales,* LIX Legislatura de la Cámara de Diputados del Congreso de la Unión, Producción Editorial Editoras, México.

CONAPO (2013) *Indicadores demográficos básicos 1990-2030.* Extraído el 27 de abril desde http://www.portal.conapo.gob.mx/index. php?option=com_content&view=article&id=125&Itemid=230

COTA Meza, Ramón, *Arreglo del IMSS,* Periódico El Universal, Miércoles 25 de octubre de 2005, México.

CUADROS, Jessica (2004) *Inserción laboral desventajosa y desigualdades de cobertura previsional: la situación de las mujeres. Naciones Unidas.* CEPAL. Unidad de Estudios Especiales. Secretaría Ejecutiva. Chile.

DANE (2008) *Censo General 2005. Nivel Nacional,* Departamento Administrativo Nacional de Estadística (DANE), Colombia.

DELGADO Moya, Ruben (1991) *El derecho a la seguridad social,* Editorial Sista, México.

DEL VAL Blanco, Enrique, *Empleo e informalidad,* Periódico El Universal, Viernes 29 de septiembre de 2006, México.

DEL VAL Blanco, Enrique, *Jubilaciones y pensiones,* Periódico El Universal, Jueves 14 de septiembre de 2006, México.

DURÁN, Fabio (2006) *Opciones de Financiamiento para Universalizar la Cobertura del Sistema de Pensiones de Costa Rica,* Serie Estudios y Perspectivas No. 53. Unidad de Desarrollo Social, CEPAL/México, CEPAL, Naciones Unidas, Agosto de 2006, México.

ELSTER, John (1993) *Tuercas y Tornillos. Una Introducción a los Conceptos Básicos de las Ciencias Sociales,* Editorial Geodisa. Barcelona.

EVIA Viscarra, José Luis y FERNÁNDEZ Moscoso, Miguel (2004) *Reforma de Pensiones y Valorización del Seguro Social de Largo Plazo en Bolivia,* Documento de Trabajo No. 02/04, Febrero 2004, Instituto de Investigaciones Socio Económicas (II SEC), Conferencia Interamericana de Seguridad Social (CISS), Bolivia.

FARNÉ, Stefano, GRANADOS, Eduardo y VERGARA, Carlos Andrés (2006) *El mercado laboral y la seguridad social en Colombia en los inicios del siglo XXI,* Serie Estudios y Perspectivas, CEPAL, Naciones Unidas, Noviembre de 2006. Colombia.

FIAP (2011) *Programas de pensiones no contributivas en países FIAP. Parte I: América Latina.* Serie Regulaciones Comparadas. Federación Internacional de Administradoras de Fondos de Pensiones, Chile.

FITCH RATINGS (2013) *Estado de Aguascalientes. Reporte de calificación.* Finanzas Públicas. 7 de junio de 2013, México.

FITCH RATINGS (2013) *Estado de Campeche. Reporte de calificación.* Finanzas Públicas. 24 de mayo de 2013, México

FITCH RATINGS (2013) *Estado de Coahuila. Reporte de calificación.* Finanzas Públicas. 24 de septiembre de 2013, México.

FITCH RATINGS (2013) *Estado de Durango. Reporte de calificación.* Finanzas Públicas. 6 de septiembre de 2013, México.

FITCH RATINGS (2013) *Estado de México. Reporte de calificación.* Finanzas Públicas. 12 de agosto de 2013, México.

FITCH RATINGS (2013) *Estado de Guanajuato. Reporte de calificación.* Finanzas Públicas. 19 de julio de 2013, México.

FITCH RATINGS (2013) *Estado de Jalisco. Reporte de calificación.* Finanzas Públicas. 21 de agosto de 2013, México.

FITCH RATINGS (2013) *Estado de Nuevo León. Reporte de calificación.* Finanzas Públicas. 24 de septiembre de 2013, México.

FITCH RATINGS (2013) *Estado de Oaxaca. Reporte de calificación.* Finanzas Públicas. 18 de junio de 2013, México.

FITCH RATINGS (2013) *Estado de Puebla. Reporte de calificación.* Finanzas Públicas. 1 de julio de 2013, México.

FITCH RATINGS (2013) *Estado de Sinaloa. Reporte de calificación.* Finanzas Públicas. 1 de julio de 2013. México.

FITCH RATINGS (2013) *Estado de Sonora. Reporte de calificación.* Finanzas Públicas. 15 de agosto de 2013. México.

FITCH RATINGS (2013) *Estado de Tamaulipas. Reporte de calificación.* Finanzas públicas. 6 de febrero de 2013. México.

FITCH RATINGS (2013) *Estado de Veracruz. Reporte de calificación.* Finanzas Públicas. 20 de septiembre de 2013. México.

FITCH RATINGS (2013) *Fitch: Reforma fiscal de México es neutral para el crédito soberano. Comunicado.* 1 de noviembre de 2013. México.

FRANCO G. S., Fernando J. (1991) *Labor Law in the Labor Movement in Mexico,* en *Union, workers, and the State in Mexico,* Edited by Kevin J. Middlebrook. U. S.-Mexico Contemporary Pespectives Series, 2. Center for U.S.-Mexican Studies. University of California, EE.UU.

FRENK, Julio (2000) *Salud: La Reforma Necesaria* en *Las Políticas Sociales de México al fin del Milenio Descentralización, Diseño y Gestión.* Rolando Cordera y Alicia Ziccardi (coordinadores). Coordinación de Humanidades, Facultad de Economía, Instituto de Investigaciones Sociales. Miguel Ángel Porrúa, Grupo Editorial. México.

GARCIA Padrón, Yaiza y GARCIA Boza, Juan, *Análisis de la rentabilidad financiero-fiscal de los planes de pensiones y otros productos de captación de ahorro a largo plazo* en *Revista Contaduría y Administración,* UNAM-FCA, No. 220, Septiembre-Diciembre 2006, México.

GARMENDIA, Gonzalo (2010) *Evaluación de la Reforma del Sistema de Pensiones en Uruguay,* Perfiles Latinoamericanos, V. 18, No. 35, Ene/jun. 2010, México.

GOBIERNO DEL ESTADO DE TAMAULIPAS (2011) *Plan Estatal de Desarrollo Tamaulipas 2011-2016,* Gobierno del Estado de Tamaulipas, México.

GONZALEZ Ibarra, Juan de Dios (2005) *Epistemología Administrativa,* Ciencias Sociales y Administrativas, Distribuciones Fontamara, Universidad Autónoma del Estado de Morelos, México.

GUAJARDO Cantú, Gerardo (1998) *Contabilidad Financiera,* Segunda Edición, Mc Graw-Hill, México.

GUJARATI, Damodar N. (2003) *Econometría,* Mc Graw-Hill, Cuarta Edición, México.

HERNÁNDEZ Sampieri, Roberto; Fernández Collado, Carlos y Baptista Lucio, Pilar (2003) *Metodología de la Investigación. Con Aplicaciones Interdisciplinarias.* Tercera Edición. McGraw Hill. México.

IMSS (2013) *Memoria Estadística 2012, Tema 12. Recursos,* IMSS, México.

INEGI (2013) *Estudio Nacional de Salud y Envejecimiento en México (ENASEM).* INEGI, México.

INEGI (2012) *Anuario Estadístico del Estado de Tamaulipas 2012,* INEGI, México.

INEGI (2011) *Censo de Población y Vivienda 2010,* INEGI, México.

INEGI (2010) *Encuesta Nacional de Ocupación y Empleo.* Años 2000-2010, INEGI, México.

INEGI (2009) *Encuesta Nacional de Empleo y Seguridad Social.* Años 2000, 2004 y 2009. INEGI, México.

INEGI (1990) *Censo de Población y Vivienda 1990,* INEGI, México.

INEGI (1997) *La migración en México. Indicadores Estadísticos,* INEGI, México.

LAMAS, Marta (2000) *Política de Salud: La Mirada Crítica de una ONG* en *Las Políticas Sociales de México al fin del Milenio Descentralización, Diseño y Gestión.* Rolando Cordera y Alicia Ziccardi (coordinadores). Coordinación de Humanidades, Facultad de Economía, Instituto de Investigaciones Sociales. Miguel Ángel Porrúa, Grupo Editorial. México.

LAIZ, Consuelo (2003) *Política Comparada,* McGraw-Hill, España.

LAUTIER, Bruno (2004) *Regime de croissance, vulnérabilité financière et protection sociale en Amérique latine. Les conditions "macro" de l'efficacité de la lutte contre la pauvreté,* Naciones Unidas. CEPAL. Unité d'Études Spéciales. Secrétariat Exécutif. Santiago du Chili.

LEVIN, Richard I. y RUBIN, David S. (2004) *Estadística para Administración y Economía,* Pearson Educación, Séptima Edición, México.

LOMELÍ Vanegas, Leonardo (2000) *La Reforma de la Seguridad Social en México: Del Sistema de Reparto al Sistema de Capitalización Individual* en *Las Políticas Sociales de México al fin del Milenio Descentralización, Diseño y Gestión.* Rolando Cordera y Alicia Ziccardi (coordinadores). Coordinación de Humanidades, Facultad de Economía, Instituto de Investigaciones Sociales. Miguel Ángel Porrúa, Grupo Editorial. México.

MARTÍNEZ Franzoni, Juliana (2005) *Reformas recientes de las pensiones en Costa Rica: Avances hacia una mayor sostenibilidad financiera, acceso y progresividad del primer pilar de pensiones.* Documento elaborado para el Capítulo de "Equidad e Integración Social, XI Informe del Estado de la Nación. San José: Programa Estado de la Nación, Costa Rica.

MARX Ferree, Myra (2001) *El Contexto Político de la racionalidad: Las Teorías de la Elección Racional y la Movilización de Recursos en Los Nuevos Cambios Sociales. De la Ideología a la Identidad,* Edición a cargo de Enrique Laraña y Joseph Gusfield, Colección Academia, Centro de Investigaciones Sociológicas (CIS), Madrid.

MESA-LAGO, Carmelo (2004) *Las reformas de pensiones en América Latina y su impacto en los principios de la seguridad social,* Naciones Unidas. CEPAL. Unidad de Estudios Especiales. Secretaría Ejecutiva. Chile.

MINISTERIO DE ECONOMÍA Y FINANZAS (2004) *Los sistemas de pensiones en Perú, Informe Trimestral,* Dirección General de Asuntos Económicos y Sociales-MEF, Mayo de 2004, Perú.

MINISTERIO DE TRABAJO, EMPLEO Y SEGURIDAD SOCIAL (2012) *Boletín Estadístico de la Seguridad Social.* Secretaría de Seguridad Social, Segundo Trimestre 2012, Argentina.

MINISTERIO DE TRABAJO, EMPLEO Y SEGURIDAD SOCIAL (2008) *Estabilidad laboral para todos los trabajadores. Situación laboral de los empleados de las AFJP,* Dirección de Prensa y Comunicaciones, Informe. Diciembre 2008. Argentina.

MINISTERIO DE TRABAJO, EMPLEO Y SEGURIDAD SOCIAL (2005) *Prospectiva de la Previsión Social. Valuación Financiera Actuarial del SIJP 2005/2050,* Secretaría de Seguridad Social. Año II. No. 3, Argentina.

MONTERO, Cecilia (2000) *Las relaciones laborales: ¿un asunto público?* en MUÑOZ GOMÁ, Oscar y colaboradores. El Estado y el sector privado. Construyendo una nueva economía en los años 90. Facultad Latinoamericana de Ciencias Sociales (FLACSO), Chile.

MIDDLEBROOK, Kevin J. (Coordinador) (1991) *Unions, Workers, and the State in Mexico.* Center for U. S.-Mexican Studies. University of California, San Diego. U. S.-Mexico Contemporary Perspectivas Series, 2. United States of America.

MORALES Ramírez, María Ascensión (2005) *La Recepción del Modelo Chileno* en *el Sistema de Pensiones Mexicano,* Instituto de Investigaciones Jurídicas, Serie Doctrina Jurídica, Núm. 226, Universidad Nacional Autónoma de México. México.

NAVARRO Leal, Marco Aurelio y LARA Pérez, Bernabé (2006) *La Población en* Tamaulipas, en *Tamaulipas. El Perfil de un Nuevo Siglo,* Coord. Navarro Leal, Marco Aurelio y Pariente Fragoso, José Luis, Universidad Autónoma de Tamaulipas (UAT), México.

NOVELLINO, René E. (2013) *Diagnóstico del sistema de pensiones en El Salvador y formulación de propuestas de mejora y aseguramiento de su sostenibilidad,* Asociación Salvadoreña de Fondos de Pensiones (ASAFONDOS), El Salvador.

OIT (2013) *Tendencias mundiales del empleo 2013. Resumen ejecutivo.* OIT. ONU. Suiza.

OSORIO, Saúl y Ramírez, Berenice (1997) *Seguridad o Inseguridad Social: Los Riesgos de la Reforma,* Universidad Nacional Autónoma de México. México.

PANEBIANCO, Angelo, *Sartori y la Ciencia Política,* Revista Metapolítica, Volumen 10/Septiembre-Octubre 2006, México

PICADO Chacón, Gustavo y DURÁN Valverde, Fabio (2009) *República de Bolivia: Diagnóstico del Sistema de Seguridad Social. Serie Documentos de Trabajo 214,* Organización Internacional del Trabajo (OIT), abril de 2009, Perú.

RAMIREZ De la O, Rogelio, *Pensiones, así no*, Periódico El Universal, Sección de Opinión, lunes 23 de octubre de 2006, México.

RUEZGA, Antonio (Compilador) (2005) *El Nuevo Derecho de las Pensiones en América Latina. Argentina, Brasil, Chile, Colombia, Costa Rica, Cuba, El Salvador, México y República Dominicana*, Centro Interamericano de Estudios de Seguridad Social (CIESS), Instituto de Investigaciones Jurídicas de la UNAM, Serie Biblioteca CIESS, Número 3, México.

SALAS Páez, Carlos y DE LA GARZA, Enrique (coordinadores) (2003) *La Situación del Trabajo en México, 2003,* Plaza y Valdés, S. A. de C. V., Centro Americano para la Solidaridad Sindical Internacional (AFL-CIO), Universidad Autónoma Metropolitana, Instituto de Estudios del Trabajo, México.

SALVATORE, Dominick y REAGLE, Derrick (2004) Estadística y Econometría, Segunda Edición, Serie Schaum, Mc Graw-Hill, España.

SALVATORE, Dominick (1985*) Estadística y Econometría*, Mc Graw-Hill, México.

SARTORI, Giovanni (2006) *La Política. Lógica y Método de las Ciencias Sociales,* Tercera Reimpresión, Fondo de Cultura Económica, México.

SERRA Rojas, Andrés (2001) *Diccionario de Ciencia Política*. Facultad de Derecho/UNAM. Fondo de Cultura Económica. Primera reimpresión. México.

SOLÍS SOBERON, Fernando y VILLAGÓMEZ A., Alejandro F. (2001) *Las pensiones*, en SOLÍS SOBERÓN, Fernando y VILLAGÓMEZ A., Alejandro F. (comps.) *La seguridad social en México*. Centro de Investigación y Docencia Económicas (CIDE). Comisión Nacional del Sistema de Ahorro para el Retiro. Fondo de Cultura Económica. El Trimestre Económico (FCE). Lecturas 88. México.

SPIEGELMAN, Mortimer (1997) *Introducción a la Demografía*, Fondo de Cultura Económica (FCE), México.

SUPERITENDENCIA DE BANCA Y SEGUROS (2005) *Las Nuevas Fortalezas del Perú: Sistemas Finaciero, de Seguros y Privado de Pensiones*, Superitendencia de Banca y Seguros (SBS), Perú.

SUPERITENDENCIA DE BANCA Y SEGUROS (2004) *Las Nuevas Fortalezas del Perú: Sistemas Finaciero, de Seguros y Privado de Pensiones*, Superitendencia de Banca y Seguros (SBS), Perú.

SUPERITENDENCIA DE PENSIONES, VALORES Y SEGUROS (2001) *Compilación concordada de normas del seguro social obligatorio (SSO) de largo plazo*, Superitendencia de Pensiones, Valores y Seguros, Bolivia.

TREVIÑO García Manzo, Norberto, CERVANTES Pérez, Porfirio y VALLE González, Armando (1994) *Opciones de reforma de la seguridad social*, Serie Estudios 13, Conferencia Interamericana de Seguridad Social (CISS) Secretaría General, Comisión Americana Médico Social, México.

UTHOFF, Andras (2011) *Reforma al Sistema de Pensiones Chileno*, Sección de Estudios del Desarrollo. Proyecto "Social protection and social inclusion in Latin America and the Caribbean", CEPAL, Naciones Unidas, Noviembre de 2011, Chile.

WARD, Hugh (2002) *Chapter 3: Rational Choice en Theory and Methods in Political Science*, Edited by David Marsh and Gerry Stoker, Series Editors: B. Guy Peters, Jon Pierre and Gerry Stoker, Palgrave McMillan, United States of America.

NORMATIVIDAD.

1. Argentina

Constitución de la Nación Argentina. 22 de agosto de 1994. Argentina.

Ley 26,425 que crea el Sistema Integrado Previsional Argentino (SIPA) y elimina el Régimen de Capitalización. Entra en vigencia con el Decreto 2099/08, que la reglamenta. Publicada el 9 de diciembre de 2008. Argentina.

Ley 25,994 Seguridad Social. Créase una prestación previsional anticipada. Requisitos que deberán cumplir las personas que tendrán derecho al mencionado beneficio previsional. Sancionada: 16 de diciembre de 2004. Promulgada parcialmente: 29 de diciembre de 2004. Argentina.

Ley 24,476 Sistema Integrado de Jubilaciones y Pnsiones. Trabajadores autónomos. Régimen de regularización de deudas. Sancionada: 29 de marzo de 1995. Promulgada: 21 de noviembre de 1995. Argentina.

Ley 24,241 Sistema Integrado de Jubilaciones y Pensiones. Sancionada: 23 de septiembre de 1993. Promulgada parcialmente: 13 de octubre de 1993. Argentina.

2. Bolivia

Constitución Política del Estado. Febrero de 2009. Bolivia.

Ley No. 365 De Seguro de Fianzas para Entidades y Empresas Públicas y Fondo de Protección del Asegurado. 23 de abril de 2013. Bolivia.

Ley No. 065 De Pensiones. 10 de diciembre de 2010. Bolivia.

Ley 3,791 De la Renta Universal de Vejez (Renta Dignidad). 28 de noviembre de 2007. Bolivia.

Ley 3,785 Adecua la participación de los trabajadores estacionales en el Seguro Social Obligatorio de largo plazo y establece la pensión mínima en el país. 11 de diciembre de 2007. Bolivia.

Ley No. 2,427 Del Bonosol. 28 de noviembre de 2002. Bolivia.

Ley No. 1,883 De Seguros de la República de Bolivia. 25 de junio de 1998. Bolivia.

3. Chile

D.F.L. No. 3 Fija Planta de Personal y Fecha de Iniciación de Actividades de la Superitendencia de Pensiones, publicado en el Diario Oficial del 4 de julio de 2008. Chile.

Ley No. 20,255 Establece Reforma Previsional, publicado en el Diario Oficial del 17 de marzo de 2008. Chile.

D.L. No. 3,500 Régimen de Previsión Social Derivado de la Capitalización Individual. Establece Nuevo Sistema de Pensiones, de 13 de noviembre de 1980. Actualizado a julio 2012. Chile.

Reglamento del Decreto Ley No. 3,500 de 1980. Publicado en el Diario Oficial del 28 de marzo de 1991. Chile.

D.F.L. No. 101, de 1980 del Ministerio del Trabajo y Previsión Social. Subsercretaría de Previsión Social. Establece el Estatuto Orgánico de la Superitendencia de Administradoras de Fondos de Pensiones, su Organización y Atribuciones. Publicado en el Diario Oficial del 29 de noviembre de 1980. Chile.

4. Colombia

Decreto número 4,327 Por el cual se fusiona la Superitendencia Bancaria de Colombia en la Superitendencia de Valores y se modifica su estructura, publicado en el Diario Oficial del 25 de noviembre de 2005, Colombia.

Ley 964 Por la cual se dictan normas generales y se señalan en ellas los objetivos y criterios a los cuales debe sujetarse el Gobierno Nacional para regular las actividades de manejo, aprovechamiento e inversión de recursos captados del público que se efectúen mediante valores y se dictan otras disposiciones, publicado en el Diario Oficial del 8 de julio de 2005, Colombia.

Decreto 663 Por medio del cual se actualiza el Estatuto Orgánico del Sistema Financiero y se modifica su titulación y numeración, publicado en el Diario Oficial del 5 de abril de 1993, Colombia.

Decreto número 2,739 Por el cual se adecua la estructura de la Comisión Nacional de Valores a su nueva naturaleza de Superitendencia, publicado en el Diario Oficial del 6 de diciembre de 1991, Colombia.

5. Costa Rica

Ley de Protección al Trabajador Anotada y Concordada. División Jurídica, Agosto 2013. Costa Rica.

Ley No. 7,983 De Protección al Trabajador, Actualizada al 6 de mayo de 2006, Costa Rica.

Ley No. 7,523 Régimen Privado de Pensiones Complementarias, Año 2000. Costa Rica.

6. El Salvador

D.L. No. 927 Ley del Sistema de Ahorro para Pensiones, publicada en el Diario Oficial del 8 de mayo de 2007. El Salvador.

D.L. No. 373 Ley del Instituto Nacional de Pensiones de los Empleados Públicos, publicada en el Diario Oficial del 24 de octubre de 1975. El Salvador.

7. México

Constitución Política de los Estados Unidos Mexicanos. Última reforma aplicada 19 de julio de 2013. México.

Ley del Instituto de Seguridad y Servicios Sociales de los Trabajadores del Estado. Última reforma 28 de mayo de 2012. México.

Ley de los Sistemas de Ahorro para el Retiro. Última reforma aplicada 9 de abril de 2012. México.

Ley del Seguro Social. Última reforma aplicada 28 de mayo de 2012. México.

Aguascalientes

Ley de Seguridad y Servicios Sociales para los Servidores Públicos del Estado de Aguascalientes. Última Reforma publicada en el POE 8 de agosto de 2005. México.

Decreto No. 62, Refoma del artículo Décimo Noveno.- Se reforma el artículo 18, inciso b), de la Ley de Seguridad y Servicios Sociales para los Servidores Públicos del Estado de Aguascalientes, Publicado en el Periódico Oficial del 8 de agosto de 2005, México.

Decreto No. 219, Reforma del artículo 128, fracción I en su inciso c), de la Ley de Seguridad y Servicios Sociales para los Servidores Públicos del Estado de Aguascalientes, Publicado en el Periódico Oficial del 26 de noviembre de 2001, México.

Decreto No. 26, Reformas y Adiciones a la Ley de Seguridad y Servicios Sociales para los Servidores Públicos del Estado de Aguascalientes, Publicadas en el Periódico Oficial del 31 de diciembre de 1995. México.

Decreto No. 82, Reformas, adiciones y derogaciones a la Ley de Seguridad y Servicios Sociales para los Servidores Públicos del Estado de Aguascalientes, Publicadas en el Periódico Oficial del 2 de enero de 1994, México.

Decreto No. 108, Ley de Seguridad y Servicios Sociales para los Servidores Públicos del Estado de Aguascalientes, Publicada en el Periódico Oficial del 11 de agosto de 1991, México.

Campeche

Ley de Seguridad y Servicios Sociales de los Trabajadores del Estado de Campeche. Última reforma publicada en el POE 26 de diciembre de 2011. México.

Reglamento Interior del Instituto de Seguridad y Servicios Sociales de los Trabajadores del Estado de Campeche. POE 3 de junio de 2003. México.

Coahuila de Zaragoza

Ley de Pensiones y Otros Beneficios Sociales para los Trabajadores de la Educación Pública del Estado de Coahuila. Última reforma publicada en el POE 29 de mayo de 2009. México.

Durango

Ley de Pensiones del Estado de Durango. Última reforma publicada en el POE 9 de febrero de 2011. México.

Estado de México

Ley de Seguridad Social para los Servidores Públicos del Estado de México y Municipios. Última reforma publicada en el POE el 3 de enero de 2002. México.

Guanajuato

Ley de Seguridad Social del Estado de Guanajuato. Última reforma publicada en el POE 7 de junio de 2013. México.

Jalisco

Ley del Instituto de Pensiones del Estado de Jalisco. Última reforma publicada en el POE 12 de noviembre de 2009. México.

Nuevo León

Ley del Instituto de Seguridad y Servicios Sociales de los Trabajadores del Estado de Nuevo León. Última reforma publicada en el POE 25 de octubre de 2013. México.

Oaxaca
Ley de Pensiones para los Trabajadores del Gobierno del Estado de Oaxaca. Publicada en el POE 28 de enero de 2012. México.

Puebla
Ley del Instituto de Seguridad y Servicios Sociales de los Trabajadores al Servicio de los Poderes del Estado de Puebla. Última reforma publicada en el POE 31 de diciembre de 2011. México.

Sinaloa
Ley de los Trabajadores al Servicios del Estado de Sinaloa. Última reforma publicada en el POE 30 de marzo de 2009. México.

Ley de Pensiones para el Estado de Sinaloa. Última reforma publicada en el POE 30 de marzo de 2009. México.

Sonora
Ley del Instituto de Seguridad y Servicios Sociales de los Trabajadores del Estado de Sonora. Última reforma publicada en el POE 11 de julio de 2011. México.

Tamaulipas
Constitución Política del Estado de Tamaulipas. Última reforma aplicada 18 de septiembre de 2013. México.

Decreto del Ejecutivo Estatal mediante el cual se crea la Unidad de Previsión y Seguridad Social del Estado de Tamaulipas, bajo la denominación de U.P.Y.S.S.E.T. como órgano desconcentrado y dependiente de la Secretaría de Servicios Administrativos. Publicada en el Periódico Oficial del 1 de febrero de 1984. México.

Ley de la Unidad de Previsión y Seguridad Social del Estado de Tamaulipas. Última reforma aplicada 6 de septiembre de 2006. México.

Veracruz
Ley de Pensiones del Estado de Veracruz. Última reforma publicada en el POE 11 de febrero de 2009. México.

8. Perú

Ley No. 25,897 Del Sistema Privado de Administración de Fondos de Pensiones(SPP). Decreto Supremo No. 054-97-EF. Publicada en el Diario Oficial del 14 de mayo de 1997, Perú.

Decreto Ley No. 20,530 Régimen de Pensiones y Compensaciones por Servicios Civiles Prestados al Estado No Comprendidos en el Decreto Ley No. 19,990, Publicado el 26 de febrero de 1974, Perú.

D.L. No. 19,990 El Gobierno Revolucionario crea el Sistema Nacional de Pensiones de la Seguridad Social, publicado el 30 de abril de 1973, Perú.

9. República Dominicana

Ley No. 188-07 Que Introduce Modificaciones a la Ley No. 87-01, Que Crea el Sistema Dominicano de Seguridad Social, 9 de agosto de 2007. República Dominicana.

Ley No. 87-01 Que Crea el Sistema Dominicano de Seguridad Social, Promulgada el 9 de mayo de 2001. República Dominicana.

Ley No. 379 Que Establece un Nuevo Régimen de Jubilaciones y Pensiones del Estado Dominicano para los Funcionarios y Empleados Públicos, 11 de diciembre de 1981. República Dominicana.

10. Uruguay

Ley No. 18,396 Caja de Jubilaciones y Pensiones Bancarias. Régimen Previsional. Publicada en el Diario Oficial del 11 de noviembre de 2008. Uruguay.

Ley No. 18,395 Beneficios Jubilatorios. Flexibilización de las Condiciones de Acceso. 24 de octubre de 2008. Uruguay.

Ley No. 16,713 Seguridad Social. Créase el Sistema Previsional que se Basa en el Principio de Universalidad y Comprende en Forma Inmediata y Obligatoria a Todas las Actividades Amparadas por el Banco de Previsión Social, Publicada en el Diario Oficial del 11 de septiembre de 1995. Uruguay.

PÁGINAS ELECTRÓNICAS

1. www.aafp.cl. [24 de marzo de 2013].
2. http://www.anses.gob.ar/ [20 de marzo de 2013].
3. http://www.aps.gob.bo [22 de marzo de 2013].
4. http://www.asafondos.org.sv/ [4 de abril de 2013].
5. www.bcu.gub.uy [10 de abril de 2013].
6. http://www.bps.gub.uy/ [10 de abril de 2013].
7. http://www.cjpb.org.uy/ [10 de abril de 2013].
8. www.colpensiones.gov.co [22de marzo de 2013].
9. www.conapo.gob.mx [23 de octubre de 2013].
10. www.consar.gob.mx [3 de abril de 2013].
11. http://www.congresotamaulipas.gob.mx [22 de octubre de 2013].
12. http://dipetre.gob.mx/ [22 de abril de 2013].
13. http://www.inpep.gob.sv/ [28 de marzo de 2013].
14. http://www.ipever.gob.mx/ [23 de mayo de 2013].
15. http://www.ips.gob.cl/ [31 de octubre de 2013].
16. http://www.issemym.gob.mx/ [1 de mayo de 2013].
17. http://www.isssspea.gob.mx/ [15 de abril de 2013].
18. http://issstecam.gob.mx/ [17 de abril de 2013].
19. http://www.isssteleon.gob.mx:81/ [16 de mayo de 2013].
20. http://www.issstep.pue.gob.mx/ [19 de mayo de 2013].
21. http://www.isssteson.gob.mx/ [22 de mayo de 2013].
22. http://www.lineadirectaportal.com/ [20 de mayo de 2013].
23. http://www.mintrab.gob.cl/ [31 de octubre de 2013].
24. http://www.onp.gob.pe/inicio.do [5 de abril de 2013].
25. http://www.pensionesdurango.gob.mx/inicio [25 de abril de 2013].
26. http://pensiones.jalisco.gob.mx/ [5 de mayo de 2013].
27. www.reformahacendaria.gob.mx [2 de noviembre de 2013].
28. http://www.safp.cl [21 de marzo de 2013].
29. www.sbs.gob.pe/ [7 de abril de 2013]
30. http://www.sipen.gov.do/ [12 de abril de 2013].
31. www.spensiones.cl. [24 de marzo de 2013].
32. http://www.ssf.gob.sv/ [2 de abril de 2013].
33. www.supen.fi.cr. [26 de marzo de 2013].
34. www.superfinanciera.gov.co. [22 de marzo de 2013].
35. http://www.trabajo.gov.ar/ [18 de marzo de 2013].
36. http://upysset.tamaulipas.gob.mx/ [22 de octubrede 2013].